WOHLFÜHL KÜCHE
für die Seele

WOHLFÜHL KÜCHE
für die Seele

DIE BESTEN REZEPTE AUS OMAS KÜCHE

Inhalt

Einleitung **6**

SUPPEN 8

Kräuterpfannkuchensuppe mit Salatstreifen **10**
Französische Zwiebelsuppe **12**
Grießklößchensuppe **14**
Die Brühe – die Basis aller Suppen und Eintöpfe **16**
Suppe mit Biskuitherzen **18**
Fruchtige Tomatencremesuppe **20**
Bärlauchsuppe mit Mascarpone **12**
Erbsensuppe mit Schinken **24**
Petersiliensuppe mit Ei **26**
Kürbiscremesuppe **28**
Flädlesuppe **30**
Ochsenschwanzsuppe unter der Haube **32**
Samtige Reissuppe mit Rucola **34**
Brotsuppe mit Ei **36**
Grüne Spargelcremesuppe **38**
Wohlfühl-Frühlings-Menü 40
Pikante Weinsuppe mit Zimt-Croûtons **42**
Leberknödelsuppe **44**
Erbsen-Fenchel-Suppe mit Minze **46**
Würzige Tomaten-Linsen-Suppe **48**
Kartoffelsuppe mit Schnittlauch-Schmand **50**
Großmutters Hühnersuppe mit Nudeln **52**

EINTÖPFE 54

Frühlingseintopf mit Bratklößchen **56**
Sauerkraut-Bohnen-Topf mit Speck **58**
Sauerkraut-Eintopf mit Kassler **60**
Dips und Aufstriche – frische Kreationen für jeden Geschmack **62**
Herzhafter Rindfleischtopf **64**
Lauch-Kartoffel-Eintopf mit Huhn **66**
Steckrübentopf mit Schweinelende **68**
Herzhafter Hähnchen-Eintopf **70**

Schwäbische Linsen mit Spätzle **72**
Grünkohl mit Räucherwurst **74**
Goldener Pastinaken-Eintopf mit Lamm und Steckrüben **76**
Bohneneintopf **78**
Winter-Minestrone mit Rosenkohl **80**
Graupen mit geräuchertem Schweinefleisch **82**
Linseneintopf mit Zwiebeln **84**
Wohlfühl-Winter-Menü 86
Möhren-Meerrettich-Topf mit gebratenem Rindfleisch **88**
Pichelsteiner Eintopf **90**

VORSPEISEN 92

Pastetchen mit Kalbsragout **94**
Matjeshering mit Äpfeln **96**
Schinkenrolle **98**
Pfannkuchenröllchen mit Meerrettich und Lachs **100**
Reibekuchen **102**
Ofenkartoffeln mit Kräutern **104**
Würziges Rührei auf Toast **106**
Warmer Kartoffelsalat mit Würstchen **108**
Feine Fleischpastetchen **110**
Wohlfühl-Geburtstags-Menü 112
Schinkenauflauf mit Lauch **114**
Schupfnudeln **116**
Ochsenmaulsalat **118**
Brot mit Tomaten-Ricotta und Schnittlauch **120**
Mini-Pfannkuchen mit Frischkäsecreme **122**
Soßen für Salate – würzig, aromatisch, hausgemacht **124**
Backpflaumen mit Speck **126**
Pikante Schinken-Hufeisen **128**
Schweizer Wurstsalat **130**
Zwiebelkuchen mit Nüssen **132**
Feldsalat mit Pfifferlingen und Speck **134**

HAUPTGERICHTE 136

Ochsenbrust mit Meerrettich 138
Käsespätzle 140
Forelle mit Mandeln 142
Himmel und Erde 144
Wiener Schnitzel 146
Lachs in Weißwein 148
Fleischschnitte – kleine Warenkunde für Feinschmecker 150
Riesenroulade in Meerrettichsoße 152
Schweinshaxen 154
Hähnchenbrust im Knuspermantel 156
Sauerbraten 158
Gefüllte Paprika auf Basmatireis 160
Wirsingstrudel 162
Kartoffelgratin 164
Kalbskoteletts auf Wiener Art 166
Gefüllte Kalbsbrust 168
Königsberger Klopse 170
Zanderfilet mit Senfkruste 172
Kalbsleber mit Zucchinigemüse 174
Wohlfühl-Herbst-Menü 176
Schweinekrustenbraten mit Biersoße 178
Linguine mit Tomatensoße 180
Kohlrouladen 182
Hühnerfrikassee 184
Szegediner Gulasch 186

SÜSSSPEISEN 188

Heiße Klößchen in Beerensoße 190
Windbeutel mit Sahne 192
Apfelringe mit Zimt 194
Dunkle Schokoladencreme mit Schoko-Sahnehaube 196
Salzburger Nockerln 198
Arme Ritter 200
Milchreis mit Obst 202
Rote Grütze 204
Pfannkuchen 206
Zwetschgenknödel 208
Wohlfühl-Sommer-Menü 210
Rohrnudeln 212
Bayerische Creme mit Holunderblütensirup 214
Weißweincreme 216
Orangencreme mit Pistazien 218
Kuchenteige – perfekte Basis für süße Kreationen 220
Kalte Mandarinen-Joghurt-Torte 222
Kaiserschmarrn 224
Ofenschlupfer 226
Rhabarber-Erdbeer-Dessert 228
Bananensplit 230
Schwarzwälder-Kirsch-Trifle 232

BACKWERK 234

Saftiger Schokoladenkuchen 236
Schwarzwälder Kirschtorte 238
Grießkuchen mit Johannisbeeren 240
Donauwelle 242
Hefezopf 244
Brot backen – wie in alten Zeiten 246
Streuselkuchen 248
Weihnachtsplätzchen 250
Christstollen 252
Marmorkuchen 254
Zwetschgenkuchen mit Streuseln 256
Bienenstich 258
Käsekuchen mit Rosinen 260
Käsesahnetorte 262
Wohlfühl-Weihnachts-Menü 264
Apfelkuchen vom Blech 266
Saftiger Rhabarberkuchen 268
Klassischer Gugelhupf 270
Kirschkuchen mit Schokolade 272
Frankfurter Kranz 274
Biskuitrolle mit Sommerfrüchten 276
Wiener Apfelstrudel 278
Haselnusstorte 280
Rosinenbrötchen-Aufläufe 282

Register 284
Bildnachweis/Impressum 288

Einleitung

In diesem Buch wollen wir einmal ganz nostalgisch werden und an die althergebrachten Gerichte erinnern, die unsere Großmütter zubereitet haben, als wir Kinder waren. Natürlich haben auch unsere Eltern gut für uns gesorgt, aber bei den Großeltern zu sein, das war doch etwas Besonderes. Wir wurden oft gar nicht übertrieben verhätschelt – Oma hatte in der Küche eben auch viel zu tun –, aber wir waren immer willkommen und wurden, wenn es ans Essen ging, dann eben doch verwöhnt: Bei Oma gab es immer die dicksten Pfannkuchen und das leckerste Gulasch, und da fiel beim Kochen immer etwas für uns ab.

Die Omas, an die wir also gerade denken, stammten aus ganz verschiedenen Zeiten – je nachdem, wie alt Sie als Leserin oder Leser sind. In Kriegszeiten mussten sie als Hausfrauen findig werden bei der Resteverwertung; waren es Omas aus der Wirtschaftswunderzeit, durfte es auch mal etwas üppiger sein. Doch die Zubereitungsarten vieler Gerichte blieben bis heute erstaunlich konstant, wurden sie doch über Generationen

Rinderrouladen: ein typisches Oma-Gericht, das heute im Alltag kaum noch gekocht wird, weil das etwas Zeit und Geduld erfordert.

weitergegeben. Die Oma hatte sie schon von ihrer Oma gelernt, und in nicht wenigen Familien werden bis heute uralte Rezepthefte konsultiert, zum Teil handgeschrieben. Die Omas stammten auch aus ganz verschiedenen Regionen, was natürlich ihre Kochkünste und damit unsere Erinnerungen beeinflusste. Omas aus dem Norden servierten vielleicht Matjes und Rote Grütze, Omas aus dem Süden Käsespätzle, Omas aus dem schlesischen oder tschechischen Raum waren vielleicht berühmt für ihre Knödel.

Auch wenn gar nicht so viel zu essen da war, hatten wir als Kind in Omas Küche oft das Gefühl von Überfluss. Unsere Großmütter kannten sich mit Vorratshaltung aus; sie warfen nichts weg und kochten ganz selbstverständlich mit saisonalen und regionalen Zutaten, vieles aus dem eigenen Garten. Die Regale bogen sich unter Einmachgläsern, in der Kammer hingen Würste, im Keller lagerten Kartoffeln. In Omas Küche war es immer schön warm; als Kind saß man am Küchentisch mit der Wachstuchdecke und schaute der Oma zu, die einen Kittel trug und mit großen Brätern

Mit Kohle oder Brennholz befeuerte Küchenherde („Küchenhexen") waren in manchen Haushalten noch bis in die 1970er-Jahre hinein in Gebrauch.

Einleitung

Manchmal durften wir Oma auch beim Backen helfen.

hantierte. Der Ofen wurde vielleicht noch mit Kohlen beheizt, die in einem Emaille-Eimer in der Ecke bereitstanden; es roch nach gebratener Leber und Gurkensalat, und im Ofen duftete wie nebenbei ein goldgelber Apfelkuchen mit Zimt. Bei Oma geschah alles auf ruhige, selbstverständliche Art. Hat sie sich auch einmal ausgeruht? Als Kind hat man das nicht hinterfragt – sie war einfach immer da; die Küche war ihr Reich. Nur für wenige Dinge war in manchen Haushalten der Opa zuständig: das Ansetzen des Rumtopfs zum Beispiel, oder die Zubereitung eines Punsches zu Weihnachten. Nicht umsonst gibt es auch heute noch „Omas Haushaltstipps": Unsere Omas, die häufig keinem Beruf nachgingen, sondern Profis in der Haushaltsführung waren, wussten einfach, wie es geht. Bei ihnen setzte der Milchreis nicht an, und sie beherrschten noch Techniken wie: einen Strudelteig ausziehen, einen Braten für zwölf Personen zubereiten, ein Hühnchen füllen, Brühe selbst kochen, Spätzle schaben, (Kohl)Rouladen sauber zubinden und und und. Einige dieser Techniken sind uns heute verloren gegangen, weil wir sie einfach nicht mehr so oft praktizieren: Im Alltag kochen wir nicht so aufwendig und können uns bei Tiefkühl- und Fertigprodukten bedienen.

Und wenn wir für Freunde kochen, kommen oft Gerichte aus aller Welt auf den Tisch, von spanischen Tapas bis zu japanischem Sushi. Dagegen ist absolut nichts einzuwenden – aber warum nicht mal wieder ein traditionsreiches Gericht aus Omas Küche nachkochen? Zugegeben, viele Gerichte in diesem Buch sind eher fleischlastig und auch nicht gerade kalorienreduziert. Aber sie lassen sich natürlich auch abwandeln, zum Beispiel für Vegetarier. Hier finden Sie für alle Fälle die Grundrezepte und zur Auffrischung auch noch einmal einige der Techniken, die Oma noch kannte. Zudem hat man diese Gerichte auch zu Omas Zeiten nicht jeden Tag gegessen, sondern sich sonntags „etwas Gutes gegönnt", und so können wir es ja auch halten: Wir laden Freunde ein und denken einmal nicht an unsere Figur – und tauschen stattdessen Erinnerungen an unsere Großmütter aus. Vielleicht geben wir passend zum Essen auch die ein oder andere Anekdote aus diesem Buch zum Besten. Auf jeden Fall werden wir einen schönen Kaffeeklatsch oder Abend haben, denn klar ist: Die Gerichte aus Omas Küche sind nicht nur richtig lecker, sondern auch gut fürs Gemüt! Sie geben uns ein Gefühl von Heimat und Verbundenheit, von Geborgenheit und Verwöhntwerden.

Suppen

„Etwas Warmes braucht der Mensch!" So ertönte es 1979 in einer Fernsehwerbung für Fertigsuppen von Maggi. Unsere Großmütter kannten diesen Spruch aber schon lange vorher und sorgten besonders im Herbst und Winter dafür, dass Kinder, die von draußen hereinkamen, erst einmal eine heiße Suppe bekamen. Hier sind die besten von ihnen.

SUPPEN

Kräuterpfannkuchensupppe mit Salatstreifen

FÜR 4 PERSONEN / ZUBEREITUNGSZEIT 20 MINUTEN

2 EL Mehl (20 g)	4 Salatblätter (z. B. Radicchio, Kopfsalat, Chicorée)	1 EL Öl
4 EL Milch		1 l Hühner- oder Gemüsebrühe
2 Eier		
1 Bund Kräuter (z. B. Petersilie, Schnittlauch)	Salz	frisch geriebene Muskatnuss
	frisch gemahlener Pfeffer	

1 Mehl, Milch und Eier in einer Rührschüssel zu einem glatten Pfannkuchenteig verquirlen.

2 Die Kräuter waschen und fein hacken. Die Salatblätter ebenfalls waschen, mit Küchenpapier trocken tupfen und in Streifen schneiden. Die gehackten Kräuter sowie Salz und Pfeffer unter den Pfannkuchenteig rühren.

3 Das Öl in einer möglichst großen beschichteten Pfanne erhitzen. Den Kräuterteig hineingießen und zu einem Pfannkuchen backen, zwischendurch einmal wenden.

4 Den Pfannkuchen auf einen Teller gleiten und abkühlen lassen. Wer keine große Pfanne hat, bäckt einfach zwei kleinere Pfannkuchen.

5 Die Brühe in einem Topf erhitzen; mit Pfeffer und Salz abschmecken. Den Pfannkuchen aufrollen und in 5 mm dicke Streifen schneiden.

6 Zum Servieren etwas Muskatnuss direkt in vier Teller reiben. Die Pfannkuchenröllchen und die Salatstreifen darauf verteilen. Zum Schluss die kochend heiße Brühe in die Teller schöpfen; sofort servieren.

TIPP: Gleich mehrere Pfannkuchen auf Vorrat backen und einfrieren. Dafür die Pfannkuchen auskühlen lassen, dann aufrollen, fest verpacken und ins Tiefkühlgerät legen. Vor der Verwendung die Pfannkuchen auftauen lassen, aufschneiden und auf die Teller verteilen. Wichtig: Die Pfannkuchen erst kurz vor dem Anrichten mit Brühe übergießen, damit sie nicht aufquellen.

FRANZÖSISCHE SUPPE AUS ITALIEN

Ausgehend von Suppenrezepten könnte man eine ganze Geschichte Europas aufspannen: Die Königinsuppe soll von der französischen Königin Margarete in Europa verbreitet worden sein; deren Mutter, Katharina von Medici, wird mit der Verbreitung der Zwiebelsuppe in Verbindung gebracht. Katharina hatte 1533 als 14-Jährige den französischen Adligen Heinrich (später Heinrich II.) geheiratet. In ihrem Gefolge befanden sich auch Köche, die die in Italien bereits bekannte Zwiebelsuppe nach Frankreich mitbrachten. Von dort aus gelangte sie unter anderem nach Deutschland, wo man sie meist ohne die französische Käsehaube serviert.

Französische Zwiebelsuppe

FÜR 4 PERSONEN / ZUBEREITUNGSZEIT 30 MINUTEN

400 g große Zwiebeln
1 Knoblauchzehe
1 EL Butter
½ TL Kümmelsamen
2 EL Mehl
1 l Rinderbrühe
250 ml trockener Weißwein (z. B. Riesling)
4 Scheiben Weiß- oder Toastbrot
Salz
frisch gemahlener Pfeffer
frisch geriebene Muskatnuss
2 EL Olivenöl
100 g geriebener Gruyère oder Emmentaler

1 Die Zwiebeln schälen und in feine Ringe hobeln oder schneiden. Die Knoblauchzehe schälen und fein hacken. Die Butter in einem Topf erhitzen, Zwiebelringe und Knoblauch hineingeben und darin glasig werden lassen. Den Kümmel dazugeben, alles mit Mehl bestäuben und 1 Minute anschwitzen.

2 Die Rinderbrühe und den Weißwein dazugießen, unter Rühren aufkochen und 10 Minuten köcheln lassen, dabei gelegentlich umrühren.

3 Den Grill oder den Backofen auf 250 °C vorheizen. Die Brotscheiben im Toaster rösten. Die Suppe mit Salz, Pfeffer und Muskat abschmecken.

4 Jede Brotscheibe diagonal in vier Stücke teilen. Die Suppe auf ofenfeste Suppentassen verteilen und mit dem Brot bedecken. Das Brot mit dem Olivenöl beträufeln und mit dem Käse bestreuen; etwa 5 Minuten im heißen Ofen goldbraun überbacken. Sofort servieren.

TIPP: Mischen Sie vor dem Überbacken (Schritt 4) noch zwei in Würfel geschnittene Tomaten unter die Suppe. Das sorgt nicht nur für optische Akzente, sondern auch für eine fruchtige Geschmacksnote.

Grießklößchensuppe

FÜR 4 PERSONEN / ZUBEREITUNGSZEIT 30 MINUTEN (+15 MIN. QUELLZEIT)

40 g weiche Butter	frisch gemahlener Pfeffer	Brühe
80 g Hartweizengrieß	frisch geriebene Muskatnuss	
1 Ei		
Salz	1–2 EL gehackte Petersilie	

1 Die Butter mit den Quirlen des Handrührers schaumig rühren.

2 Vom Hartweizengrieß zunächst 2 EL unter die weiche Butter rühren. Dann das Ei untermischen. Nach und nach den restlichen Grieß in die Masse einrühren.

3 Mit Salz, Pfeffer und Muskatnuss abschmecken. Nach Belieben noch gehackte Petersilie untermischen.

4 Die Masse zugedeckt bei Raumtemperatur 15 Minuten quellen lassen. Mithilfe von 2 Teelöffeln etwa 20 Nockerln formen, diese in kochend heißer Brühe zugedeckt bei schwacher Hitze etwa 15 Minuten ziehen lassen.
Die Brühe samt Klößchen auf vier Suppentassen aufteilen und servieren.

TIPP: Selbst gemachte Klößchen lassen sich prima vorbereiten und einfrieren. Die Klößchen nach Rezept zubereiten, in leicht gesalzenem Wasser oder in Brühe gar ziehen lassen, mit dem Schaumlöffel herausheben, gut abtropfen und auf einem Teller abkühlen lassen. Nebeneinander in eine Gefrierdose legen und einfrieren.
Nach Bedarf kann man nun ganz schnell eine Suppe mit Klößchen zubereiten: einfach Brühe aufkochen, die gefrorenen Klößchen hineingeben und in etwa 6 Minuten darin heiß werden lassen.

SUPPEN

DIE BRÜHE –
die Basis aller Suppen und Eintöpfe

Nichts geht über selbst gekochte Brühen. Wer einen Schnellkochtopf besitzt, kann Brühe darin rasch in etwa 30 Minuten zubereiten. Es geht natürlich auch im herkömmlichen Topf, dann müssen Sie die Brühe aber zugedeckt bei schwacher Hitze etwa 2 Stunden köcheln lassen. Egal welche Zubereitungsart Sie bevorzugen: So richtig gut wird eine Brühe erst mit frischem Gemüse.

RINDERBRÜHE

2 Möhren waschen und grob zerkleinern. 75 g Knollensellerie schälen und grob würfeln. 1 kleine Stange Lauch putzen, waschen und grob zerkleinern. 5 Petersilienstängel waschen. 1 Knoblauchzehe ungeschält halbieren. Von 1 Zwiebel das obere und untere Ende abschneiden, die Zwiebel ungeschält vierteln. Gemüse, Zwiebel, Knoblauch, 500 g Rindfleisch (Beinscheibe, Brust, Hochrippe), ½ TL schwarze Pfefferkörner, 1 Lorbeerblatt, 2 Gewürznelken und 1 TL getrocknetes Liebstöckel in den großen Schnellkochtopf geben. 2 l kaltes Wasser dazugießen. Den Topf nach Vorschrift verschließen. Den Topfinhalt erhitzen, bis der 1. Ring (Schonstufe) erscheint; bei schwacher Hitze 30 Minuten garen. Die Herdplatte ausschalten und warten, bis der Druckanzeiger sich gesenkt hat, erst dann den Topf öffnen. Die Brühe durch ein Sieb gießen und mit Salz würzen.

Fleisch für den Eintopf
Das gekochte Rindfleisch in kleine Würfel oder Streifen schneiden; mit Salz und Pfeffer würzen. In eine Nudelsuppe oder in einen Eintopf mit Gemüse und Kartoffeln geben.

HÜHNERBRÜHE

2 Möhren, 2 Stangen Sellerie und 1 kleine Stange Lauch putzen, waschen und grob zerkleinern. 5 Petersilienstängel, 4 Thymianzweige und 1 Rosmarinzweig waschen. 1 Knoblauchzehe ungeschält halbieren. Von 1 Zwiebel das obere und untere Ende abschneiden, die Zwiebel ungeschält vierteln. 500 g Hühnerschenkel oder Hühnerklein kalt abspülen; in den Schnellkochtopf geben. ½ TL weiße Pfefferkörner, 5 Pimentbeeren, 1 Lorbeerblatt, das zerkleinerte Gemüse, die Kräuter sowie Knoblauch und Zwiebel hinzufügen. 2 l kaltes Wasser dazugießen. Den Topf nach Vorschrift verschließen. Den Topfinhalt erhitzen, bis der 1. Ring (Schonstufe) erscheint; bei schwacher Hitze 30 Minuten garen. Die Herdplatte ausschalten und warten, bis der Druckanzeiger sich gesenkt hat, erst dann den Topf öffnen. Die Brühe durch ein Sieb gießen und mit Salz würzen.

Hühnerbrühe raffiniert würzen
Einen besonders feinen Geschmack erhält die Hühnerbrühe, wenn Sie eine getrocknete Muskatblüte (Macis) mitkochen.

GEMÜSEBRÜHE

1 kg Gemüse (z. B. Möhren, Fenchel, Lauch, Sellerie, Weißkohl, Petersilienwurzeln, Pastinaken) waschen, putzen und grob zerkleinern. 5 Petersilienstängel waschen. 2 Zwiebeln oben und unten abschneiden, dann ungeschält vierteln. 2 Knoblauchzehen ungeschält halbieren. 1 TL getrocknetes Liebstöckel, 2 Lorbeerblätter, 1 TL schwarze Pfefferkörner, 5 Pimentkörner, das Gemüse, die Zwiebeln und den Knoblauch in den großen Schnellkochtopf geben. 2 l kaltes Wasser dazugießen. Den Topf nach Vorschrift verschließen. Den Topfinhalt erhitzen, bis der 1. Ring (Schonstufe) erscheint; bei schwacher Hitze 30 Minuten garen. Die Herdplatte ausschalten und warten, bis der Druckanzeiger sich gesenkt hat, erst dann den Topf öffnen. Die Brühe durch ein Sieb gießen und mit Salz würzen.

Gemüsebrühe querbeet

Für die Herstellung von Gemüsebrühe eignen sich nahezu alle Gemüsesorten. Auf diesem Wege können Sie auch bestens sämtliche Reste von Lauch, Möhren und anderem Gemüse, das sich noch im Kühlschrank befindet, verwerten. Besonders gut eignen sich Wurzel- und Knollengemüse. Dabei können Sie auch Blätter und Strünke mitkochen. Ebenso können abgeschnittene Kräuterstiele in den Topf gegeben werden.

Die Grundlage für einen besonders intensiven Geschmack ist bei allen Brühen knackiges Gemüse, am besten frisch vom Wochenmarkt.

BRÜHE AUF VORRAT

Im Tiefkühlgerät: Brühe abkühlen lassen; bis gut 1 cm unter den Rand in Tiefkühldosen füllen. Dosen verschließen und die Brühe einfrieren. Platzsparend lässt sich die Brühe einfrieren, indem man sie im offenen Topf bis auf etwa die Hälfte einkocht und in Eiswürfelbereiter füllt. Die Mini-Portionen eignen sich gut zum Würzen.

In Gläsern: Gläser oder Flaschen (am besten mit weitem Hals) mit kochend heißem Wasser ausspülen und mit kochend heißer Brühe füllen; sofort mit Twist-off-Deckeln verschließen. Abkühlen lassen und in den Kühlschrank stellen. So hält sich die Brühe etwa 2 Wochen. Praktisch: Bei Hühner- und Rinderbrühe setzt sich das Fett oben ab, wird fest und konserviert so die Brühe. Der Fettpfropf lässt sich vor Gebrauch der Brühe leicht abheben.

Suppe mit Biskuitherzen

FÜR 4 PERSONEN / ZUBEREITUNGSZEIT 20 MINUTEN

2 Eier	20 g geriebener Parmesan	frisch geriebene Muskatnuss
¼ TL Salz	1 EL Olivenöl	
1 Msp. Zucker	1 l Gemüsebrühe	1 Bund Schnittlauch
50 g Mehl		

1 Den Backofen auf 200 °C vorheizen. Ein Backblech mit Backpapier auslegen. Die Eier mit 1 EL lauwarmem Wasser, Salz und Zucker in einem hohen Rührbecher auf höchster Stufe mit den Quirlen des Handrührgeräts in 5 Minuten cremig aufschlagen. Das Mehl darübersieben; mit dem Parmesan und dem Olivenöl unter die Eiercreme heben.

2 Die Biskuitmasse etwa 5 mm dick (21 cm × 21 cm) auf das Backpapier streichen und im heißen Backofen 8 Minuten backen.

3 Den Biskuit auf ein Brett stürzen; sofort das Backpapier abziehen. Den Biskuit etwas abkühlen lassen. Mit Ausstechförmchen Herzen oder beliebige andere Motive ausstechen.

4 Während der Backzeit des Biskuits die Brühe in einem Topf erhitzen und mit Muskat würzen. Den Schnittlauch waschen und in Röllchen schneiden.

5 Die Brühe auf vorgewärmte Teller verteilen und die Biskuitherzen darauflegen. Alles mit Schnittlauch bestreuen und sofort servieren.

TIPP: Die Biskuitherzen können bereits einen Tag vorher gebacken und ausgestochen werden; in einer Dose aufbewahren.
Wer wenig Zeit hat, kann die Biskuitplatte einfach in Quadrate schneiden, statt Herzen auszustechen.

SUPPEN

Fruchtige Tomatencremesuppe

FÜR 4 PERSONEN / ZUBEREITUNGSZEIT 20 MINUTEN

- 1 Zwiebel
- 2 Knoblauchzehen
- 2 EL Olivenöl
- 1 TL getrockneter Oregano
- 2 EL Tomatenmark
- 125 ml Gemüsebrühe
- 2 Dosen gehackte Tomaten (je 400 g)
- 16 Cocktailtomaten
- 4 Basilikumzweige
- 125 ml Orangensaft
- 1 TL Balsamico-Essig
- 2 EL Crème fraîche
- Salz
- frisch gemahlener Pfeffer
- *Außerdem:* 4 Schaschlikspieße

1 Die Zwiebel schälen und würfeln. Die Knoblauchzehen ebenfalls schälen und fein hacken.

2 In einem Topf 1 EL Olivenöl heiß werden lassen. Die Zwiebelwürfel und den Knoblauch darin glasig dünsten.

3 Oregano, Tomatenmark, Dosentomaten und Gemüsebrühe dazugeben. Alles aufkochen und 8 Minuten offen köcheln lassen, die Mischung dabei gelegentlich umrühren.

4 In der Zwischenzeit die Cocktailtomaten und das Basilikum waschen. Die Basilikumblätter abzupfen und abwechselnd mit den Tomaten auf die Schaschlikspieße stecken.

5 Die Tomatensuppe mit dem Stabmixer pürieren, dabei Orangensaft, Balsamico-Essig und Crème fraîche untermixen. Mit Salz und Pfeffer abschmecken.

6 Die Suppe auf Suppentassen oder Suppenteller verteilen und mit dem restlichen Olivenöl (1 EL) beträufeln.
Die Tomatenspieße dazu anrichten.

TIPP: Statt mit Olivenöl können Sie die Suppe mit Basilikumöl beträufeln. Um Basilikumöl selbst herzustellen, gewaschene und gut trocken getupfte Basilikumzweige (am besten über Nacht auf Küchenpapier trocknen lassen) mit Olivenöl in eine saubere Flasche füllen; Flasche fest verschließen. Das Öl bei Raumtemperatur 3 Wochen ziehen lassen.

Bärlauchsuppe mit Mascarpone

FÜR 4 PERSONEN / ZUBEREITUNGSZEIT 20 MINUTEN

100 g frischer Bärlauch	800 ml Hühnerbrühe	1 EL Zitronensaft
5 EL Olivenöl	150 g Mascarpone	Salz
2 Schalotten	2 EL Speisestärke	frisch gemahlener Pfeffer

1 Den Bärlauch verlesen, waschen, von den Stielen befreien und in feine Streifen schneiden. 4 TL Bärlauchstreifen mit 4 EL Olivenöl verrühren.

2 Die Schalotten schälen und fein würfeln. Das restliche Olivenöl (1 EL) in einem Topf erhitzen und die Schalottenwürfel darin glasig werden lassen. Die Hühnerbrühe dazugießen und zum Kochen bringen.

3 Den restlichen Bärlauch mit Mascarpone, Speisestärke und Zitronensaft in einen hohen Rührbecher füllen und mit dem Stabmixer pürieren.

4 Die Bärlauchmischung zur Hühnerbrühe in den Topf geben und mit dem Schneebesen gründlich unterrühren. Unter Rühren zum Kochen bringen und einmal aufkochen.

5 Die Suppe mit dem Stabmixer schaumig aufschlagen. Mit Salz und Pfeffer abschmecken. Auf vorgewärmte Teller oder Schalen verteilen. Jede Portion mit dem zuvor angerührten Bärlauchöl beträufeln; sofort servieren.

TIPP: In wenigen Minuten ist die Suppe mit 80 g TK-Bärlauch zubereitet. Dieser ist bereits zerkleinert und wird unaufgetaut wie der frische Bärlauch im Rezept verwendet – also direkt ins Öl (Schritt 1) bzw. in den Mascarpone (Schritt 3) gerührt.

WER KENNT NOCH ERBSWURST?

So eine deftige Erbsensuppe ist genau das Richtige an einem kalten Tag – und sehr nahrhaft. Hülsenfrüchte sind die besten Eiweißlieferanten, wenn man kein Fleisch essen möchte oder darf oder es einfach keins gibt.

In Schweden und Finnland geht die immer noch bestehende Tradition, donnerstags Erbsensuppe zu essen, auf den alten christlichen Brauch zurück, freitags zu fasten – da brauchte man donnerstags etwas Gehaltvolles, um gut über den Freitag zu kommen. Die sättigenden Eigenschaften der Erbsensuppe machte man sich auch in der Seefahrt und beim Militär zunutze. Zum ersten Mal kam die Erbsensuppe als Truppenverpflegung im großen Stil 1870 im Deutsch-Französischen Krieg zum Einsatz. Zur praktischeren Handhabung war kurz zuvor die sogenannte Erbswurst entwickelt worden, die aber keine Wurst, sondern eine Art getrocknete Erbsensuppe aus Erbsenmehl, Zwiebeln und Gewürzen war. Diese wurde in runde Stücke gepresst, welche aufeinandergestapelt als eingewickelte Rolle verkauft wurden – daher wohl die Bezeichnung „Erbswurst". Die Stücke konnte man dann einfach in Wasser auflösen und kochen, was eine recht ordentliche Suppe ergab.

Auch andere Armeen weltweit meldeten Interesse an dieser gut zu lagernden Verköstigung an. Ab 1889 wurde die Fertigsuppe als eines der ersten massentauglichen Lebensmittel von der Firma Knorr hergestellt; sie war in Gelb und in Grün zu haben, und es war sogar geräucherter Speck enthalten. Erst seit 2018 gibt es die Erbswurst nicht mehr – die Nachfrage war wohl doch zu gering geworden.

Erbsensuppe mit Schinken

FÜR 4 PERSONEN / ZUBEREITUNGSZEIT 20 MINUTEN

- 2 TL Olivenöl
- 1 große Zwiebel, gewürfelt
- 750 ml Hühner- oder Gemüsebrühe
- 400 g TK-Erbsen
- 200 g gekochter Schinken
- 100 g fettreduzierter Frischkäse
- ½ TL frisch geriebene Muskatnuss

1 Das Öl in einem großen Topf heiß werden lassen. Die Zwiebelwürfel darin unter gelegentlichem Rühren in 5–6 Minuten weich und glasig dünsten.

2 Die Brühe mit den Erbsen zugeben. Aufkochen und zugedeckt 5 Minuten köcheln lassen.

3 Die Suppe in der Küchenmaschine oder mit dem Stabmixer direkt im Topf grob pürieren. Den Schinken würfeln und unterrühren. Die Suppe abschmecken und im Topf aufkochen lassen.

4 Den Frischkäse zufügen und rühren, bis er schmilzt. Die Suppe auf tiefe Teller verteilen, mit Muskat bestreuen und servieren.

TIPP: Sie können die Suppe bis einschließlich Schritt 3 zubereiten, in einen gefriergeeigneten verschließbaren Behälter füllen und einfrieren. Im Tiefkühlgerät hält sie sich 1 Monat.

Petersiliensuppe mit Ei

FÜR 4 PERSONEN / ZUBEREITUNGSZEIT 25 MINUTEN

1 Zwiebel
150 g Petersilienwurzel
1 große mehligkochende Kartoffel (200 g)
2 EL Öl
800 ml Gemüsebrühe
2 Eier
1 Bund glatte Petersilie
100 g Schmand
1 EL Zitronensaft
Kräutersalz
frisch gemahlener Pfeffer
frisch geriebene Muskatnuss

1 Die Zwiebel schälen und fein würfeln. Petersilienwurzel und Kartoffel schälen, beides fein reiben.

2 Das Öl in einem Topf erhitzen. Die Zwiebelwürfel und das geriebene Gemüse in den Topf geben und etwa 2 Minuten dünsten, dabei ab und zu umrühren.

3 Die Gemüsebrühe dazugießen. Alles aufkochen und 10 Minuten zugedeckt bei schwacher Hitze köcheln lassen.

4 Während die Suppe köchelt, die Eier in 8–10 Minuten hart kochen; abgießen und kalt abschrecken. Die Eier schälen und würfeln.

5 Die Petersilie waschen, die Blättchen abzupfen und fein hacken. 1 EL gehackte Petersilie beiseitestellen. Die restliche Petersilie mit dem Schmand und dem Zitronensaft zur Suppe geben.

6 Die Suppe mit dem Stabmixer pürieren. Mit Kräutersalz, Pfeffer und Muskatnuss abschmecken. Auf Suppenteller oder -tassen verteilen. Die Portionen mit den Eierwürfeln und der gehackten Petersilie bestreuen; sofort servieren.

TIPP: Mittlerweile gibt es eine große Auswahl an Kräutersalz zu kaufen. Wer mag, kann es sich aus 5 EL Meersalz, 1 EL getrocknetem Majoran, 1 EL getrocknetem Liebstöckel, 1 EL getrockneter Petersilie sowie ½ EL getrocknetem Bohnenkraut im Blitzhacker schnell selbst herstellen. In einem Schraubdeckelglas aufbewahren.

SUPPEN

Kürbiscremesuppe

FÜR 4 PERSONEN / ZUBEREITUNGSZEIT 30 MINUTEN

etwa 800 g Kürbis (z. B. Muskatkürbis)	½ TL Zucker	Salz
1 Zucchini	1 l Hühnerbrühe	frisch gemahlener Pfeffer
1 Zwiebel	2 EL Kürbiskerne (evtl. die Kerne aus dem verwendeten Kürbis nehmen)	1 Msp. Cayennepfeffer
1 Knoblauchzehe		2 EL Apfelessig
2 EL Öl	200 g Sahne	2 EL Kürbiskernöl

1 Den Kürbis schälen (Hokkaido muss nicht geschält werden) und die Kerne herausnehmen; es sollten etwa 500 g Fruchtfleisch übrig bleiben. Die Zucchini waschen und die Enden abschneiden. Kürbisfruchtfleisch und Zucchini in etwa 1 cm große Würfel schneiden. Die Zwiebel schälen und würfeln. Den Knoblauch schälen und fein hacken.

2 Das Öl in einem großen Topf erhitzen. Zwiebel und Knoblauch darin glasig dünsten. Den Zucker darüberstreuen. Kürbis und Zucchini kurz mitdünsten, dabei umrühren. Die Hühnerbrühe dazugießen. Alles aufkochen, dann zugedeckt 15 Minuten köcheln lassen, bis das Gemüse weich ist.

3 In der Zwischenzeit die Kürbiskerne in einer Pfanne ohne Fett rösten (möglichst keine beschichtete, sondern am besten eine aus Edelstahl nehmen).

4 Die Suppe mit dem Stabmixer pürieren, dann die Sahne unterrühren oder -mixen. Mit Salz, Pfeffer, Cayennepfeffer und Apfelessig pikant abschmecken.

5 Die Suppe auf tiefe Teller oder Suppentassen verteilen. Jede Portion mit Kürbiskernöl beträufeln und mit Kürbiskernen bestreuen.

TIPP: Wer eine Küchenmaschine besitzt, kann Kürbisfruchtfleisch und Zucchini mit der entsprechenden Raspelscheibe grob raspeln. Das geht schneller, als Würfel mit dem Messer zu schneiden, und die Garzeit beträgt statt 15 nur noch 10 Minuten.

Flädlesuppe

FÜR 8 PORTIONEN / ZUBEREITUNGSZEIT 30 MINUTEN

125 g Mehl	2 Eier	2 l Fleischbrühe
375 ml Milch	1 Stück Speck	frisch geriebene Muskatnuss
Salz	1 kl. Bund Schnittlauch	

1 Das Mehl mit der Milch glatt rühren, etwas Salz und die Eier zufügen. Eine Pfanne erhitzen, den Speck auf eine Gabel stecken und die Pfanne damit einreiben.

2 Die Teigmasse in die Pfanne gießen und den Teig gleichmäßg dünn verteilen. Dann bei mittlerer bis starker Hitze einen Pfannkuchen backen.

3 Wenn der Rand sich gelb zu färben beginnt, den Pfannkuchen vorsichtig wenden. Die zweite Seite hellgelb braten. Dann den restlichen Teig auf die gleiche Weise zu Pfannkuchen verarbeiten.

4 Die Pfannkuchen aufrollen, abkühlen lassen und dann in schmale Streifen schneiden. In eine Suppenterrine füllen. Den Schnittlauch waschen, trocken tupfen und in kleine Röllchen schneiden.

5 Die Fleischbrühe (siehe S. 16) aufkochen lassen und über die Flädle gießen. Die Suppe mit etwas geriebenem Muskat und bei Bedarf mit Salz nachwürzen.

6 Den Schnittlauch darüber streuen. Anstatt Pfannkuchenstreifen zu machen, kann man auch kleine runde Stücke ausstechen.

SUPPEN

Ochsenschwanzsuppe unter der Haube

FÜR 4 PERSONEN / ZUBEREITUNGSZEIT 30 MINUTEN

- 150 ml Madeira oder Portwein
- 1 Stange Sellerie
- 1 Möhre
- 800 ml klare Ochsenschwanzsuppe (Fertigprodukt) oder Rinderbrühe
- Salz
- frisch gemahlener Pfeffer
- 1 Frühlingszwiebel
- 20 g eingelegte schwarze Trüffel (Glas)
- 125 g Rinderfiletspitzen in feinen Streifen
- 1 Rolle Blätterteig (275 g; Kühlregal)
- 1 Eigelb

1 Madeira oder Portwein in einem Topf erhitzen und offen bei starker Hitze 5 Minuten einkochen lassen.

2 In der Zwischenzeit die Selleriestange waschen und putzen, die Möhre putzen und schälen. Das Gemüse in feine Würfel schneiden.

3 Die Ochsenschwanzsuppe oder Brühe zum Madeira gießen. Die Suppe aufkochen lassen, das Gemüse hinzufügen und 3 Minuten zugedeckt garen. Mit Salz und Pfeffer abschmecken.

4 In der Zwischenzeit den Backofen auf 220 °C vorheizen. Die Frühlingszwiebel waschen, putzen und in Ringe schneiden.

5 Die Trüffel in feine Scheiben hobeln. Diese mitsamt etwas Einlegeflüssigkeit, den Rinderfiletstreifen und den Frühlingszwiebelringen auf vier ofenfeste Suppentassen verteilen.

6 Aus dem Blätterteig vier Kreise (die etwas größer als die Öffnungen der Suppentassen sind) ausschneiden. Die Suppe auf die Suppentassen verteilen; die Tassen mit dem Teig schließen, dabei die Ränder festdrücken.

7 Die Teigdeckel mit Eigelb bestreichen. Die Suppentassen für 10 Minuten in den heißen Ofen stellen, bis der Teig knusprig aufgegangen ist. Sofort servieren.

TIPP: Statt der ganzen Trüffel können Sie ersatzweise 2 TL Trüffelpaste oder -öl verwenden, um der Suppe Aroma zu verleihen.
Die Brühe mit dem Gemüse und die Blätterteigkreise können Sie vorbereiten. Vor dem Servieren brauchen Sie dann nur noch Fleisch, Trüffel und Frühlingszwiebeln auf die Suppentassen zu verteilen; die Suppe wie angegeben fertigstellen.

Stärkende Suppe à la Kneipp

„Zwei mittelgroße Ochsenschwänze schneidet man in Stücke und lässt dieselben zwei Stunden wässern, kocht sie hierauf in Salzwasser einmal über, kühlt sie ab und legt sie in eine Casserole, deren Boden mit geschnittenem Wurzelwerk und Zwiebeln, einigen Scheiben von rohem Schinken, einigen Pfefferkörnern, einem Lorbeerblatt und etwas Thymian bedeckt ist." So, wie die Zubereitung der Suppe 1896 bei Gesundheitspapst Sebastian Kneipp beschrieben wird, kannten das auch unsere Großmütter noch. Inzwischen – spätestens seit der Rinderkrankheit BSE – muss in (industriell hergestellter) Ochsenschwanzsuppe nicht mehr zwingend Ochsenschwanz enthalten sein.

Samtige Reissuppe mit Rucola

FÜR 4 PERSONEN / ZUBEREITUNGSZEIT 30 MINUTEN

- 1 Schalotte
- 3 EL Olivenöl
- 75 g Risotto- oder Milchreis
- 1 l Hühnerbrühe
- 1 Lorbeerblatt
- 1 Gewürznelke
- 50 g Rucola
- 2 EL körniger oder mittelscharfer Senf
- 1 EL weißer Balsamico-Essig
- Salz
- frisch gemahlener Pfeffer

1 Die Schalotte schälen und würfeln. 1 EL Olivenöl in einem Topf erhitzen und die Schalottenwürfel darin glasig dünsten. Den Reis dazugeben und unter Rühren kurz mitdünsten.

2 Die Hühnerbrühe zum Reis gießen, das Lorbeerblatt und die Gewürznelke hinzufügen. Die Brühe zum Kochen bringen und den Reis zugedeckt 20 Minuten garen.

3 In der Zwischenzeit den Rucola verlesen und waschen, die harten Stiele entfernen. Ein paar Blätter zum Garnieren beseitelegen, die übrigen in feine Streifen schneiden.

4 Lorbeerblatt und Nelke aus der Brühe nehmen. Die Rucolastreifen, den Senf und den Balsamico-Essig in die Brühe geben. Alles mit Salz und Pfeffer abschmecken. Den Topfinhalt mit dem Stabmixer fein pürieren.

5 Die Reissuppe auf vorgewärmte Suppentassen oder -teller verteilen, mit den beiseitegelegten Rucolablättern bestreuen und mit dem restlichen Olivenöl (2 EL) beträufeln.

TIPP: Für diese Suppe können Sie übrig gebliebenen gegarten Reis vom Vortag nehmen – so verbrauchen Sie nicht nur eventuelle Kühlschrankreste, sondern sparen auch noch Zeit bei der Zubereitung: Der gegarte Reis braucht nämlich nur 5 Minuten (anstelle von 20) in der Brühe zu köcheln.

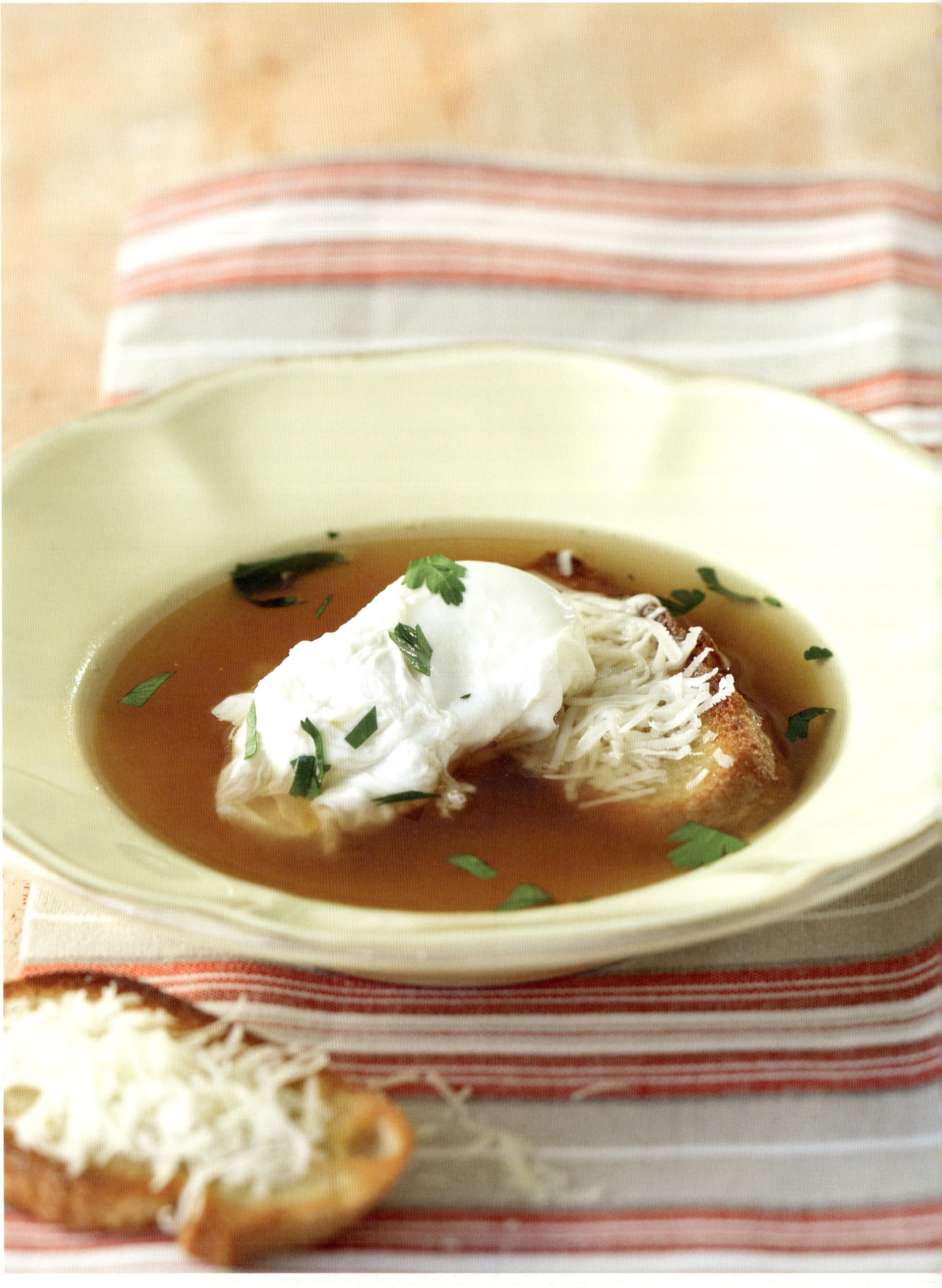

SUPPEN

Brotsuppe mit Ei

FÜR 4 PORTIONEN / ZUBEREITUNGSZEIT 15 MINUTEN

1 EL Butter	1 l Rinderbrühe	4 Eier
2 EL Olivenöl	Salz	4 EL geriebener Parmesan
4 Scheiben Brot (z. B. Baguette)	frisch gemahlener Pfeffer	Petersilie (nach Belieben)
	6 EL Essig	

1 Die Butter und das Olivenöl in eine Pfanne geben und erhitzen. Die Brotscheiben im heißen Fett auf beiden Seiten goldbraun rösten.

2 Gleichzeitig die Rinderbrühe in einem Topf heiß werden lassen; mit Salz und Pfeffer abschmecken.

3 Währenddessen in einem zweiten Topf 1 l Wasser mit dem Essig aufkochen. Die Eier jeweils einzeln in eine Tasse aufschlagen, in das siedende, aber nicht mehr kochende Essigwasser gleiten lassen und in 4 Minuten gar ziehen lassen (pochieren).

4 Inzwischen die Brotscheiben in vier vorgewärmte Suppentassen oder -teller legen und mit dem geriebenen Parmesan bestreuen. Die heiße Brühe mit einer Schöpfkelle auf die mit Parmesan bestreuten Brotscheiben geben.

5 Die pochierten Eier vorsichtig mit einem Schaumlöffel aus dem Essigwasser heben und in die Suppe gleiten lassen. Die Suppe nach Belieben mit gehackten Petersilienblättchen bestreuen und sofort servieren.

TIPP: Statt das Ei separat zu pochieren, können Sie es auch roh auf die Brotscheiben in die Suppenteller geben und anschließend mit kochend heißer Brühe übergießen. Bedenken Sie jedoch: In jedem Fall müssen die Eier sehr frisch sein.

RESTEVERWERTUNG

Vermutlich kennen alle Großmütter ein Rezept für Brotsuppe, ist sie doch eine ideale Möglichkeit, altbackenes Brot weiterzuverwenden, anstatt es wegzuwerfen. Denn Lebensmittel wegzuwerfen fiel den älteren Generationen sehr schwer – sie alle hatten schwere Kriegszeiten mit Mangelversorgung erlebt, in denen die Brotsuppe allgegenwärtig war. Heute weiß man dagegen den guten Geschmack dieser nahrhaften Suppe zu schätzen – egal ob auf deutsche Art mit Schwarzbrot oder in all den raffinierten südländischen Varianten mit Weißbrot zubereitet.

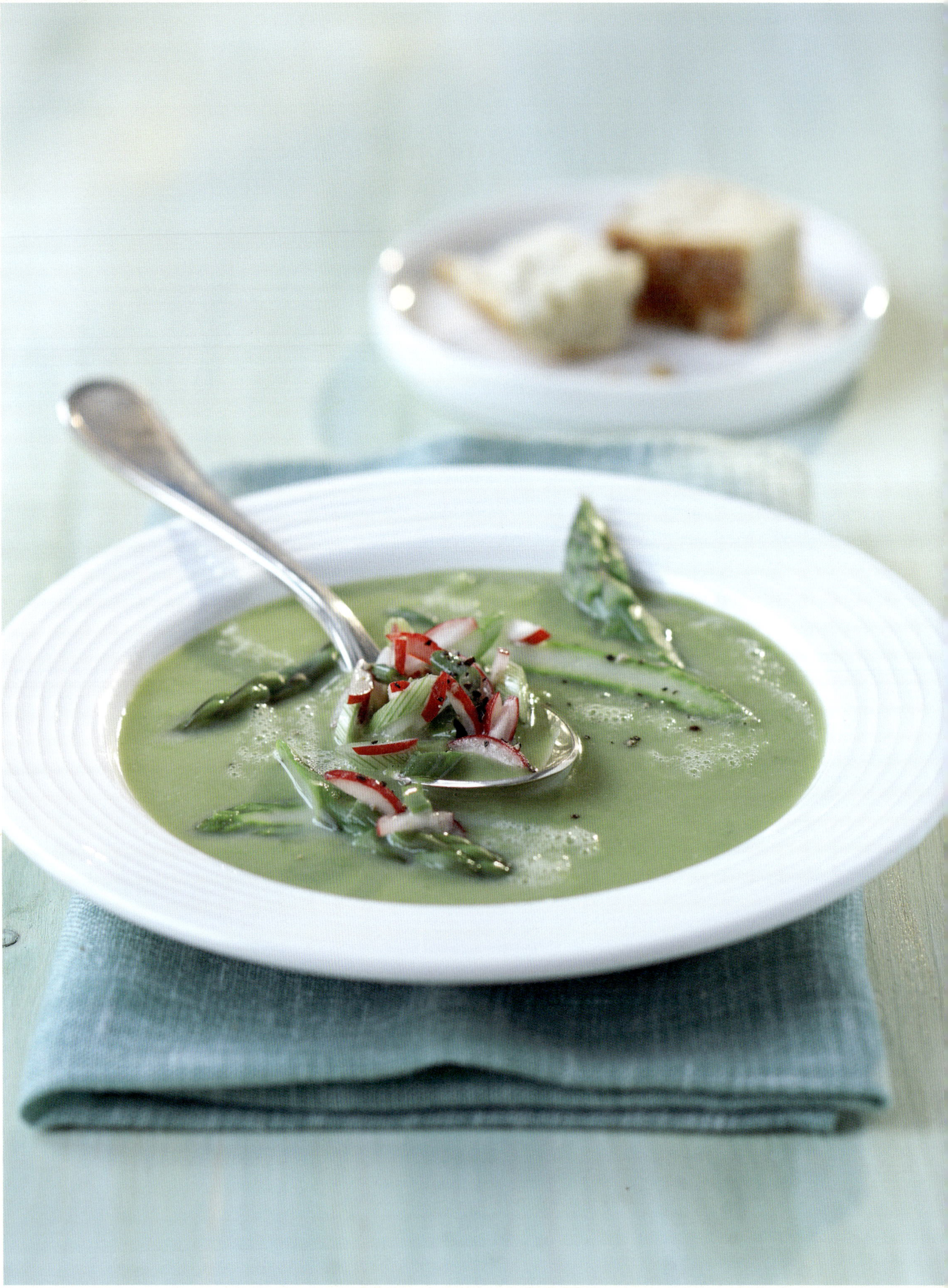

Grüne Spargelcremesuppe

FÜR 4 PERSONEN / ZUBEREITUNGSZEIT 30 MINUTEN

500 g grüner Spargel	1 TL mittelscharfer Senf	2 EL Walnussöl
800 ml Gemüsebrühe	Salz	100 g saure Sahne
4 Radieschen	frisch gemahlener Pfeffer	2 EL Mehl
2 Frühlingszwiebeln	1 EL Weißweinessig	75 ml trockener Weißwein

1 Den Spargel waschen. Die Stangen nur im unteren Drittel schälen und die Enden abschneiden. Den Spargel in 1 cm lange Stücke schneiden, dabei die Spargelspitzen beiseitelegen.

2 Die Gemüsebrühe in einem Topf aufkochen. Die Spargelstückchen (ohne Spitzen) hineingeben und zugedeckt 5 Minuten garen.

3 In der Zwischenzeit die Radieschen waschen, putzen und fein würfeln. Die Frühlingszwiebeln putzen, waschen und fein zerkleinern. Senf, Salz, Pfeffer, Weinessig und Walnussöl zu einer Vinaigrette verrühren.

4 Die saure Sahne mit dem Mehl verquirlen. Die gekochten Spargelstückchen in der Brühe mit dem Stabmixer pürieren, dabei die Mehl-Sahne untermixen.

5 Die Spargelspitzen und den Wein in die Suppe geben. Die Spargelsuppe unter Rühren einmal aufkochen lassen.

6 Vor dem Servieren die Radieschen und die Frühlingszwiebeln in die Vinaigrette rühren. Die Suppe auf vorgewärmte Suppenteller verteilen und die Radieschen-Vinaigrette daraufflöffeln.

TIPP: Statt der scharfen Radieschen-Vinaigrette können Sie eine milde Tomaten-Vinaigrette zubereiten. Dafür einfach eine gewürfelte Strauchtomate anstelle von Radieschen und Frühlingszwiebeln in die Vinaigrette rühren.

Wohlfühl-
FRÜHLINGS-MENÜ

Den Auftakt zu unserem Frühlingsmenü bildet eine wunderbar
cremige Suppe aus grünem Spargel. Als Hauptgang empfiehlt
sich die Scholle, die im Mai und Juni fein schmeckt.
Den süßen Abschluss bildet eine herrlich fruchtige Kombination
aus Rhabarber, Erdbeeren und Vanillequark.

Gebratene Scholle

FÜR 4 PERSONEN / ZUBEREITUNGSZEIT 25 MINUTEN

4 Nordseeschollen	1 Ei	30 g Salz
80 g geräucherter Speck	100 g Semmelbrösel	1 Zitrone

1 Die Schollen schuppen, unter fließendem Wasser abspülen und dann die Haut abziehen. Den Speck in kleine Würfel schneiden.

2 Das Ei auf einen Teller schlagen und gut verrühren. Die Semmelbrösel und das Salz auf einem zweiten Teller mischen. Die Schollen erst im Ei, dann in den Semmelbröseln wenden.

3 Den Speck in einer Pfanne auslassen. Dann die Speckstücke herausnehmen und warm stellen. Die Schollen im Fett von beiden Seiten je 5 Minuten braten. Die Zitrone waschen, trocken tupfen und vierteln. Die Schollen auf angewärmten Tellern servieren. Den Speck und die Zitronenviertel dazu reichen.

TIPP: Als Variation die wie beschrieben vorbereitete Scholle (Schritt 1) mit Salz und Zitronensaft einreiben und in Milch 30 Minuten stehen lassen. Dann abtrocknen, in Mehl wenden und in 2 EL Butter goldgelb auf beiden Seiten braten. Dann die Scholle auf einer angewärmten Platte mit Scheiben einer unbehandelten Zitrone und Kapern anrichten. Abschließend mit Zitronensaft beträufeln und braune Butter darüber gießen.

Die köstliche grüne Spargelcremesuppe finden Sie auf Seite 38 und das fruchtig-frische Rhabarber-Erdbeer-Dessert auf Seite 228.

SUPPEN

Pikante Weinsuppe mit Zimt-Croûtons

FÜR 4 PERSONEN / ZUBEREITUNGSZEIT 15 MINUTEN

2 Scheiben Toastbrot	750 ml Hühnerbrühe	Salz
250 ml trockener, kräftiger Weißwein (z. B. Gewürztraminer, Grauer Burgunder)	1 EL Butter	frisch gemahlener weißer Pfeffer
	125 g Sahne	frisch geriebene Muskatnuss
	2 EL Speisestärke	2 Eigelb
	¼ TL gemahlener Zimt	

1 Vom Toastbrot die Rinde abschneiden und das Brot in Würfel schneiden. Die Hühnerbrühe und den Wein in einem Topf erhitzen und offen bei starker Hitze 5 Minuten kochen lassen.

2 Währenddessen die Butter in einer Pfanne zerlassen und die Brotwürfel darin unter gelegentlichem Wenden knusprig braten.

3 Die Sahne und die Speisestärke in einer Tasse verquirlen, die Mischung in die Suppe rühren und das Ganze unter Rühren 1 Minute kochen lassen.

4 Die Toastbrotwürfel mit Zimt würzen. Die Suppe mit Salz, Pfeffer und Muskat abschmecken. Die Hitze herunterschalten und die Eigelbe mit einem Schneebesen in die Suppe einrühren. (Die Suppe auf keinen Fall mehr aufkochen.)

5 Die Suppe mit einem Schneebesen schaumig aufschlagen und auf vorgewärmte Suppenteller oder -schalen verteilen. Mit den Zimt-Croûtons bestreuen und sofort servieren.

TIPP: Für die Croûtons können Sie statt des Toastbrots auch Reste von Baguette, Dinkel- oder Sonnenblumenkernbrot verwenden. Wichtig ist, dass Sie die harte Rinde abschneiden. Wer mag, kann zusätzlich noch 1 EL Mandelstifte oder grob zerkleinerte Walnusskerne mit den Brotwürfeln anbraten.

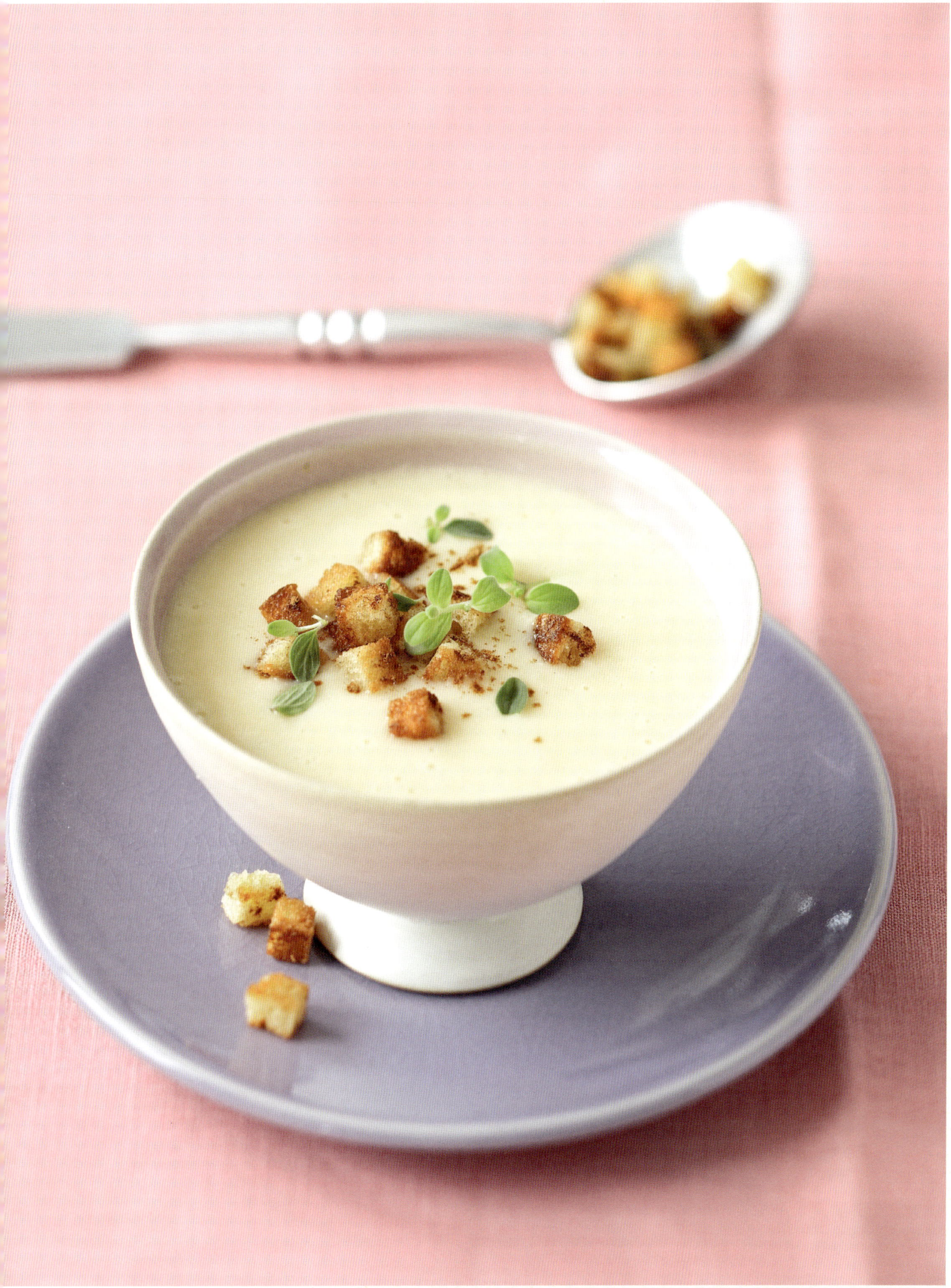

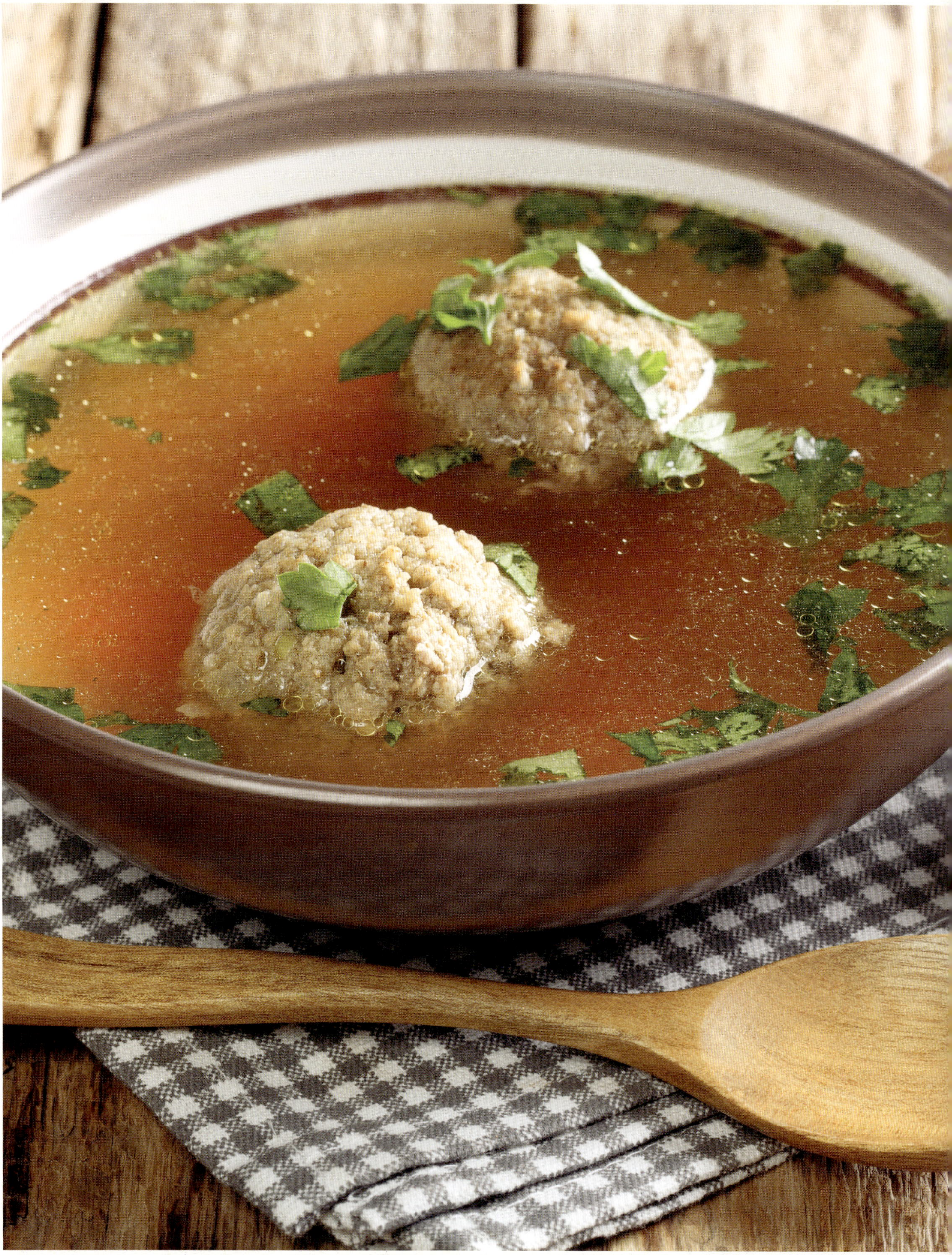

Leberknödelsuppe

FÜR 10–12 PORTIONEN / ZUBEREITUNGSZEIT 45 MINUTEN (+30 MIN. EINWEICHZEIT)

7 Brötchen vom Vortag	250 g Rinderknochenmark	½ TL getrockneter Majoran
1 kleine Zwiebel	2 ¾ l Fleischbrühe	frisch geriebene Muskatnuss
½ Bund Petersilie	250 g Rinderleber	Salz
1 EL Butter oder Öl	4 Eier	frisch gemahlener Pfeffer

1 Die Brötchen in dünne Scheiben schneiden und in eine Schüssel legen. Die Zwiebel abziehen und fein hacken.

2 Einige Petersilienblätter beiseitelegen. Restliche Petersilie waschen, trocken tupfen und fein hacken. Butter bzw. Öl in einer Pfanne erhitzen. Die Zwiebel, die Petersilie und das Mark darin bei schwacher Hitze 4 Minuten braten, ohne dass die Zwiebel Farbe annimmt. 50 ml Fleischbrühe darüber gießen.

3 Die Brühe aus der Pfanne über die Brötchenscheiben gießen. Dann etwa 30 Minuten einweichen lassen. Die Leber waschen, trocken tupfen und fein hacken.

4 Die Leber zur Mischung geben. Die Eier, den getrockneten Majoran, etwas Muskatnuss, Salz und Pfeffer untermischen.

5 Mit einem Teelöffel aus der Masse Knödel formen. Die restliche Brühe aufkochen und die Knödel darin etwa 20 Minuten garen. Zum Schluss die beiseitegelegten Petersilienblätter waschen, trocknen und über die Suppe streuen.

LEBERKNÖDEL

Leberknödel isst man vor allem in Bayern und in der Pfalz, meistens als Suppeneinlage. Ihre Herstellung aus Rinder- oder Schweineleber geschieht seit Jahrhunderten auf dieselbe Art. In Bayern beschäftigt man sich seit jeher viel mit Knödeln. So stritten sich Liesl Karlstadt und Karl Valentin auf der Bühne, ob es „Semmelknödel" oder doch „Semmelnknödel" heiße, weil die Knödel ja schließlich aus mehreren Semmeln gemacht würden. Am Ende stellten sie fest, dass diese Regel für Leberknödel wohl nicht gelte, weil man ja nicht „Lebernknödel" sagen könne …

SUPPEN

Erbsen-Fenchel-Suppe mit Minze

FÜR 4 PERSONEN / ZUBEREITUNGSZEIT 30 MINUTEN

600 g Fenchel
500 g Erbsen, frisch oder tiefgefroren
900 ml Gemüsebrühe
3 TL frische Minze
Salz
frisch gemahlener Pfeffer
Zum Garnieren:
kleine Salatblätter, bspw. Eichblattsalat, und frische Kräuter (Kerbel und Minze)

1 Den Fenchel waschen, putzen und klein schneiden. Fenchel, Erbsen und Brühe in einem großen Topf zum Kochen bringen. Anschließend bei geschlossenem Deckel 20 Minuten köcheln, bis der Fenchel weich ist.

2 Die Minze hacken, zufügen und nochmals eine Minute kochen.

3 Eine Tasse Gemüse abschöpfen und die Suppe mit dem Pürierstab oder der Küchenmaschine pürieren.

4 Das beiseitegestellte Gemüse wieder in die Suppe geben und erhitzen. Mit Salz und Pfeffer abschmecken. Die einzelnen Portionen vor dem Servieren mit Salatblättern und Kräutern garnieren.

TIPP: Tiefkühlerbsen werden schon Stunden nach der Ernte eingefroren, sodass die Nährstoffe erhalten bleiben, während frische Erbsen oft tagelang unterwegs sind. Erbsen sind nicht nur reich an Vitamin C zur Stärkung des Immunsystems und an Kalium für gesunde Muskeln und Nerven, sondern enthalten auch eine Reihe weiterer Vitamine und Mineralien.

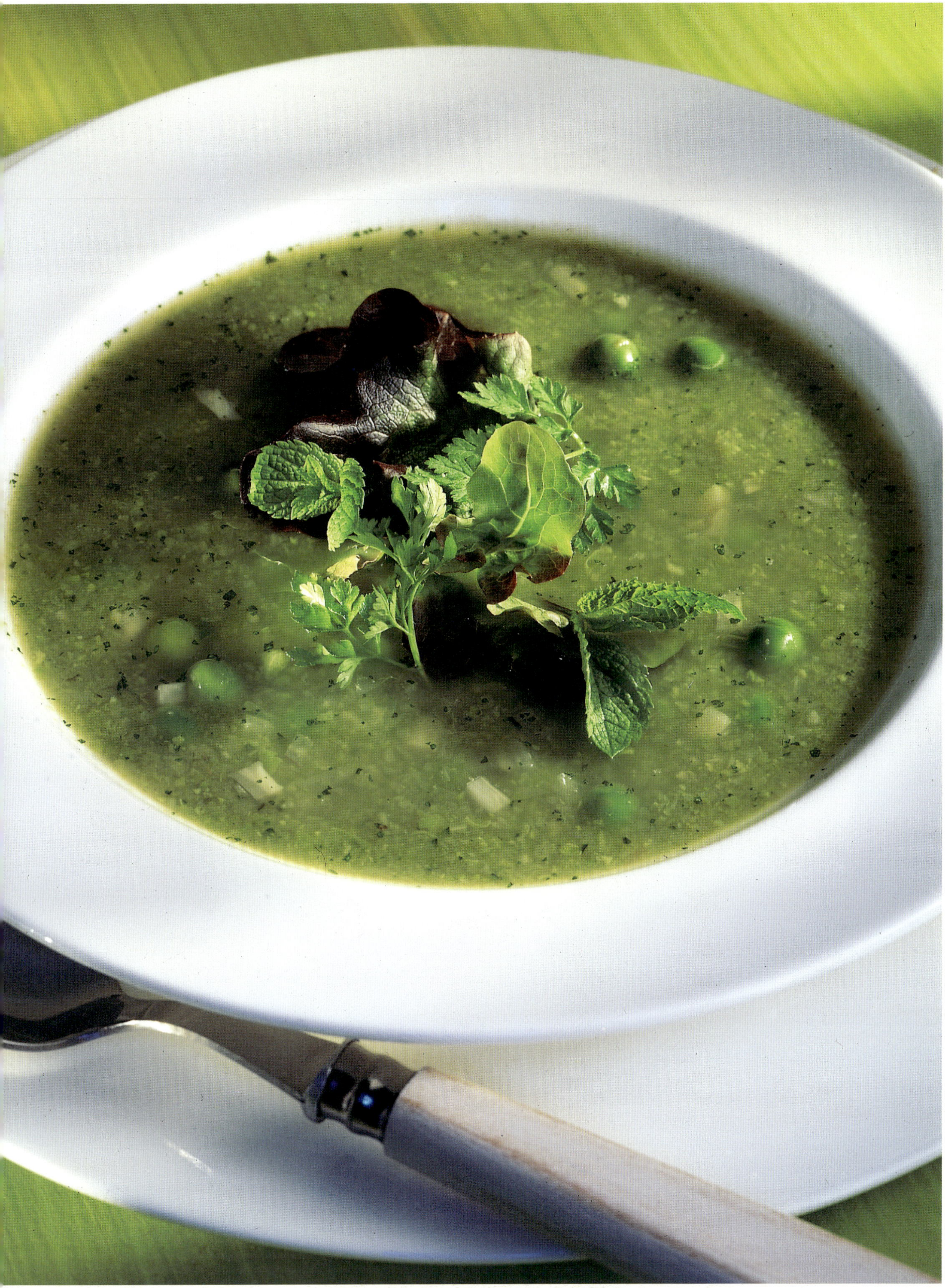

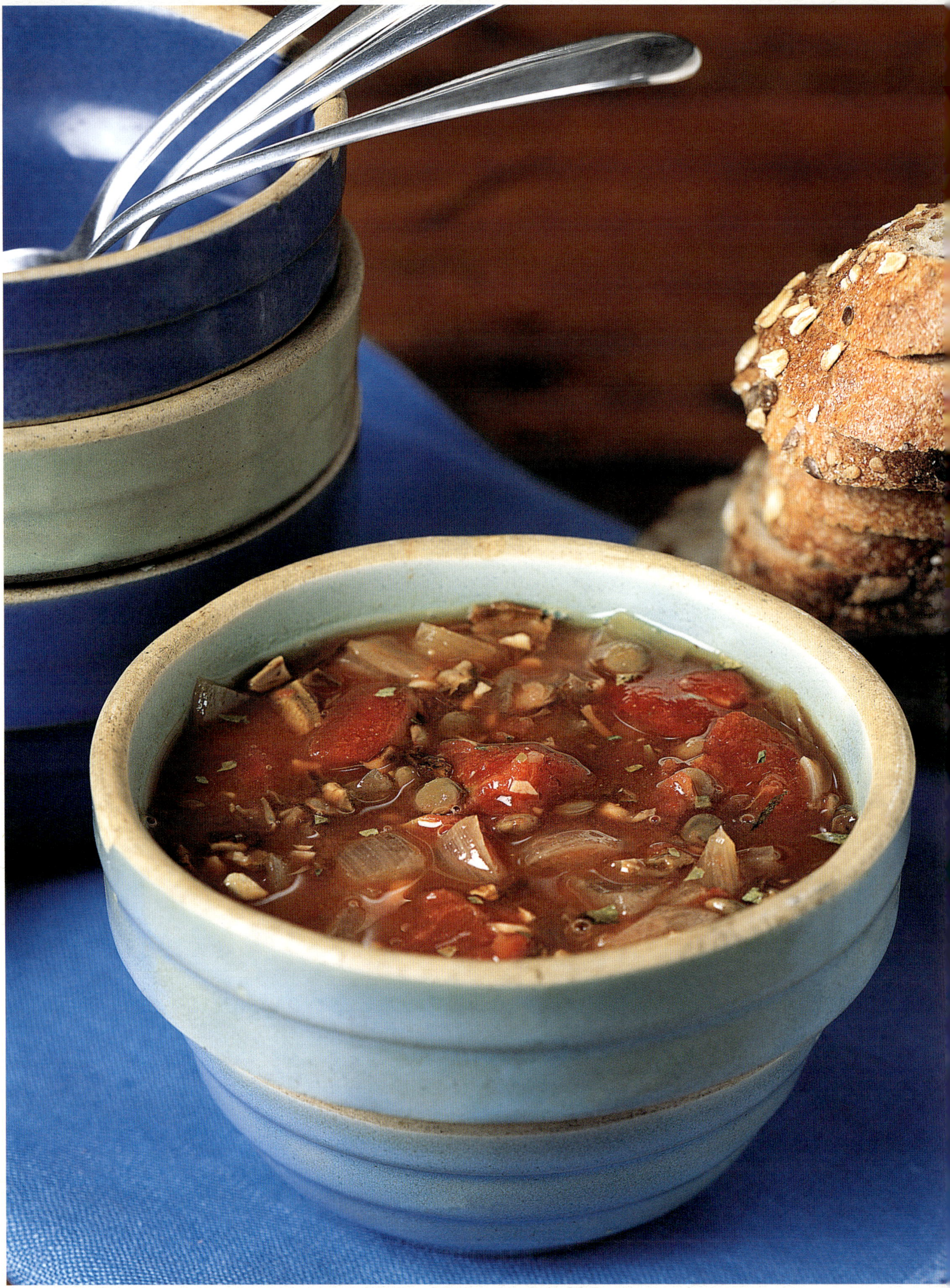

Würzige Tomaten-Linsen-Suppe

FÜR 4 PERSONEN / ZUBEREITUNGSZEIT 40 MINUTEN

60 g getrocknete Porcini (Steinpilze) oder Shiitake-Pilze	3 Knoblauchzehen	¾ TL Salz
240 ml heißes Wasser	420 g Tomatenfruchtfleisch in Stücken mit Saft (Dose)	480 ml Wasser
1 EL Olivenöl	1 TL gemahlener Ingwer	100 g Linsen
1 große Zwiebel	1 TL Estragon	

1 Die Pilze in einer kleinen Schüssel mit dem heißen Wasser etwa 20 Minuten einweichen, dann aus der Einweichflüssigkeit herausfischen. Die Flüssigkeit durch ein feines Sieb gießen und beiseitestellen. Die Pilze in kleine Stücke schneiden.

2 Inzwischen das Öl in einem großen Topf bei mittlerer Hitze heiß werden lassen. Zwiebel und Knoblauch fein hacken, etwa 7 Minuten unter Rühren im Öl anbraten.

3 Pilze, Einweichflüssigkeit, Tomaten samt Saft sowie Ingwer, Estragon, Salz und Wasser dazugeben. Die Linsen abspülen, zugeben und alles aufkochen lassen. Die Hitze reduzieren und die Suppe etwa 30 Minuten köcheln lassen, bis die Linsen weich sind. Das Rezept kann schon im Voraus zubereitet werden. Falls die Suppe zu dickflüssig ist, einfach noch ein wenig Wasser zugeben.

Suppen

Kartoffelsuppe mit Schnittlauch-Schmand

FÜR 4 PERSONEN / ZUBEREITUNGSZEIT 25 MINUTEN

- 1 Zwiebel
- 1 Knoblauchzehe
- 500 g mehligkochende Kartoffeln
- 1 EL Öl
- 100 g gewürfelter Räucherspeck
- 1 TL getrockneter Majoran
- ½ TL getrocknetes Liebstöckel
- 1 Lorbeerblatt
- 1 l Gemüsebrühe
- 1 Bund Schnittlauch
- 150 g Schmand
- Salz
- frisch gemahlener Pfeffer
- frisch geriebene Muskatnuss

1 Die Zwiebel schälen und würfeln. Den Knoblauch schälen und fein hacken. Die Kartoffeln schälen und in der Küchenmaschine oder auf einer Reibe raspeln.

2 Das Öl in einem Topf erhitzen und den Speck darin 1 Minute braten. Die Zwiebelwürfel und den Knoblauch hinzufügen und glasig braten, die Kartoffeln untermischen und kurz mitbraten.

3 Die Mischung mit Majoran, Liebstöckel und dem Lorbeerblatt würzen. Die Gemüsebrühe dazugießen und aufkochen lassen; etwa 12 Minuten köcheln, bis die Kartoffelraspel weich sind.

4 In der Zwischenzeit den Schnittlauch waschen, in Röllchen schneiden und mit 50 g Schmand verrühren. Das Lorbeerblatt aus der Suppe nehmen.

5 Die Suppe pürieren, dabei den restlichen Schmand untermixen. Mit Salz, Pfeffer und Muskatnuss abschmecken. Die Suppe auf Teller verteilen und mit dem Schnittlauch-Schmand garnieren.

TIPP: Für diese Suppe können Sie übrig gebliebene gegarte Kartoffeln verwenden, das spart außerdem noch Zeit. Die Kartoffeln klein schneiden, in die kochende Brühe geben (Schritt 3) und nur kurz erhitzen. Die Suppe dann wie in den Schritten 4 und 5 beschrieben fertigstellen.

DAS LEIBGERICHT DER KANZLERIN

„Geschüttelt, nicht gerührt!" So trinkt James Bond seinen Martini. Bei Ex-Bundeskanzlerin Angela Merkel würde die Entsprechung lauten: „Gestampft, nicht püriert!" Denn das, so verriet sie der Öffentlichkeit 2017, sei das Geheimnis ihrer Kartoffelsuppe: „Ich zerstampfe die Kartoffeln immer selbst mit einem Kartoffelstampfer und nicht mit der Püriermaschine. So bleiben in der Konsistenz noch immer kleine Stückchen übrig." Unseren Omas hätte das sicher gefallen – denn anders als mit dem neumodischen Pürierstab werden die Kartoffeln auf diese Weise schön locker und nicht so klebrig.

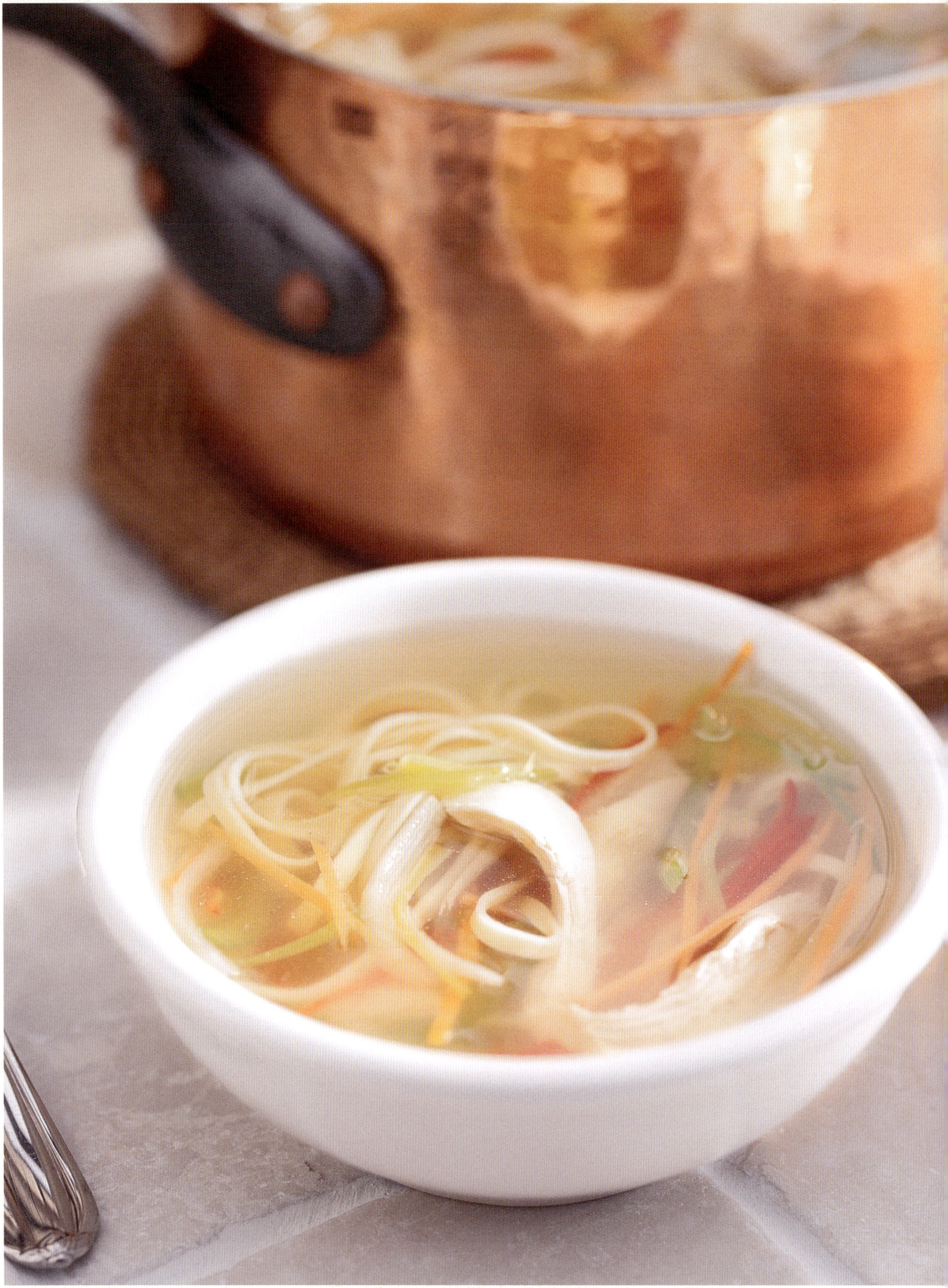

Großmutters Hühnersuppe mit Nudeln

FÜR 6 PORTIONEN / ZUBEREITUNGSZEIT 40 MINUTEN (+60 MIN. KOCHZEIT)

1 ganzes Huhn (840 g)	1 TL Salz	1 Pastinake
1 EL Olivenöl	¼ TL frisch gemahlener schwarzer Pfeffer	1 weiße Rübe
1 große Zwiebel		1 rote Paprikaschote
1 Lorbeerblatt	2 Knoblauchzehen	2 Stangen Sellerie
½ TL getrockneter Rosmarin	3 Möhren	180 g Linguine-Nudeln
	2 Stangen Lauch	

1 Das Huhn in 8 Teile zerlegen. Die Haut von Schlegeln, Oberkeule und Brust entfernen. Das Huhn in einer einzigen Schicht in einen Topf legen. Die Zwiebel abziehen, hacken und über die Hühnerteile streuen. Diese auf jeder Seite etwa 5 Minuten anbräunen. Lorbeerblatt, Rosmarin, Salz und Pfeffer dazugeben.

2 Inzwischen 3 l Wasser aufkochen und vorsichtig zum Huhn gießen. Das Huhn etwa 1 Stunde mit halb aufgelegtem Deckel köcheln lassen, bis die Brühe intensiv schmeckt. Das Huhn auf einen Teller geben. Die Brühe durch ein Sieb in eine große Schüssel gießen, Zwiebel und Lorbeerblatt herausnehmen. Das Fett von der Brühe abschöpfen und die Brühe wieder in den Topf gießen.

3 Den Knoblauch abziehen und fein hacken. Möhren, Lauch, Pastinake und Rübe waschen, putzen und in Stifte, rote Paprika in feine Streifen, Selleriestangen in dünne Ringe schneiden. Alles in die Brühe geben. Offen etwa 5 Minuten köcheln lassen. Sobald die Hühnerteile genügend abgekühlt sind, das Fleisch auslösen. In mundgerechte Stücke schneiden und wieder in die Suppe geben. Die Linguine einrühren und etwa 15 Minuten kochen. Auf sechs Suppenteller oder -tassen verteilen.

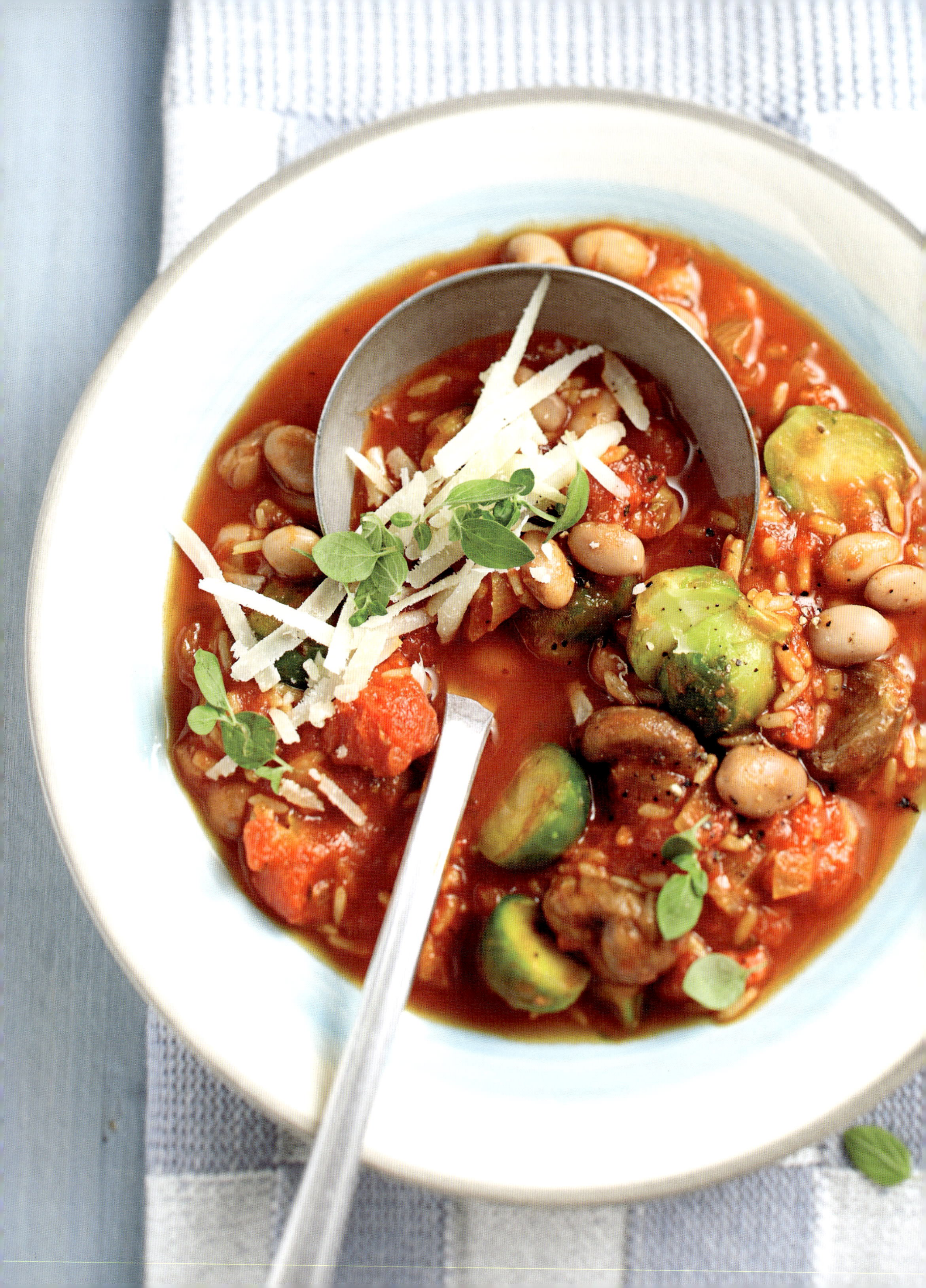

Eintöpfe

Eintöpfe sind einfach eine hervorragende Erfindung, das wussten bereits unsere Omas: Sie sind lecker, machen satt, man kann alles mögliche hineinschnippeln, sie können lange auf dem Herd vor sich hinköcheln und schmecken auch noch am nächsten Tag. Vorhang auf für die besten Eintopfgerichte!

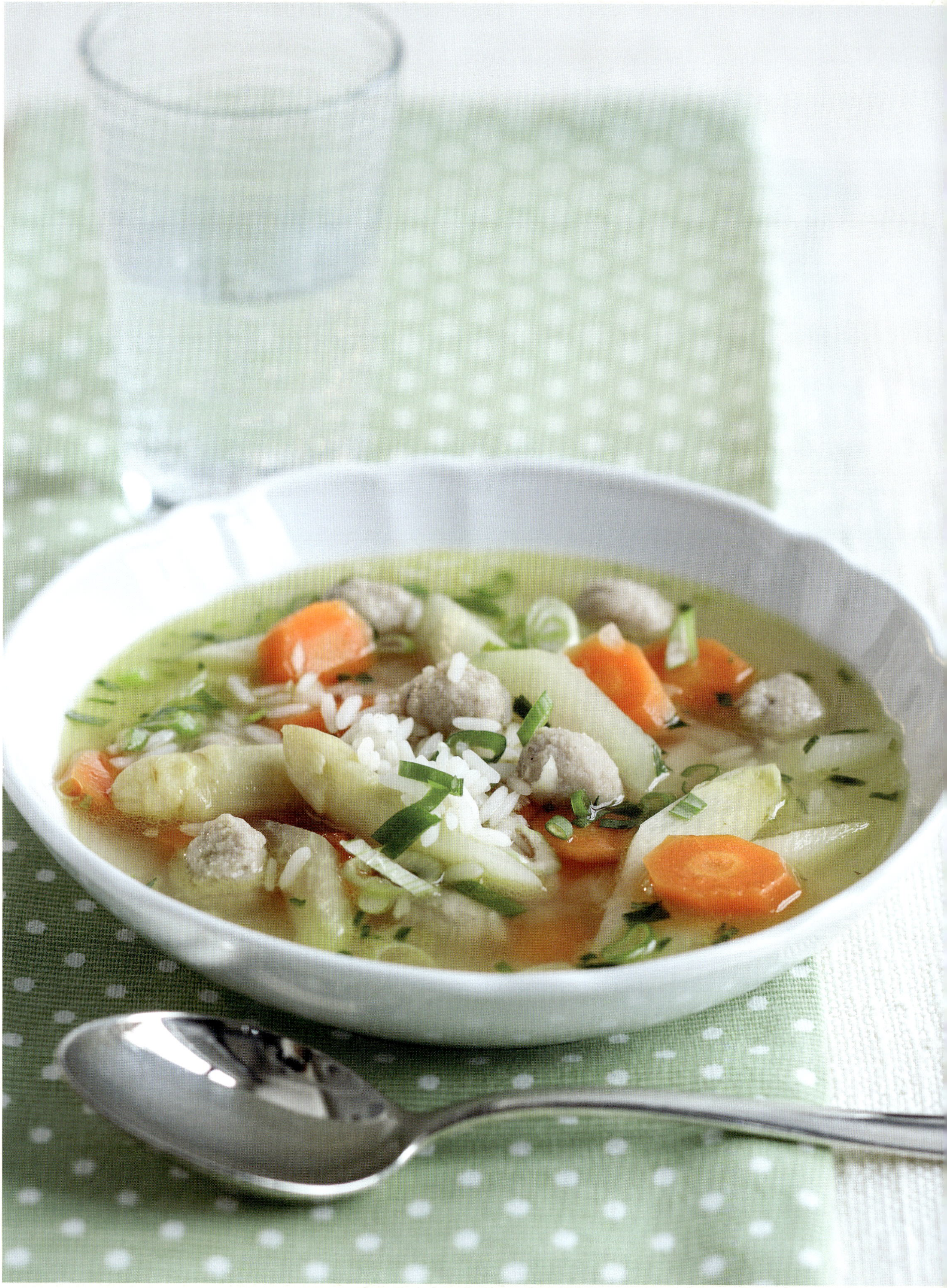

Frühlingseintopf mit Brätklößchen

FÜR 4 PERSONEN / ZUBEREITUNGSZEIT 30 MINUTEN

- 250 g Möhren
- 250 g weißer Spargel
- 1 Kohlrabi
- 1 Zwiebel
- 1 EL Öl
- 125 g Langkornreis
- 1 Lorbeerblatt
- 1,5 l Hühnerbrühe
- 2 Estragonzweige
- 2 Frühlingszwiebeln
- 400 g Brätklößchen (Kühlregal)
- Salz
- frisch gemahlener Pfeffer
- 1 EL weißer Balsamico-Essig

1 Die Möhren putzen, schälen und in 5 mm dicke Scheiben hobeln oder schneiden. Die Spargelstangen waschen, schälen und in 2 cm lange Stücke schneiden. Den Kohlrabi schälen und in feine Stifte schneiden oder hobeln. Die Zwiebel schälen und würfeln.

2 Das Öl in einem großen Topf erhitzen. Die Zwiebelwürfel darin glasig dünsten. Möhren und Kohlrabi hinzufügen und kurz mitdünsten.

3 Spargelstücke, Reis und Lorbeerblatt zum Gemüse in den Topf geben. Alles mit der Hühnerbrühe aufgießen, dann aufkochen und zugedeckt 15 Minuten köcheln lassen.

4 In der Zwischenzeit den Estragon waschen und die Blättchen fein hacken. Die Frühlingszwiebeln putzen, waschen und in Ringe schneiden; beiseitestellen.

5 Die Brätklößchen und den Estragon in die Suppe geben. Die Suppe bei schwacher Hitze 5 Minuten köcheln lassen, bis die Klößchen durch und durch gar sind. Mit Salz, Pfeffer und Balsamico-Essig abschmecken. Die Suppe mit Frühlingszwiebeln bestreuen und servieren.

TIPP: Statt der Brätklößchen können Sie rohe Bratwurst kaufen, diese aus der Hülle drücken und das Brät in mundgerechten Stückchen in die Suppe geben.

EINTÖPFE

Sauerkraut-Bohnen-Topf mit Speck

FÜR 4 PERSONEN / ZUBEREITUNGSZEIT 30 MINUTEN

250 g durchwachsener geräucherter Speck
2 Zwiebeln
2 Knoblauchzehen
2 rote Paprikaschoten
2 EL Butterschmalz

500 g Sauerkraut
2 EL Zucker
1 EL edelsüßes Paprikapulver
1 TL getrockneter Majoran
1 TL Kümmel

900 ml Fleischbrühe
1 Dose weiße Bohnen (Abtropfgewicht 500 g)
Salz
frisch gemahlener Pfeffer

1 Den Speck quer in etwa 0,5 cm dicke Scheiben schneiden. Die Zwiebeln schälen, halbieren und dann in feine Streifen schneiden. Den Knoblauch schälen und fein hacken. Die Paprikaschoten putzen, waschen und in etwa 2 cm große Stücke schneiden.

2 In einem Topf das Butterschmalz erhitzen. Speck, Zwiebeln und Knoblauch darin unter Wenden 3 Minuten braten.

3 Das Sauerkraut dazugeben. Mit Zucker, Paprikapulver, Majoran und Kümmel bestreuen. Die Brühe dazugießen; alles zugedeckt aufkochen und etwa 10 Minuten köcheln lassen.

4 Inzwischen die Bohnen in ein Sieb schütten, waschen und abtropfen lassen. Etwa 5 Minuten vor Ende der Garzeit zum Sauerkraut geben und mitgaren. Den Eintopf mit Salz und Pfeffer abschmecken.

TIPP: Wer mag, kann vor dem Servieren noch etwas Schmand oder saure Sahne auf den Eintopf geben. Als Beilage bieten sich Roggenbrot oder Baguette an.

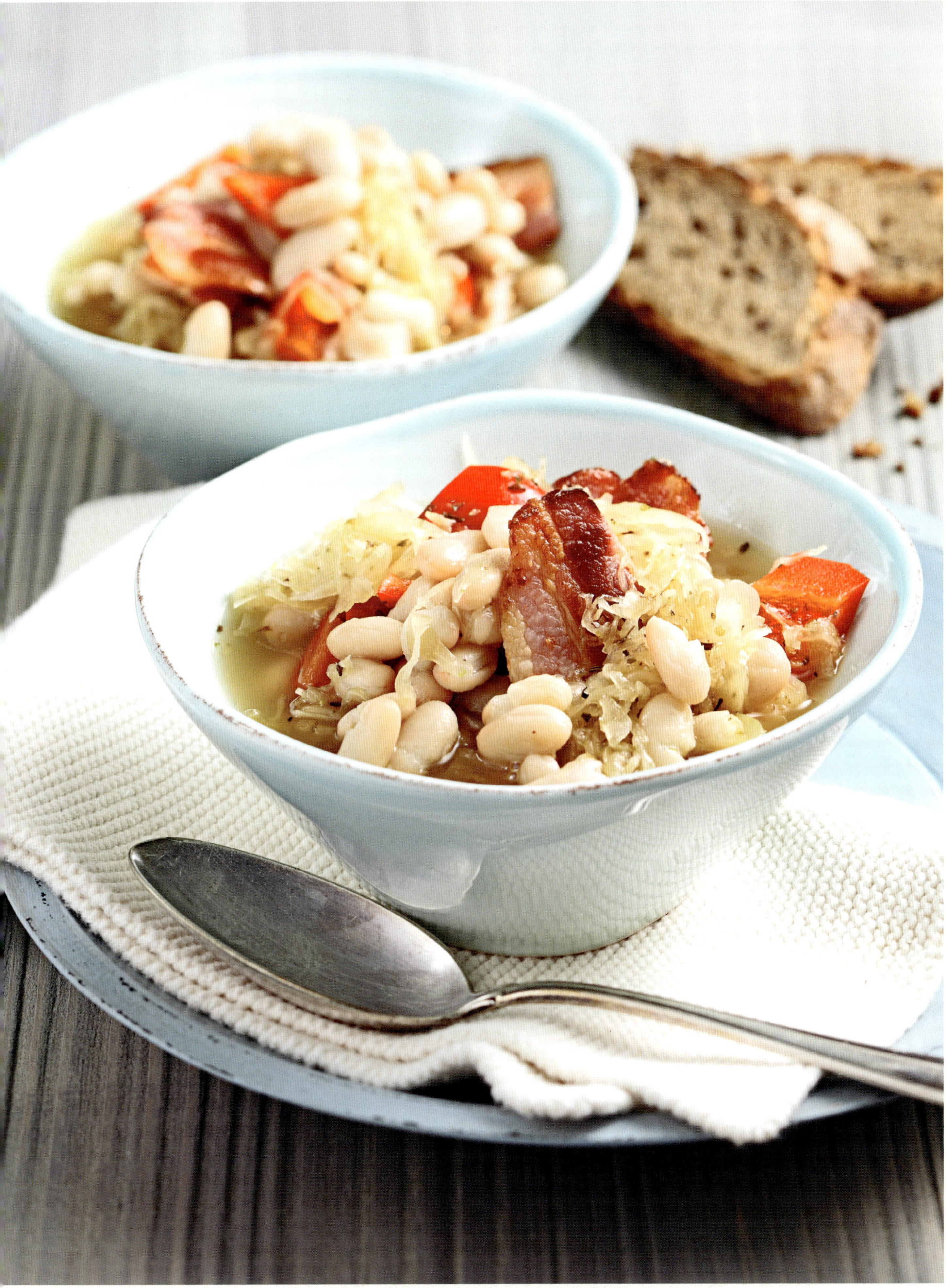

DAS LEIBGERICHT DER WITWE BOLTE

Dass Sauerkraut viel Vitamin C enthält und auch sonst gesund ist, wussten schon die alten Griechen und Römer. Heute essen wir Sauerkraut auch einfach, weil es so gut schmeckt! Wir Deutschen, die wir von den Briten und Amerikanern nach dem Zweiten Weltkrieg gern „Krauts" genannt wurden, wissen gerade in der kalten Jahreszeit einen Teller Sauerkraut sehr zu schätzen. Früher hat man das Sauerkraut selbst angesetzt und konnte sich den ganzen Winter an seinem Krautfass bedienen. Großväter zitieren da gern Wilhelm Busch: „Eben geht mit einem Teller / Witwe Bolte in den Keller, / dass sie von dem Sauerkohle / eine Portion sich hole, / wofür sie besonders schwärmt, / wenn er wieder aufgewärmt."

Sauerkraut-Eintopf mit Kassler

FÜR 4 PERSONEN / ZUBEREITUNGSZEIT 30 MINUTEN

- 1 Zwiebel
- 400 g mehligkochende Kartoffeln
- 2 EL Schweineschmalz
- ½ TL getrockneter Majoran
- 4 Wacholderbeeren
- ½ TL Kümmelsamen
- 1 Lorbeerblatt
- 500 ml Gemüsebrühe
- 4 Scheiben Kassler Rippchen (gepökelt, gegart; je 200 g)
- 1 säuerlicher Apfel
- 500 g Weinsauerkraut
- Salz
- frisch gemahlener Pfeffer

1 Die Zwiebel schälen und würfeln. Die Kartoffeln schälen und grob raspeln. Das Schweineschmalz in einer Kasserolle erhitzen und die Zwiebelwürfel darin glasig dünsten.

2 Kartoffeln, Majoran, Wacholderbeeren, Kümmelsamen, Lorbeerblatt und Gemüsebrühe dazugeben. Den Topfinhalt zum Kochen bringen und 5 Minuten köcheln lassen.

3 In der Zwischenzeit den Apfel schälen, vierteln, vom Kerngehäuse befreien und in kleine Würfel schneiden. Die Apfelwürfel und das Sauerkraut mitsamt der Flüssigkeit in den Topf geben und unterrühren; alles 5 Minuten garen.

4 Die Kassler Rippchen auf die Sauerkrautmischung legen, den Topf schließen und den Eintopf 10 Minuten weiterköcheln lassen.

5 Zum Schluss das Gericht mit Salz und Pfeffer abschmecken. Auf vier tiefe Teller verteilen, auf jede Portion eine Scheibe Kassler legen; servieren.

TIPP: Falls vom Eintopf etwas übrig bleibt, lässt sich daraus eine Sauerkraut-Cremesuppe zubereiten. Dafür etwa 5 EL vom Sauerkraut-Kartoffel-Eintopf mit 500 ml Gemüsebrühe und 200 ml Weißwein oder Apfelsaft erhitzen; mit dem Stabmixer pürieren und dabei etwas Schmand untermixen.

DIPS UND AUFSTRICHE –
frische Kreationen für jeden Geschmack

Pikant gewürzte Cremes aus Zutaten wie Frischkäse, Quark, Kräutern oder Gemüse schmecken als Dips zu Rohkost, gegrilltem Fleisch oder Fisch und zu vielen anderen unterschiedlichen Gerichten. Auf Brot, Brötchen oder Cracker gestrichen lassen sie Wurst und Käse fast im Schatten stehen.

BAYERISCHER OBAZDA

200 g reifen Camembert in Stücke schneiden und in einen tiefen Teller geben. Mit einer Gabel sehr fein zerdrücken. 100 g Doppelrahm- oder anderen Frischkäse, 2 EL saure Sahne und 3 EL weiche Butter dazugeben. Alles gründlich verrühren. Die Creme mit Salz, Pfeffer, 1 TL edelsüßem Paprikapulver, 1 Prise Cayennepfeffer, etwas gemahlenem Kümmel und etwas Zitronensaft abschmecken.
Bis zum Servieren kühl stellen und durchziehen lassen. Mit Zwiebelringen und Schnittlauchröllchen garnieren und servieren.

Tipp:
Machen Sie den Kühlschrank-Check: Vielleicht finden Sie ein Päckchen Quark, aber keinen Frischkäse – dann nehmen Sie den Quark und kaufen nicht extra Frischkäse. Den Camembert können Sie auch durch einen anderen Weichkäse mit kräftigem Geschmack ersetzen oder durch Schafskäse (z. B. Feta). Es muss ja kein echter Obazda sein, Hauptsache, es schmeckt.

WAS IST IM KÜHLSCHRANK?

Die Zutaten für Dips und Aufstriche hat man oft „sowieso" im Kühlschrank: angebrochene Frischkäsepackungen, Quark- oder Joghurtbecher mit abgelaufenem Mindesthaltbarkeitsdatum, Käsereste, die keiner mehr essen mag. Vielleicht finden sich auch noch gegarte Kartoffeln, Bratenreste und Schinken. Aus all dem lassen sich ganz einfach köstliche Cremes herstellen. Mischen Sie z. B. Quark, Frischkäse und/oder Joghurt mit einer zerdrückten Kartoffel und schmecken Sie das Ganze mit Salz, Pfeffer und frischen Kräutern ab. Oft sorgen etwas Zitronensaft und Paprikapulver noch für Extrawürze und ein Löffel Öl für Geschmeidigkeit. Luftdicht verpackt halten sich die meisten Cremes ein paar Tage im Kühlschrank.

EIERCREME MIT SCHINKEN

3 hart gekochte Eier schälen, fein hacken und in eine Schüssel geben. 2 Scheiben gekochten Schinken (etwa 50 g) ebenfalls fein hacken und zu den Eiern geben. In einer kleinen Schüssel 2 EL Mayonnaise mit 2 EL saurer Sahne oder Joghurt, 1 TL mittelscharfem Senf und 1 TL Zitronensaft verrühren. Die Soße unter Eier und Schinken mischen, dabei 1 EL gehackte Petersilie (frisch oder TK) hinzufügen. Die Creme mit Salz und Pfeffer abschmecken. Zugedeckt in den Kühlschrank stellen oder sofort servieren.

Varianten
Anstelle des Schinkens schmeckt auch gegartes Puten- oder Hähnchenfleisch. Man kann zusätzlich auch noch ein paar in Streifen geschnittene Salatblätter, fein gewürfelte Gewürzgurken oder kleine Kapern unter die Creme heben; die Petersilie in diesem Fall weglassen.

Pikante Dips und Cremes passen zu nahezu jedem Essen und lassen sich aus verschiedenen Zutaten frisch und vor allem schnell und unkompliziert zubereiten.

THUNFISCHCREME MIT DILL

180 g abgetropften Thunfisch (1 Dose; naturell) fein zerpflücken und in einen hohen Rührbecher geben. 150 g Crème fraîche oder Schmand, 100 g Frischkäse, 1 EL abgezupfte Dillspitzen und den Saft von ½ Zitrone hinzufügen.
1 kleine Zwiebel schälen, grob würfeln und in den Rührbecher geben. Alle Zutaten mit dem Stabmixer pürieren. Die Creme mit Salz und Pfeffer würzen.

Varianten
Die Creme kann beliebig abgewandelt werden: Den Dill weglassen und stattdessen Petersilie nehmen und zum Schluss Kapern oder gehackte Oliven unter die Creme heben. Wer mag, kann das Ganze noch mit Sardellenpaste abschmecken.

EINTÖPFE

Herzhafter Rindfleischtopf

FÜR 4 PERSONEN / ZUBEREITUNGSZEIT 30 MINUTEN

1 EL Öl
350 g Rinderschmorfleisch, von überschüssigem Fett befreit und gewürfelt
1 Lauchstange, nur der weiße Teil, in Ringe geschnitten, oder 1 Zwiebel, fein gehackt
2 Knoblauchzehen, zerdrückt
1 Möhre, halbiert und in Scheiben geschnitten
2 Selleriestangen, in dünne Scheiben geschnitten
400 g gehackte Tomaten aus der Dose oder 3 frische Tomaten, fein gehackt
500 ml Gemüse- oder Rindfleischbrühe
1 Lorbeerblatt
1 Zucchini, halbiert und in Scheiben geschnitten
¼ Weißkohl, in Streifen geschnitten
2 EL frisch gehackte Petersilie

1 Die Hälfte des Öls in einem großen Topf stark erhitzen. Das Fleisch darin unter Rühren portionsweise je 2–3 Minuten anbraten, bis es rundum gebräunt ist. Dann auf einem Teller beiseitestellen.

2 Das restliche Öl im Topf erhitzen, Lauch und Knoblauch 2–3 Minuten darin weich dünsten.

3 Möhren und Sellerie zufügen. Dann Rindfleisch, Tomaten, Brühe, Lorbeerblatt und 500 ml Wasser zugeben. Die Mischung aufkochen, dann die Hitze reduzieren und alles 1 Stunde sanft köcheln lassen, bis Fleisch und Gemüse gar sind. Falls die Suppe zu sehr eindickt, etwas Wasser zugießen. Eventuell aufsteigenden Schaum mit einem Schaumlöffel abschöpfen.

4 Zucchini und Weißkohl zugeben und alles weitere 5 Minuten kochen, bis die Zucchini weich und der Kohl zusammengefallen ist. Das Lorbeerblatt herausnehmen und wegwerfen.

5 Den fertigen Eintopf mit frisch gehackter Petersilie bestreuen, auf vier Suppentassen verteilen und sofort servieren.

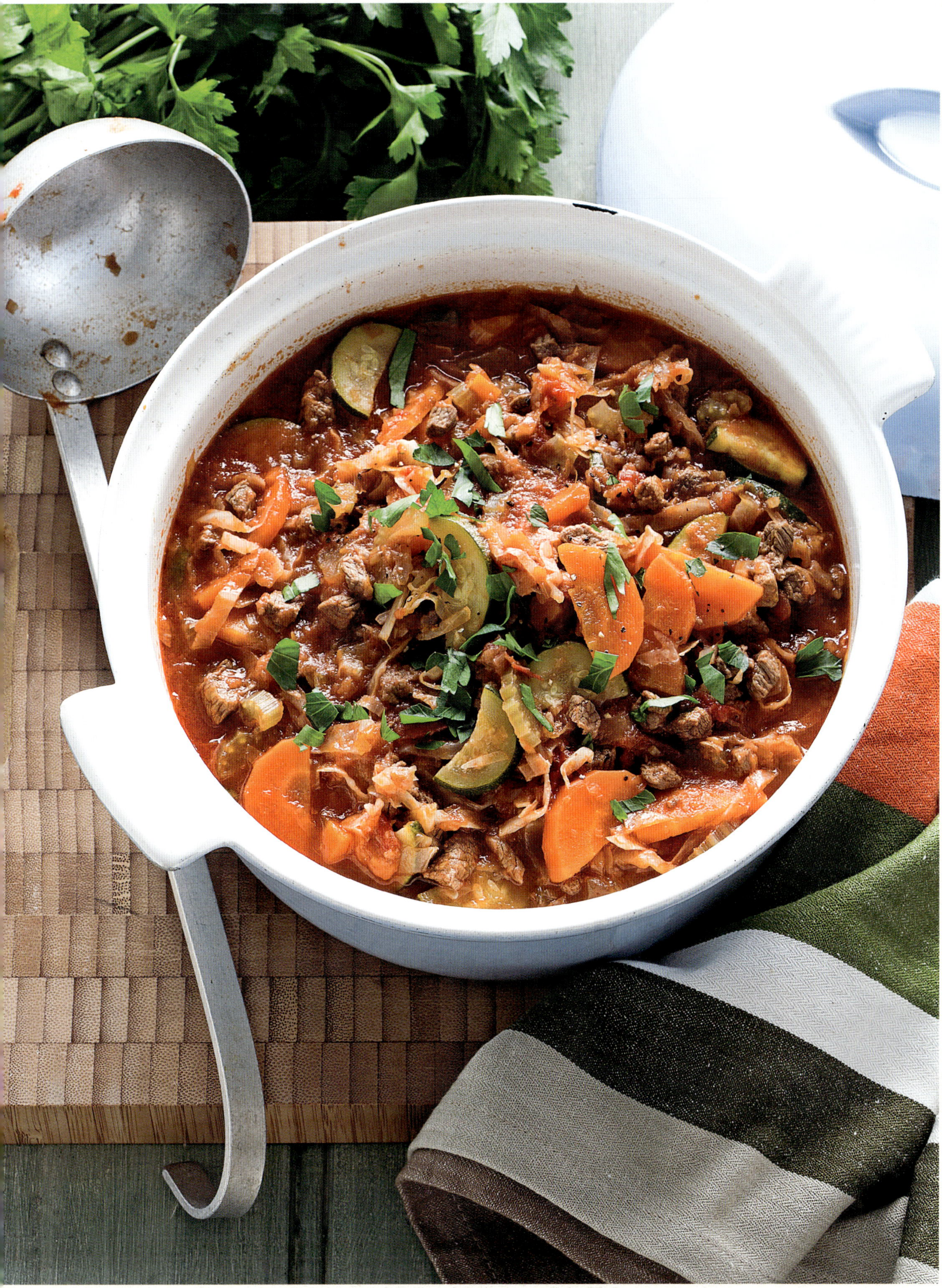

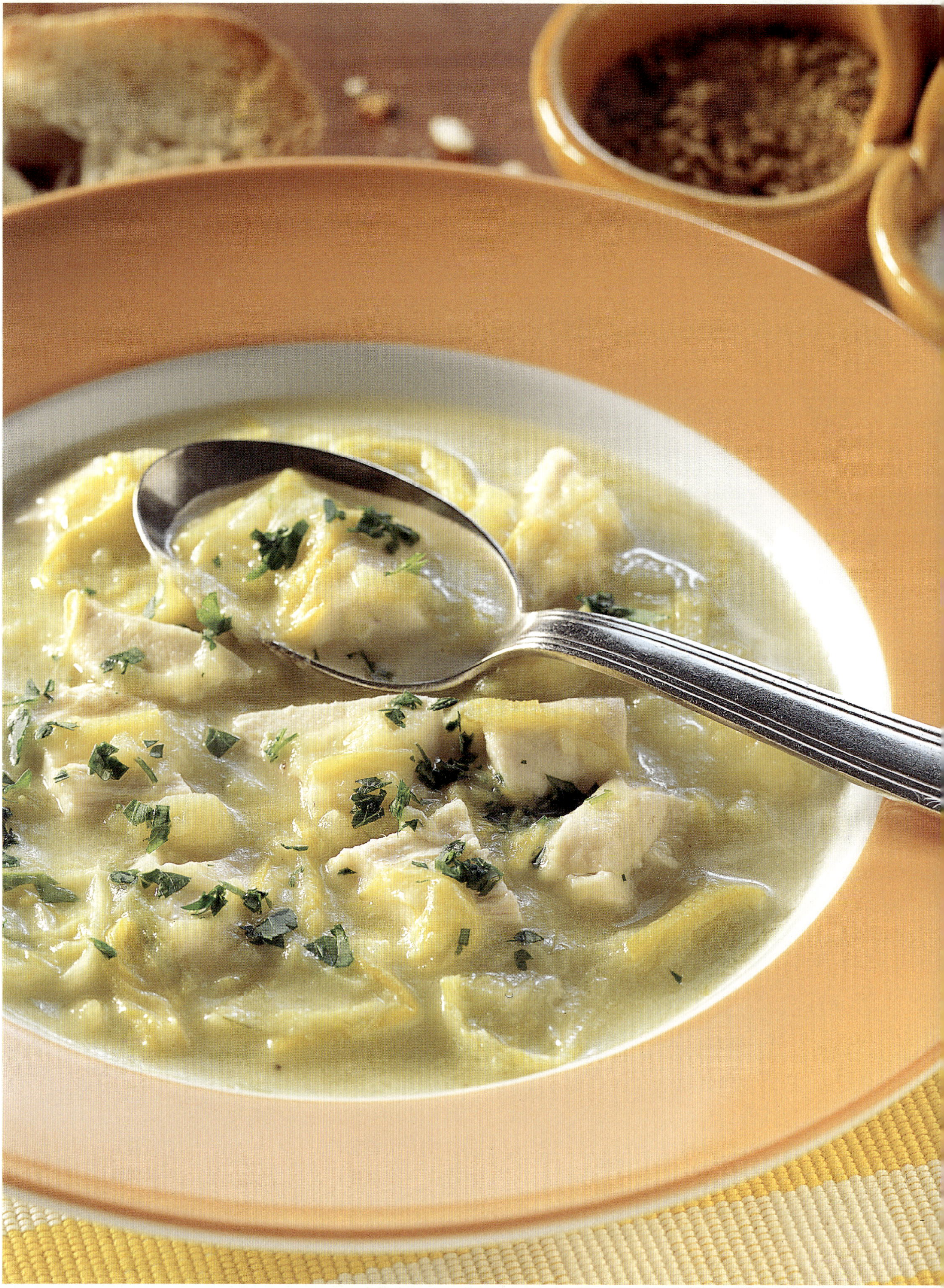

Lauch-Kartoffel-Eintopf mit Huhn

FÜR 4 PERSONEN / ZUBEREITUNGSZEIT 30 MINUTEN

- 1 küchenfertiges Huhn (etwa 1 kg)
- 1 Bund Suppengrün
- Salz
- 1 TL schwarze Pfefferkörner
- 600 g vorwiegend festkochende Kartoffeln
- 1 kg Lauch
- frisch gemahlener Pfeffer
- 1 Prise frisch geriebene Muskatnuss
- 80 g Sahne

1 Das Huhn abspülen; sichtbares Fett entfernen. Das Suppengrün würfeln, mit dem Huhn, 2 TL Salz und Pfefferkörnern in einen großen Topf geben. Etwa 3 l Wasser zugießen – das Huhn soll vom Wasser bedeckt sein; aufkochen. Den Topf schließen, das Huhn bei mittlerer Hitze 45 Minuten kochen.

2 Den Topf vom Herd nehmen. Das Huhn herausheben. Die Haut vom Huhn abziehen und das Fleisch von den Knochen lösen. Die Hälfte des Fleisches in mundgerechte Stücke schneiden und für den Eintopf beiseitestellen. Die andere Hälfte anderweitig verarbeiten, z. B. für einen Geflügelsalat.

3 Die Kartoffeln schälen und würfeln, den Lauch in Streifen schneiden, beides mit 1,5 l der Hühnerbrühe in einem Topf aufkochen und zugedeckt bei mittlerer Hitze 30 Minuten garen. Das Gemüse anschließend mit dem Kartoffelstampfer leicht zerdrücken. Das beiseite gestellte Hühnerfleisch zugeben. Den Eintopf mit Salz, Pfeffer und Muskat abschmecken. Vor dem Servieren die Sahne untermischen.

TIPP: Wer keine Zeit hat, ein ganzes Huhn zu kochen, kann den Eintopf schneller mit Hähnchenbrustfilet zubereiten. Dafür in Schritt 3 mit Kartoffeln und Lauch ganze Hähnchenbrustfilets (insgesamt 400 g) in der Brühe garen. Das Fleisch nach dem Kochen aus der Suppe nehmen, in Stücke schneiden, dann wieder zufügen.

Steckrübentopf mit Schweinelende

FÜR 6 PERSONEN / ZUBEREITUNGSZEIT 30 MINUTEN

350 g Schweinelende	500 ml Fleischbrühe	frisch gemahlener Pfeffer
1 Steckrübe (700 g)	1–2 TL mittelscharfer Senf	1 ½ TL Mehl
1 Pastinake	4 Pimentbeeren, zerstoßen	4 EL Sahne
2 Möhren	1 gute Prise Zimt, nach Belieben	3–4 EL Weißweinessig
4 Kartoffeln	1 TL getrocknetes Bohnenkraut	Petersilie und frisches Bohnenkraut zum Bestreuen
2 EL Öl	Salz	
1 Zwiebel		
1 Knoblauchzehe		

1 Die Schweinelende in 2 cm große Würfel schneiden. Gemüse und Kartoffeln putzen, schälen und ebenfalls in Würfel schneiden.

2 Das Öl in einem großen Topf erhitzen, die Fleischwürfel darin rundum anbraten. Zwiebel und Knoblauch abziehen, hacken, zugeben und kurz mitbraten, dann Gemüse und Kartoffeln zufügen und alles gut verrühren.

3 Die Brühe angießen; Senf, Piment, Zimt nach Belieben, Bohnenkraut sowie Salz und Pfeffer zugeben. Aufkochen, dann bei mittlerer Hitze unter gelegentlichem Rühren 30 Minuten köcheln lassen.

4 Das Mehl mit der Sahne und 3 EL Wasser glatt rühren; unter den Eintopf mischen. Alles aufkochen und unter Rühren kochen lassen, bis die Suppe andickt.

5 Den Eintopf vom Herd nehmen. Mit Salz, Pfeffer und Essig abschmecken. Auf Teller verteilen und mit reichlich gehackter Petersilie, schwarzem Pfeffer und Bohnenkraut bestreuen. Sofort servieren.

TIPP: Steckrüben liefern Kalzium, Beta-Karotin, Vitamin C und Kalium und haben dabei kaum Kalorien. Zusammen mit anderem Knollen- und Wurzelgemüse wie Kartoffeln und Möhren ergeben sie eine aromatische, sättigende Mahlzeit mit reichlich Ballaststoffen und langsam verdaulichen Kohlenhydraten.

Zwei kalte Steckrübenwinter

Wer sich heute hierzulande an den „Steckrübenwinter" erinnert, meint damit den schrecklich kalten Winter 1946/47. So kurz nach dem Krieg hausten viele Menschen noch in notdürftig geflickten Wohnungen. Lebensmittel waren streng rationiert. Da kam die überall verfügbare Steckrübe gerade recht: Man konnte sie zu Eintopf, Mus, Marmelade und sogar Kaffee verarbeiten. Der „eigentliche" deutsche Steckrübenwinter war aber der des Jahres 1916, mitten im Ersten Weltkrieg: Auch dieser Winter war sehr kalt; der Krieg ging mit rationierten Gütern einher, und auch die Kartoffelernte fiel schlecht aus. So wurde die Steckrübe nicht nur als Eintopf in Suppenküchen ausgegeben, sondern auch als Brot, Pudding und Kuchen gegessen. Ähnlich wie den Graupen (siehe S. 83) ging es spätestens nach dem Zweiten Weltkrieg auch den Steckrüben: Manch einer mochte sie nicht mehr sehen. Wer allerdings erst nach dem Krieg geboren war, konnte den gelbgrünen Rüben durchaus etwas abgewinnen, denn eigentlich haben sie ja einen feinen, süßen Geschmack. Das Buch *Das Essen meines Lebens* zitiert dazu die Schauspielerin Iris Berben: „Woran ich mich immer erinnern kann, ist Steckrübeneintopf. Es sind die 50er-Jahre, Nachkriegsdeutschland. Ich kann mich erinnern, dass mich meine Großmutter in Essen zu einem Fleischer schickte. Ich holte dort Schweineschwänzchen. Die waren günstig, davon konnte man viel kaufen, die wurden rundrum abgenagt. Das ist meine früheste Erinnerung an ein tolles Essen, ich habe das sehr gemocht. Steckrüben, Kartoffeln, und die Schwänzchen wurden mitgekocht."

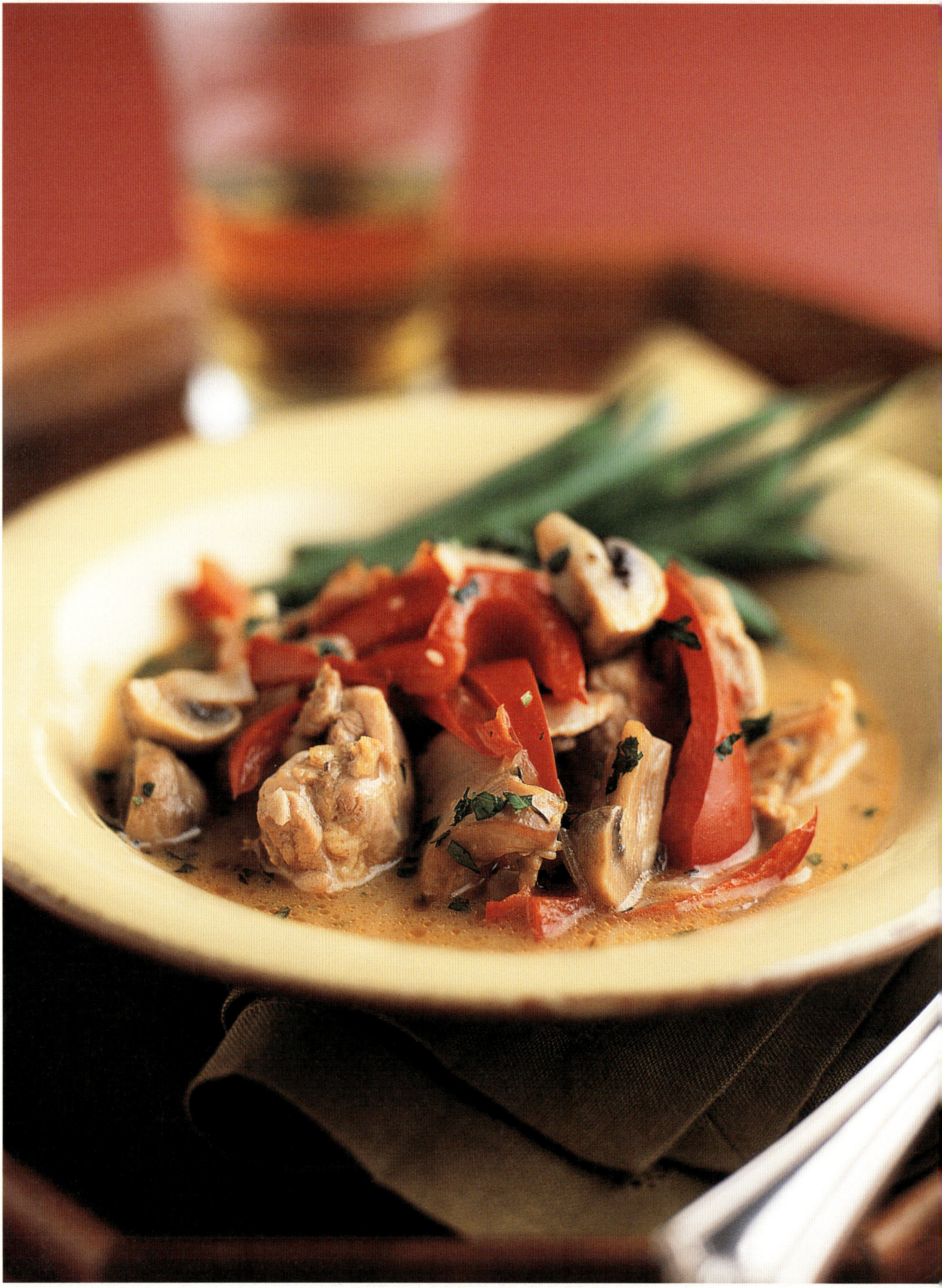

Herzhafter Hähnchen-Eintopf

FÜR 4 PERSONEN / ZUBEREITUNGSZEIT 40 MINUTEN

- 3 Scheiben Puten- oder Geflügelschinken
- 1 TL Olivenöl
- 1 kleine Zwiebel
- 2 Knoblauchzehen
- 60 ml Wasser
- 2 rote Paprikaschoten
- 170 g Pilze
- 80 ml trockener Sherry oder Hühnerbrühe
- 200 ml salz- und fettarme Hühnerbrühe
- ¾ TL Thymian
- ½ TL Salz
- ¼ TL frisch gemahlener schwarzer Pfeffer
- 450 g Hähnchenkeulen, ohne Haut und Knochen, in 2 cm große Stücke geschnitten
- 60 g Sauerrahm
- 2 EL Mehl

1 Den Schinken in Streifen schneiden, in dem Öl in einer beschichteten Schmorpfanne bei mittlerer Hitze etwa 3 Minuten knusprig anbraten.

2 Zwiebel und Knoblauch fein hacken, mit dem Wasser zugeben. Unter Rühren etwa 3 bis 5 Minuten anbraten. Paprika in Streifen schneiden, Pilze vierteln, beides zufügen. Einen Deckel auflegen und alles etwa 4 Minuten kochen lassen, bis die Paprikastreifen zart sind, dabei gelegentlich umrühren.

3 Den Sherry einrühren und etwa 2 Minuten kochen lassen. Hühnerbrühe, Thymian, Salz und Pfeffer zufügen und aufkochen lassen. Das Hähnchenfleisch zugeben und bei mittlerer Hitze zugedeckt etwa 20 Minuten gar kochen.

4 Sauerrahm und Mehl in einer kleinen Schüssel vermengen. Die Mischung in den Eintopf rühren und etwa 2 Minuten kochen lassen, bis die Soße leicht eingedickt ist. Dabei immer wieder umrühren.

TIPP: Während Eintöpfe und auch Suppen oft mit einer Mischung aus Butter und Mehl verfeinert werden, wird bei diesem Gericht nur Sauerrahm verwendet. Er macht den Eintopf ohne Fettzugabe schmackhaft und geschmeidig. Das Mehl verhindert die Gerinnung des Sauerrahms und lässt die Eintopfsoße leicht cremig werden.

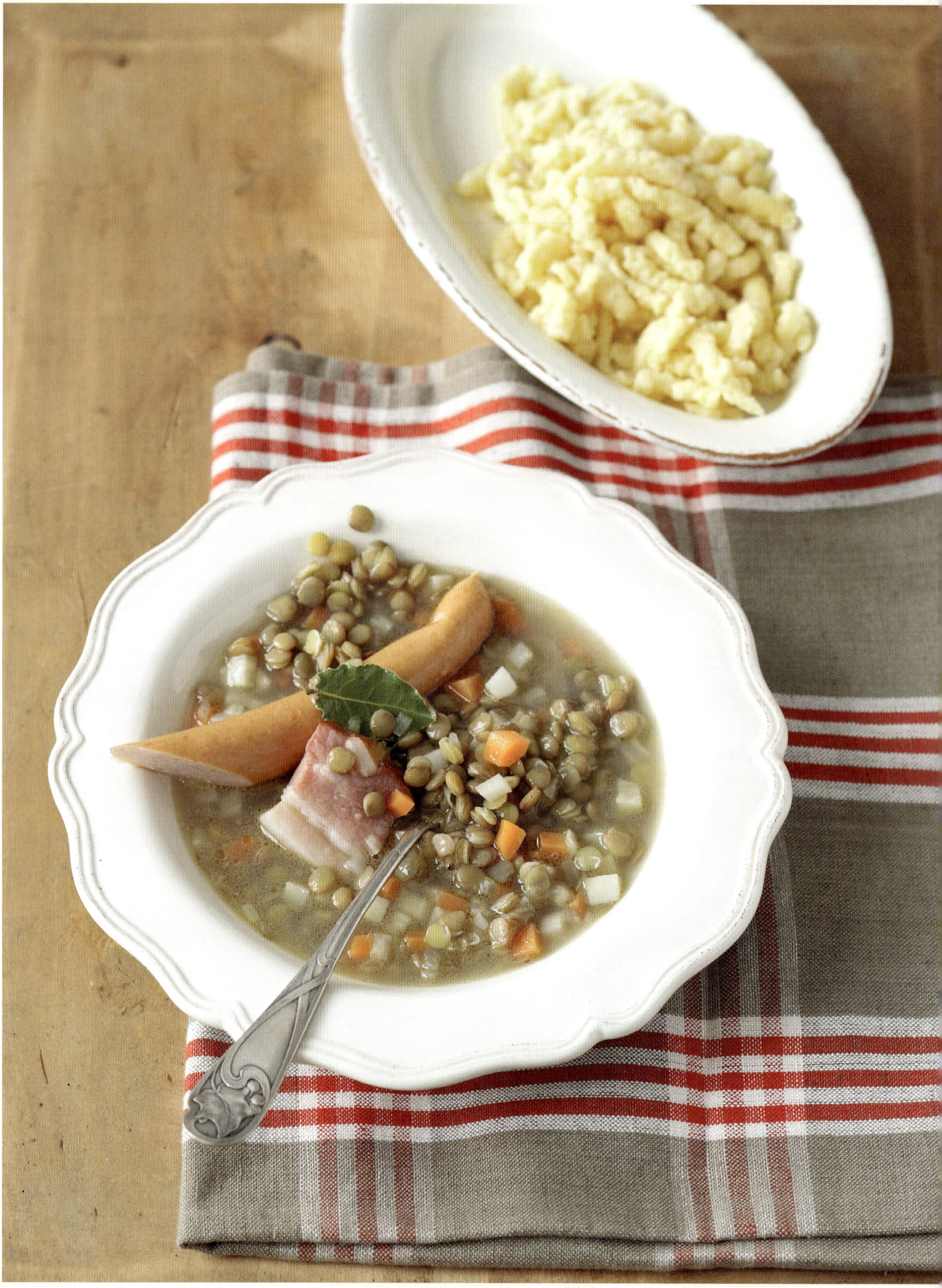

Schwäbische Linsen mit Spätzle

FÜR 4 PERSONEN / ZUBEREITUNGSZEIT 30 MINUTEN

1 Möhre	125 g durchwachsener Räucherspeck am Stück	Kräutersalz
150 g Knollensellerie		frisch gemahlener Pfeffer
1 Zwiebel	1 Lorbeerblatt	8 Wiener Würstchen
1 EL Öl	2 EL Butter	500 g Spätzle (Kühlregal)
1,2 l Gemüsebrühe	1 EL Mehl	
400 g Tellerlinsen	2 EL Weinessig	

1 Die Möhre putzen, schälen und fein würfeln. Den Knollensellerie schälen und in feine Würfel schneiden. Die Zwiebel schälen und würfeln.

2 Das Öl im Schnellkochtopf erhitzen. Zwiebelwürfel und Gemüse darin kurz dünsten. Die Brühe dazugießen. Den Räucherspeck in vier gleich große Stücke schneiden, diese mit den Linsen und dem Lorbeerblatt in den Topf geben.

3 Den Topf nach Herstellerangabe verschließen. Den Topfinhalt erhitzen und auf der Schnellkochstufe (2. Ring) 10 Minuten garen.

4 In der Zwischenzeit 1 EL Butter mit dem Mehl verkneten. Wenn der Topf drucklos ist, öffnen. Die Mehlbutter zu den Linsen geben und unterrühren.

5 Die Linsen unter Rühren aufkochen. Mit Essig, Kräutersalz und Pfeffer würzen. Die Würstchen obenauf legen und zugedeckt bei schwacher Hitze 5 Minuten erwärmen.

6 Die Spätzle in der restlichen Butter (1 EL) und 3 EL Wasser in 3 Minuten (Packungsangabe beachten) erhitzen. Die Linsen mit Spätzle, Speck und Würstchen anrichten.

TIPP: Reichen Sie zu den Würstchen mittelscharfen Senf. Außerdem kann man am Tisch, jeder nach Geschmack, noch etwas Essig oder Zucker ins Linsengericht geben.

EINTÖPFE

Grünkohl mit Räucherwurst

FÜR 4 PERSONEN / ZUBEREITUNGSZEIT 20 MINUTEN

1,2 kg TK-Grünkohl	500 ml Rinderbrühe	Salz
2 Zwiebeln	500 g Räucherwürste	frisch gemahlener Pfeffer
2 EL Schweineschmalz	(z. B. Pinkel, Polnische,	
½ TL getrockneter Majoran	Mettenden)	
½ TL gemahlenes Piment	2 EL Haferflocken	

1 Reichlich Wasser in einem großen Topf zum Kochen bringen. Den gefrorenen Grünkohl hineingeben und 5 Minuten im sprudelnden Wasser vorgaren.

2 Währenddessen die Zwiebeln schälen und würfeln. Den Grünkohl durch ein Spitzsieb oder anderes feinmaschiges Sieb abgießen; kalt abschrecken und abtropfen lassen.

3 Das Schweineschmalz in dem Topf erhitzen. Die Zwiebelwürfel darin glasig dünsten und den Grünkohl untermischen. Mit Majoran und Piment würzen.

4 Die Rinderbrühe dazugießen, aufkochen und 10 Minuten köcheln lassen. Inzwischen die Räucherwürste mit einer Gabel mehrmals einstechen.

5 Die Würste zum Grünkohl geben und etwa 10 Minuten mitköcheln; anschließend herausnehmen. Die Haferflocken unter das Gemüse rühren, um es anzudicken. Mit Salz und Pfeffer kräftig würzen. Den Grünkohl mit den Würsten in tiefen Tellern servieren.

TIPP: Die perfekte Beilage sind in Schweineschmalz knusprig gebratene kleine, gegarte Pellkartoffeln mit Zwiebelringen. Wer mag, kann die Kartoffeln noch mit etwas Zucker bestreuen und karamellisieren lassen.

Grünkohl – das norddeutsche Kult-Gemüse

Von Schleswig-Holstein bis hinunter nach Westfalen liebt man im Winter seit jeher den Grünkohl. Man erntet ihn traditionell ab dem ersten Herbstfrost bis zum Gründonnerstag.

Auch im Winter immer etwas Frisches auf dem Feld zu haben – das fand man schon vor Jahrhunderten gut. So notierte in den 1640er Jahren Fabio Chigi, der spätere Papst Alexander VII., als er für die Verhandlungen des „Westfälischen Friedens" in Münster weilte: „Man sieht auf den Feldern auch häufig bläulichen Kohl, der nimmer verdirbt, währt lange auch der Winter, und seine Gaben verteilt an die Menschen, Ochsen und Schweine."

In der kalten Jahreszeit überbieten sich deutsche Städte und Regionen gegenseitig mit Veranstaltungen zum Thema Grünkohl. Denn den genießt man oft nicht einfach so – je nach Region mit Pinkel, Kassler oder Mettwurst – o nein, man muss an einem traditionellen Festmahl teilnehmen oder eine „Kohlfahrt" oder Kohlwanderung unternehmen, bei der (besonders in Ostfriesland) viel Alkohol getrunken und geboßelt, also eine Holzkugel gerollt wird. Oft werden dann auch Grünkohlköniginnen und -könige gewählt – manchmal sind es die Sieger beim Boßeln, manchmal diejenigen, die die meisten Portionen verspeist haben. Die Städte Oldenburg und Osnabrück küren jedes Jahr prominente Kohlkönige; viele hochrangige Politiker hatten schon die Ehre. Bremen lädt seit 1545 jeden Februar zur „Schaffermahlzeit" ins Rathaus ein; auch hier gibt es Grünkohl. In Herford schmückt man wiederum im Advent eine Kirche mit Grünkohlblättern, bevor es ans Schmausen geht.

Von diesen rustikalen Darreichungsformen hat man in den USA eher noch nichts gehört. Dort war der Grünkohl, *kale,* lange völlig unbekannt, bis ihn die Gesundheitsapostel der letzten Jahre für ihre grünen Smoothies entdeckten. Seitdem hat der Grünkohl auch dort Kultstatus – nur eben anders als bei uns.

EINTÖPFE

Goldener Pastinaken-Eintopf mit Lamm und Steckrüben

FÜR 6 PERSONEN / ZUBEREITUNGSZEIT 30 MINUTEN (+ 90 MIN. GARZEIT)

- 100 g getrocknete Schwarzaugenbohnen, über Nacht eingeweicht
- 2 EL natives Olivenöl extra
- 2 Zwiebeln
- 1 Knoblauchzehe
- 500 g Lammfleisch ohne Knochen, in 2,5-cm-Würfel geschnitten
- 1 große Aubergine
- 120 g getrocknete Aprikosen
- 2 Möhren
- 200 g Steckrüben
- ½ TL gemahlener Zimt
- 1 TL gemahlener Koriander
- 1 TL gemahlener Kreuzkümmel
- Salz
- frisch gemahlener Pfeffer
- 700 g Pastinaken
- 1 l Gemüsefond
- Einige Stiele glatte Petersilie zum Garnieren

1 Den Ofen auf 160 °C vorheizen. Die eingeweichten Schwarzaugenbohnen abgießen und in einen Topf geben. Mit kaltem Wasser bedecken, zum Kochen bringen und 10 Minuten kochen lassen. Dann gründlich abgießen und beiseitestellen.

2 Vom Öl 1 TL zurückbehalten. Das übrige Öl in einen großen feuerfesten Topf geben. Die Zwiebeln in Ringe schneiden, den Knoblauch hacken, beides hinzufügen und 2 bis 3 Minuten glasig dünsten. Das Lammfleisch zugeben und unter häufigem Rühren etwa 5 Minuten bräunen. (Haben Sie keinen geeigneten feuerfesten Topf, braten Sie die Zwiebeln und das Fleisch in einer Pfanne an und geben dann alles in eine feuerfeste Form. Lassen Sie den Gemüsefond in der Pfanne aufkochen, bevor Sie ihn in die Form geben.)

3 Aubergine, Aprikosen, Möhren und Steckrüben würfeln, zusammen mit Zimt, Kreuzkümmel und Koriander unterrühren. Nach Geschmack mit Salz und Pfeffer würzen. Die Augenbohnen zugeben und gut umrühren.

4 Die Pastinaken in Scheiben schneiden, diese in einer dicken Schicht auf den Eintopf legen. Sie sollen sich leicht überlappen. Anschließend so viel Fond zugeben, dass die Pastinaken gerade noch herausschauen. Zum Kochen bringen, die Form abdecken und in den Ofen stellen. 90 Minuten garen lassen.

5 Den Grill vorheizen. Den zurückbehaltenen Teelöffel Öl über die Pastinaken geben und übergrillen, bis eine knusprige Kruste entsteht. Mit Petersilie garnieren und heiß servieren.

VERY BRITISH: PASTINAKEN

Man sieht sie jetzt wieder häufiger in den Auslagen der Gemüsehändler: die weiß-gelblichen Pastinaken. Gekocht schmecken sie sehr gut; ein wenig süßlicher als ihre Verwandten, die Möhren. Vom Mittelalter bis ins 18. Jahrhundert waren sie bei uns verbreitet; später haben ihnen Möhren und Kartoffeln den Rang abgelaufen; am ehesten kannte man sie noch in Ostpreußen und Schlesien. Sie gedeihen hier weniger gut als im gemäßigten atlantischen Klima Großbritanniens, wo sie bis heute beliebt sind: Dort kommen *roasted parsnips* häufig beim traditionellen *Sunday roast* auf den Tisch und werden auch gern an Weihnachten gegessen.

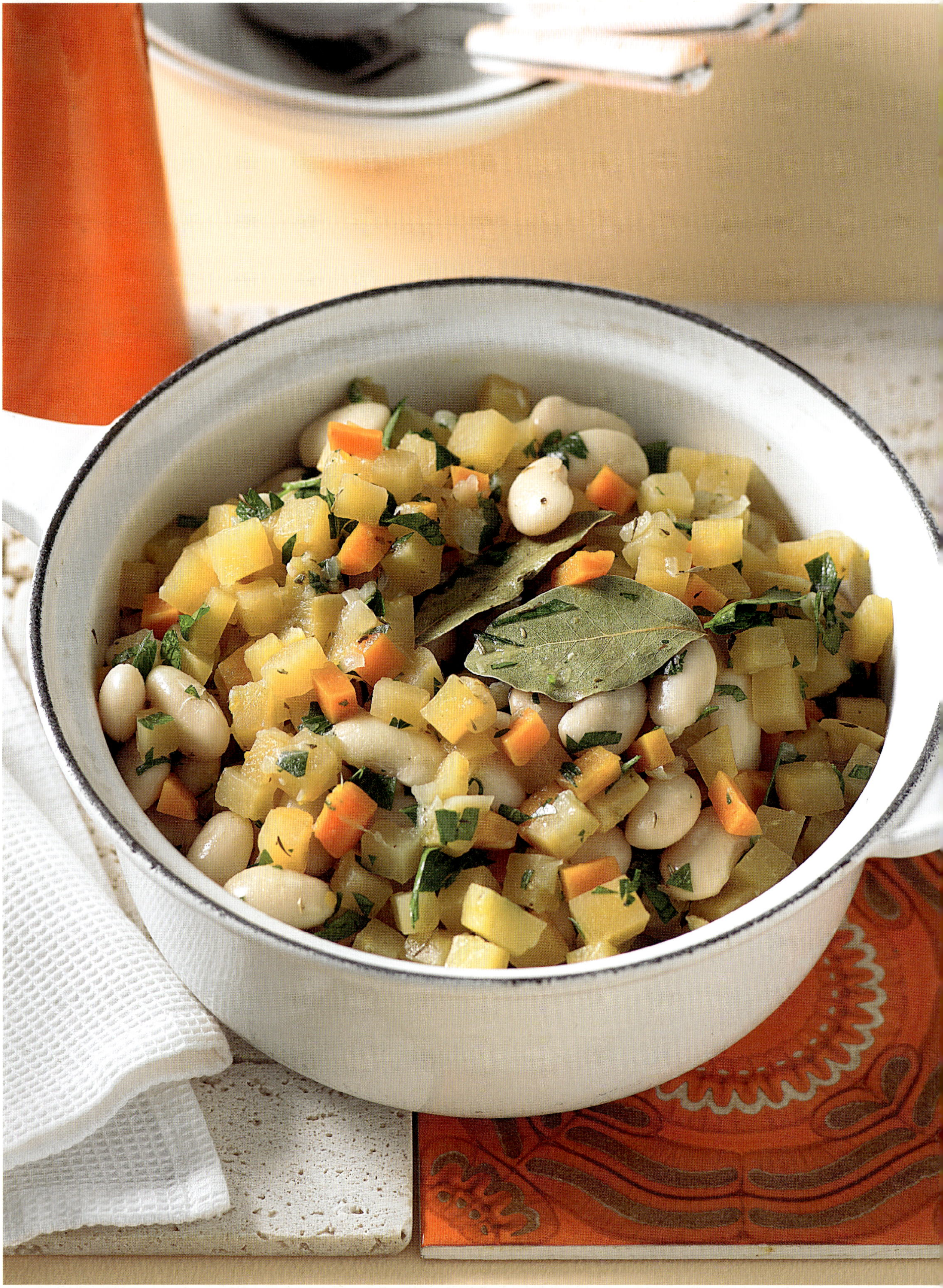

EINTÖPFE

Bohneneintopf

FÜR 4 PERSONEN / ZUBEREITUNGSZEIT 30 MINUTEN

- 1 EL Olivenöl
- 1 Zwiebel
- 1 große Möhre
- 1 Knollensellerie (ca. 1 kg)
- 2 TL getrocknete italienische Kräuter
- 3 Lorbeerblätter
- 800 g weiße Bohnen aus der Dose, abgespült und abgetropft
- 15 g frische, grob gehackte Blattpetersilie
- frisch gemahlener Pfeffer

1 Die Zwiebel schälen und fein hacken, Möhre und Sellerie schälen und würfeln. Das Öl in einem großen Topf bei mittlerer Hitze erwärmen. Zwiebel, Möhre und Sellerie zufügen und unter gelegentlichem Rühren 10 Minuten dünsten, bis das Gemüse weich und leicht gebräunt ist.

2 750 ml Wasser zugießen und aufkochen. Dann die italienischen Kräuter und die Lorbeerblätter zufügen. Die Hitze reduzieren und den Eintopf ohne Deckel etwa 25 Minuten köcheln lassen, bis das Gemüse gar ist.

3 Die Bohnen zufügen und alles weitere 20 Minuten kochen, bis der Eintopf eingedickt ist. Anschließend drei Viertel der Petersilie einrühren.

4 Den fertigen Eintopf mit Pfeffer würzen und mit der restlichen Petersilie garniert servieren.

TIPP: Statt Knollensellerie können Sie auch Pastinaken verwenden. Als Beilage eignen sich gedämpfter Vollkorn- oder Basmatireis, Bratkartoffeln oder Kartoffel-püree.

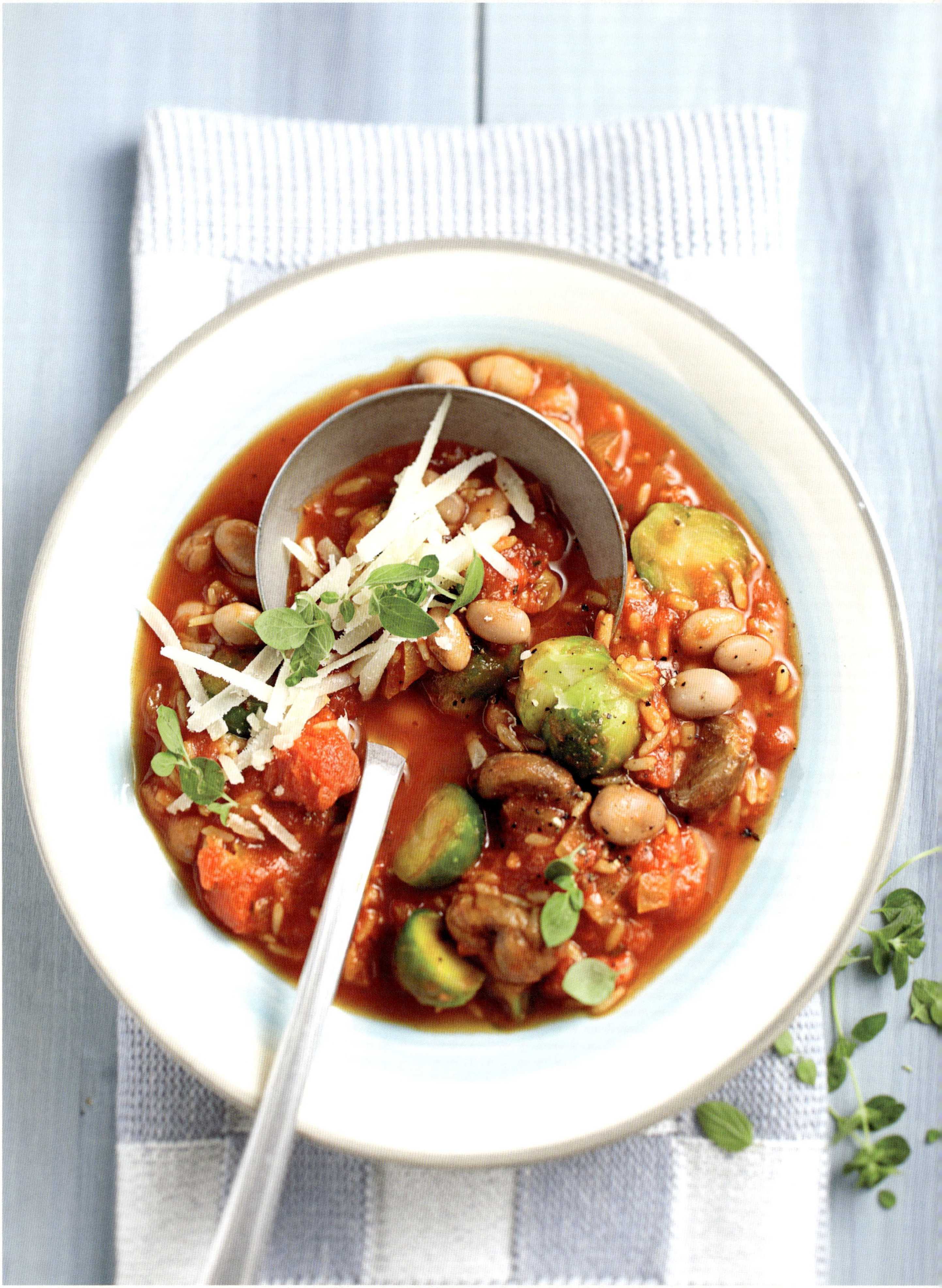

Winter-Minestrone mit Rosenkohl

FÜR 4 PERSONEN / ZUBEREITUNGSZEIT 30 MINUTEN

500 g Rosenkohl
1 Zwiebel
2 Knoblauchzehen
2 EL Olivenöl
2 TL Tomatenmark
400 g gehackte Tomaten (Dose)
800 ml Gemüsebrühe
1 TL getrockneter Oregano
Salz
frisch gemahlener Pfeffer
70 g 10-Minuten-Langkornreis
200 g gegarte Maronen (vakuumiert)
1 Dose Borlotti-Bohnen (Abtropfgewicht 240 g)
50 g geriebener Parmesan

1 Den Rosenkohl waschen und putzen. Die Röschen je nach Größe ganz lassen oder halbieren. Zwiebel und Knoblauch schälen und klein würfeln.

2 In einem Topf das Olivenöl erhitzen. Zwiebel und Knoblauch darin etwa 2 Minuten dünsten. Das Tomatenmark unterrühren und kurz mitrösten.

3 Tomaten und Gemüsebrühe hinzufügen. Mit Oregano, Salz und Pfeffer würzen; aufkochen lassen. Rosenkohl und Reis dazugeben, alles zugedeckt 8–10 Minuten köcheln lassen.

4 Inzwischen große Maronen halbieren. Bohnen in ein Sieb schütten, waschen und abtropfen lassen. Mit den Maronen in den Eintopf geben und den Eintopf bei schwacher Hitze weitere 3 Minuten ziehen lassen. Mit Salz und Pfeffer abschmecken und mit Parmesan bestreuen.

TIPP: Sie sparen Vorbereitungszeit, wenn Sie den frischen Rosenkohl durch 400 g TK-Rosenkohl ersetzen. Diesen ohne vorheriges Auftauen in die heiße Brühe geben.

LECKER UND NAHRHAFT, ABER LANGE UNBELIEBT: GRAUPEN

Graupen sind, ganz nüchtern betrachtet, einfach nur geschälte Gersten- oder Weizenkörner, dem Rundkornreis nicht unähnlich, die man schon seit langem als sättigendes Essen kannte. So schreibt das *Nutzbare, galante und curiöse Frauenzimmer-Lexicon* von 1715: „Es ist eine nährende und wohlschmeckende Speise, aber derselben zu viel gegessen, drücket sie im Magen und verursachet Blehungen. Sonderlich sind die Nürnbergischen Graupen nicht zu verwerfen, welche weit und breit verführet und an Rindfleisch, Hüner und andere Essen gekochet werden. Damit aber auch gemeine Leute wissen mögen, die Graupen recht zuzurichten, giebet ihnen der Koch folgende kurtze Nachricht an die Hand:
1) Graupen in Milch gekocht, 2) Graupen in Fleisch-Brühe."

Im Laufe des 20. Jahrhunderts wurden die Graupen allerdings immer unbeliebter. So manch einer hat noch unerfreuliche Erinnerungen aus Kindergarten oder Schule, wo man Graupensuppe vorgesetzt bekam. Dies hat wohl unter anderem damit zu tun, dass Graupen nach beiden Weltkriegen der Notversorgung dienten und man ihnen daher einfach überdrüssig wurde. Zudem wurden sie damals oft entweder zu weich gekocht, was zu einer schleimigen Konsistenz führte, oder aber nur grob geschält, weshalb man die zu harten Körner despektierlich „Kalbszähne" oder „Hagelkörner" nannte. Als dann im deutschsprachigen Raum mehr und mehr Kartoffeln und ab den 1950er-Jahren auch Nudeln gegessen wurden, gerieten die Graupen in Vergessenheit. Doch es lohnt sich, sie heute neu zu entdecken, denn eigentlich hat das *Frauenzimmer-Lexicon* ja recht: Sie sind nährend und wohlschmeckend!

Graupen mit geräuchertem Schweinefleisch

FÜR 4 PERSONEN / ZUBEREITUNGSZEIT 30 MINUTEN

1 große Möhre	1,5 l Gemüsebrühe	frisch geriebene Muskatnuss
100 g Knollensellerie	250 g geräuchertes Schweinefleisch (z. B. Hals) oder durchwachsener Räucherspeck am Stück	Salz
1 Stange Lauch		100 g Sahne
1 große Zwiebel		2 EL Olivenöl
2 EL Öl		
200 g Rollgerste (Perlgraupen)		
1 TL getrocknetes Liebstöckel	1 Lorbeerblatt	
	1 Bund Schnittlauch	
	frisch gemahlener Pfeffer	

1 Die Möhre putzen, schälen, längs halbieren und quer in 1 cm dicke Scheiben schneiden. Den Sellerie schälen und in kleine Würfel schneiden. Den Lauch putzen, waschen und in Streifen schneiden. Die Zwiebel schälen und würfeln.

2 Das Öl im Schnellkochtopf erhitzen und die Zwiebelwürfel darin glasig dünsten. Das Gemüse und die Rollgerste untermischen und kurz mitdünsten, dabei umrühren. Mit dem Liebstöckel würzen. Die Gemüsebrühe dazugießen.

3 Das Fleisch oder den Räucherspeck und das Lorbeerblatt in die Brühe legen. Den Schnellkochtopf nach Vorschrift verschließen. Den Topfinhalt erhitzen und auf der Schnellkochstufe (2. Ring) 10 Minuten garen.

4 In der Zwischenzeit den Schnittlauch waschen und in Röllchen schneiden. Den Topf öffnen, sobald er drucklos ist.

5 Das Fleisch oder den Speck aus der Suppe nehmen, in Scheiben schneiden und diese wieder in den Topf geben.

6 Die Suppe mit Pfeffer, Muskat und Salz abschmecken. Die Sahne und den Schnittlauch unterrühren und die Suppe auf Teller oder Schalen verteilen. Die Portionen mit dem Olivenöl beträufeln; sofort servieren.

TIPP: Das Graupengericht können Sie auch im normalen Kochtopf zubereiten. Die Garzeit beträgt dann in Schritt 3 etwa 35 Minuten (statt 10 Minuten im Schnellkochtopf).

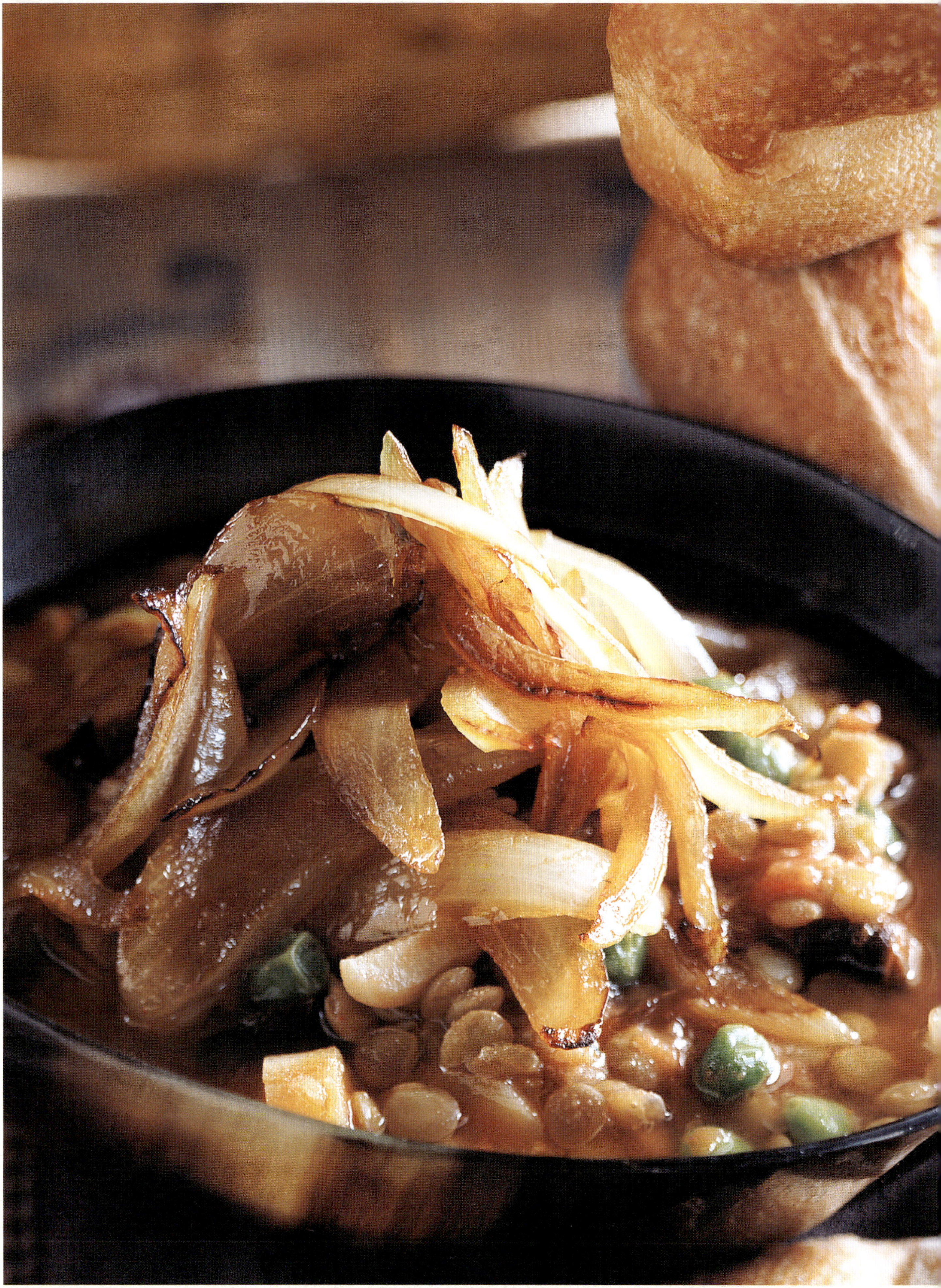

EINTÖPFE

Linseneintopf mit Zwiebeln

FÜR 4 PERSONEN / ZUBEREITUNGSZEIT 45 MINUTEN

1½ EL Pflanzenöl
3 Möhren, längs geviertelt und quer in feine Scheiben geschnitten
8 Knoblauchzehen, in feine Scheiben geschnitten
75 g Shiitake-Pilze, in Scheiben geschnitten
100 g rote Linsen, abgespült
200 g Tomaten, fein gewürfelt
600 ml Gemüsebrühe
je ¾ TL gemahlener Kreuzkümmel und Ingwer
½ TL getrockneter Salbei
225 g TK-Erbsen, aufgetaut, abgetropft
1 große Zwiebel, in feine Halbringe geschnitten
2 TL Zucker
Salz
frisch gemahlener Pfeffer
Zum Servieren:
Brötchen

1 In einem großen Topf 1 EL Öl erhitzen. Die Möhren darin zusammen mit dem Knoblauch bei mäßiger Hitze in etwa 5 Minuten weich dünsten.

2 Pilze, Linsen und Tomaten untermischen. Mit der Brühe aufgießen, mit Kreuzkümmel, Ingwer und Salbei würzen. Aufkochen, dann auf kleinerer Stufe zugedeckt 30 Minuten köcheln lassen, bis die Linsen gar sind. Die Erbsen 5 Minuten vor Ende der Garzeit untermischen.

3 Inzwischen in einer großen Pfanne das restliche Öl erhitzen. Die Zwiebelringe, mit Zucker bestreut, bei mäßiger Hitze 15–20 Minuten unter häufigem Rühren darin braten, bis sie leicht gebräunt sind.

4 Den Linseneintopf mit Salz und Pfeffer abschmecken. Die Zwiebeln daraufgeben und den Eintopf heiß servieren. Dazu Brötchen reichen.

WELCHER LINSEN-EINTOPFTYP SIND SIE?

Essen Sie Ihren Linseneintopf lieber dick-cremig, vielleicht als Gemüse zu Spätzle, oder eher dünnflüssiger als Suppe? Gibt es dazu Speck oder Würstchen? Vielleicht Apfelmus? Und geben Sie einen Schuss Essig hinein, oder doch einen Löffel Zucker – oder gar beides? Jede Familie hat da, je nach Region, ihre ganz eigene Tradition. Fest steht: Ein Linseneintopf erinnert wie kaum ein anderes Gericht an die gute alte Hausmannskost bei Oma. Der Schuss Essig hat dabei durchaus seine Berechtigung, denn seine Säure hilft beim Verdauen der ein wenig blähenden Hülsenfrüchte. (Wenn Ihre Oma aus dem Rheinland stammte, pflegte sie vielleicht zu sagen: „Ääze, Bunne, Linse – dat sinnse, dat sinnse!" Diesen Spruch gab es 1962 sogar als Karnevalslied …).

EINTÖPFE

Schweinemedaillons mit Kohlrabigemüse

FÜR 4 PERSONEN / ZUBEREITUNGSZEIT 30 MINUTEN

600 g Schweinefilet	150 ml Gemüsebrühe	1 Bund Petersilie
500 g Kohlrabi mit Grün	1 EL Zitronensaft	frisch gemahlener Pfeffer
3 EL Rapsöl	1 Prise geriebene Muskatnuss	
2 dünne Lauchstangen oder 4 Frühlingszwiebeln	150 g Joghurt	
Salz	1 TL Speisestärke	

1 Das Fleisch trocken tupfen; quer in etwa 2 cm dicke Scheiben schneiden. Den Kohlrabi putzen und schälen; die Blättchen beiseite legen, die Knolle auf einem Gurkenhobel in sehr dünne Scheiben schneiden.

2 Lauch oder Frühlingszwiebeln putzen, in Ring schneiden. In einer beschichteten Pfanne 1 EL Öl erhitzen, beides darin unter Rühren 2 Minuten anbraten. Die Kohlrabischeiben dazugeben. Mit wenig Salz würzen und das Ganze weitere 2 Minuten unter Rühren braten.

3 Die Brühe zum Gemüse gießen; Zitronensaft und Muskat hinzufügen. Alles zugedeckt bei schwacher Hitze noch mindestens 2 Minuten köcheln lassen. Die Kohlrabischeiben sollen danach knapp gar sein.

4 Jogurt und Speisestärke glatt verrühren, dan unter das Gemüse mischen. Einmal aufkochen lassen, damit die Gemüsesoße etwas andickt. Petersilie hacken und unterrühren; den Topf vom Herd nehmen.

5 In einer zweiten Pfanne 2 EL Öl erhitzen. Die Medaillons darin auf jeder Seite 2–3 Minuten braten. Pfeffern und salzen. Kohlrabi und Schweinemedaillons auf vier Teller verteilen. Die Kohlrabiblättchen in Streifen schneiden und die Portionen damit bestreuen. Dazu passen Salzkartoffeln oder Kroketten.

Die deftige Kartoffelsuppe mit Schnittlauch-Schmand finden Sie auf Seite 50 und die dunkle Schokoladencreme mit Schoko-Sahnehaube auf Seite 196.

Wohlfühl- WINTER-MENÜ

Was gibt es Besseres zur Einstimmung auf kalte Wintertage als eine wärmende Kartoffelsuppe? Als Hauptgang gibt es zarte Schweinemedaillons, die von einem herzhaften Kohlrabi-gemüse begleitet werden. Den Abschluss unseres winterlichen Menüs bildet eine köstliche dunkle Schokoladencreme mit Schoko-Sahnehaube.

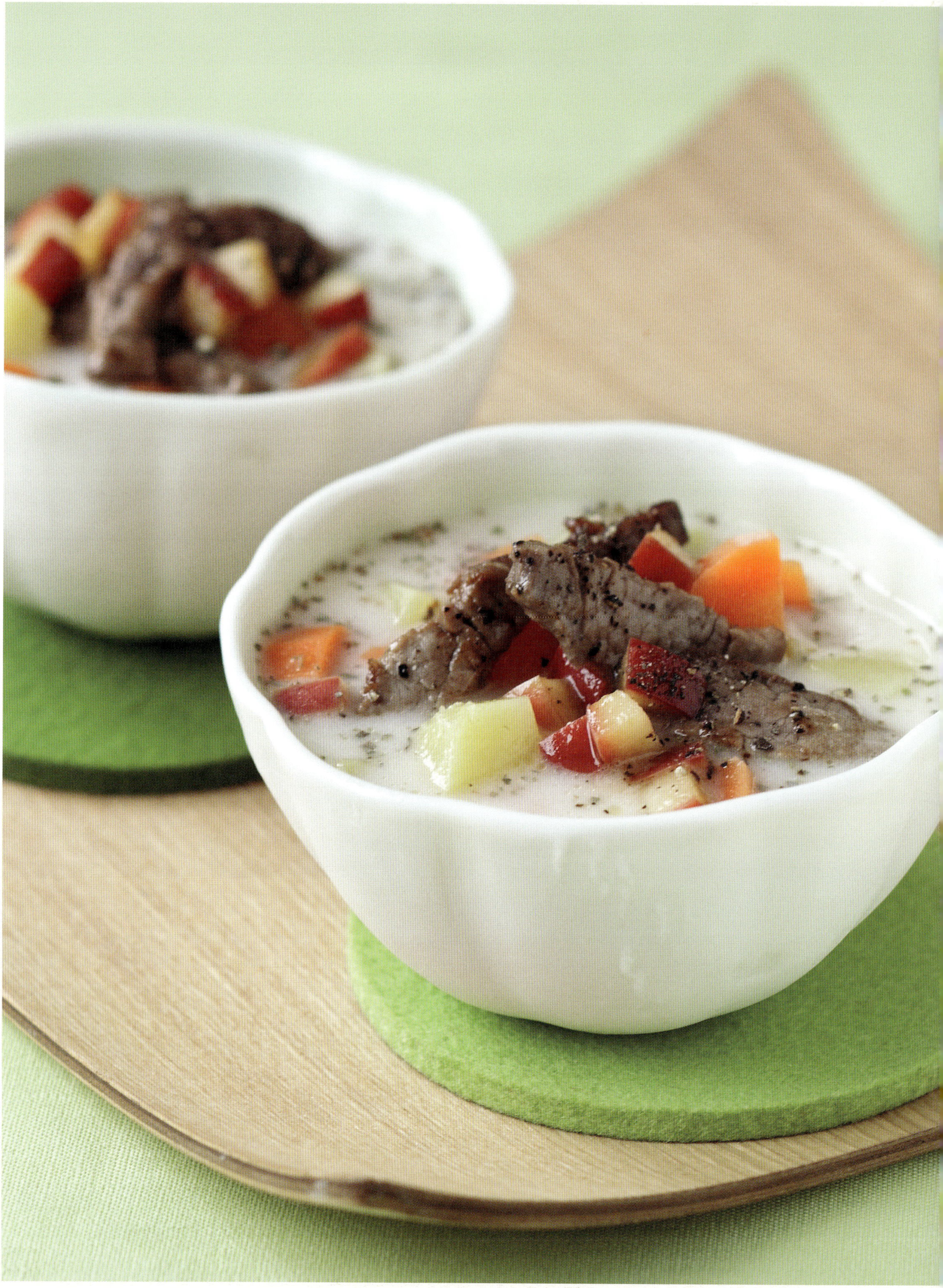

Möhren-Meerrettich-Topf mit gebratenem Rindfleisch

FÜR 4 PERSONEN / ZUBEREITUNGSZEIT 45 MINUTEN

- 600 g große, vorwiegend festkochende Kartoffeln
- 600 g Möhren
- 800 ml Rinderbrühe
- ½ TL getrocknetes Liebstöckel
- ½ TL getrockneter Majoran
- 1 Lorbeerblatt
- 1 rotschaliger Apfel (z.B. Cox Orange)
- 1 EL Butterschmalz
- 300 g Rinderfiletspitzen, in Streifen geschnitten
- Salz
- frisch gemahlener Pfeffer
- ¼ TL getrockneter Thymian
- 200 g Meerrettich-Frischkäse (Doppelrahmstufe)

1 Die Kartoffeln schälen und in kleine Würfel (1,5 cm) schneiden. Die Möhren schälen und in 5 mm dicke Scheiben hobeln oder schneiden.

2 Kartoffeln und Möhren mit der Brühe in einen Topf geben. Liebstöckel, Majoran und Lorbeerblatt hinzufügen. Den Topfinhalt aufkochen und das Gemüse zugedeckt 15 Minuten garen.

3 Inzwischen den Apfel waschen und trocken reiben. In Viertel schneiden und das Kerngehäuse entfernen. Die Apfelviertel in kleine Würfel schneiden.

4 Das Butterschmalz in einer Pfanne erhitzen. Die Rinderfiletstreifen darin 2 Minuten kräftig anbraten, zwischendurch wenden. Die Apfelwürfel dazugeben und 1 Minute mitbraten.

5 Die Apfel-Fleisch-Mischung mit Salz, Pfeffer und Thymian würzen. Bei ausgeschalteter Herdplatte kurz ziehen lassen.

6 Den Meerrettich-Frischkäse zur Kartoffelmischung in den Topf geben und unterrühren. Mit Pfeffer und Salz abschmecken.

7 Die Kartoffel-Möhren-Mischung mit dem Sud in Suppenschalen oder -tellern anrichten. Die Apfel-Fleisch-Mischung darauf verteilen. Sofort servieren.

Pichelsteiner Eintopf

FÜR 4 PERSONEN / ZUBEREITUNGSZEIT 30 MINUTEN

2 TL getrockneter Majoran	Salz	3 EL Öl
1 TL getrocknetes Liebstöckel	2 große Zwiebeln	400 g Rindfleisch (Lende), in 1,5 cm großen Würfeln
½ TL Kümmelsamen	500 g große, vorwiegend festkochende Kartoffeln	450 g TK-Suppengemüse
frisch gemahlener Pfeffer	750 ml Rinderbrühe	4 Petersilienstängel

1 Majoran, Liebstöckel und Kümmel mit 1 TL gemahlenem Pfeffer und ½ TL Salz in einer kleinen Schale mischen.

2 Die Zwiebeln schälen, halbieren und in Streifen oder Halbringe schneiden. Die Kartoffeln schälen und in feine Scheiben hobeln.

3 Die Rinderbrühe in einem Topf zum Kochen bringen. In der Zwischenzeit 2 EL Öl in einer großen Kasserolle erhitzen und die Fleischwürfel darin rundum 1 Minute anbraten. Herausnehmen; zugedeckt beiseitestellen.

4 Das restliche Öl (1 EL) in der Kasserolle erhitzen und die Zwiebeln darin anbraten. 1 TL der Würzmischung über die Zwiebeln streuen, die Fleischwürfel daraufgeben und ebenfalls 1 TL Würzmischung darauf verteilen.

5 Die Kartoffelscheiben zum Fleisch in den Topf geben und auf alles 1 TL Würzmischung verteilen. Das gefrorene Suppengemüse darübergeben und mit der restlichen Würzmischung würzen. Die kochend heiße Rinderbrühe daraufgießen. Den Eintopf zugedeckt 12 Minuten bei schwacher Hitze köcheln lassen.

6 Währenddessen die Petersilie waschen und die Blättchen fein hacken. Den Pichelsteiner Eintopf mit der Petersilie bestreuen und servieren.

TIPP: Statt mit Rinderlende kann der Eintopf auch mit in Streifen geschnittenem Schweineschnitzel zubereitet werden. Lassen Sie in diesem Fall die Schnitzel am besten beim Kauf vom Fleischer schnetzeln. Wer mag, kann die Rinderlende auch durch 200 g Rindfleischwürfel und 200 g Schweinegeschnetzeltes ersetzen.

ERICH KÄSTNERS EINTOPF?

Der Pichelsteiner Eintopf wurde im 19. Jahrhundert in Bayern erfunden – von einer Wirtin aus Kirchberg im Wald, so heißt es. Einen Ort namens Pichelstein gibt es nicht, wohl aber den Berg Büchelstein, an dem traditionell ein Fest gefeiert wurde. Zu diesem brachte die Wirtin ihren Gemüse-Fleisch-Eintopf mit, der sehr gut ankam. Auch der 1899 geborene Autor Erich Kästner scheint ihn gern gegessen zu haben, denn er nannte nicht nur einen Ort in seinem Buch *Das fliegende Klassenzimmer* Kirchberg, sondern auch seinen Protagonisten in *Der kleine Mann* Mäxchen Pichelsteiner. Kästner ist 1974 gestorben; das Pichelsteinerfest gibt es heute immer noch.

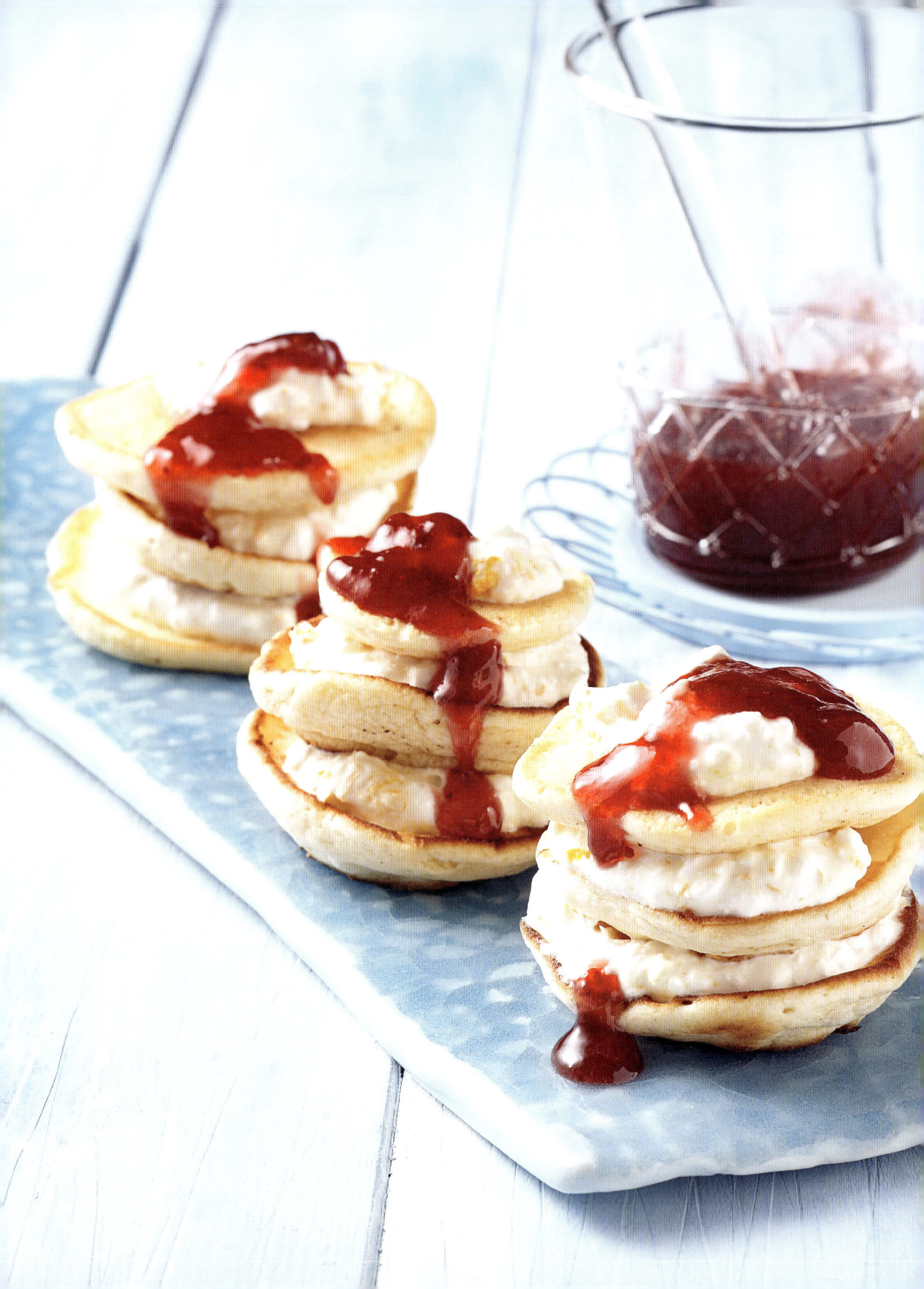

Vorspeisen

Wenn unsere Omas Vorspeisen servierten, dann war es oft zu eher festlichen Gelegenheiten. Dabei konnten die Speisen an sich ganz bodenständig sein, wie zum Beispiel Matjes oder Wurstsalat. Ab den 1950er-Jahren schlug dann die große Stunde der Partyhäppchen – von der Backpflaume mit Speck bis zum Schinkenröllchen.

VORSPEISEN

Pastetchen mit Kalbsragout

FÜR 4 PERSONEN / ZUBEREITUNGSZEIT 30 MINUTEN

300 ml Kalbsfond (Glas)	100 g TK-Zuckerschoten	frisch gemahlener Pfeffer
Salz	1 EL Butter	1–2 TL Zitronensaft
6 Kalbsmedaillons (Keule oder Filet; je etwa 50 g)	1 EL Mehl	Worcestersoße
	100 g Sahne	4 Blätterteigpasteten
100 g Champignons	4–5 EL trockener Weißwein	Petersilie zum Garnieren
1 kleine Zwiebel		

1 Den Fond in einem Topf aufkochen lassen, leicht salzen und die Kalbsmedaillons hineinlegen. Erneut langsam aufkochen, den Topf schließen und das Fleisch bei schwacher Hitze in 10–12 Minuten gar ziehen lassen. In einem Sieb abtropfen lassen, Fond dabei auffangen.

2 Inzwischen die Champignons abreiben, putzen und je nach Größe halbieren oder vierteln. Die Zwiebel schälen und fein würfeln. Die Zuckerschoten antauen lassen. Das Fleisch in feine Streifen schneiden.

3 Den Backofen auf 160 °C vorheizen. In einer Pfanne die Butter zerlassen, die Pilze darin bei mittlerer Hitze 3 Minuten unter Rühren anbraten. Die Zwiebel 3 Minuten mitbraten. Das Mehl darüberstäuben und kurz anschwitzen.

4 Den Topf vom Herd nehmen und den heißen Kalbsfond unter Rühren zur Mehlschwitze gießen. Wieder auf den Herd stellen und aufkochen lassen.

5 Sahne und Wein darunterschlagen und die Soße 5 Minuten köcheln lassen. Mit Salz, Pfeffer, Zitronensaft und Worcestersoße würzen. Fleischstreifen und Zuckerschoten unter die Soße mischen und bei schwacher Hitze in 2–3 Minuten heiß werden lassen.

6 Die Blätterteigpasteten im heißen Ofen nach Packungsangabe erwärmen. Die Deckel mithilfe eines Teelöffels aus den Pasteten lösen. Die Pasteten mit dem Ragout füllen, mit Petersilie garnieren und mit aufgelegten Deckeln servieren.

TIPP: Statt mit Kalbfleisch können Sie das Ragout auch mit Hähnchen- oder Putenbrustfilet zubereiten. In diesem Fall den Kalbsfond durch die entsprechende Menge Hühnerfond (Glas) ersetzen.

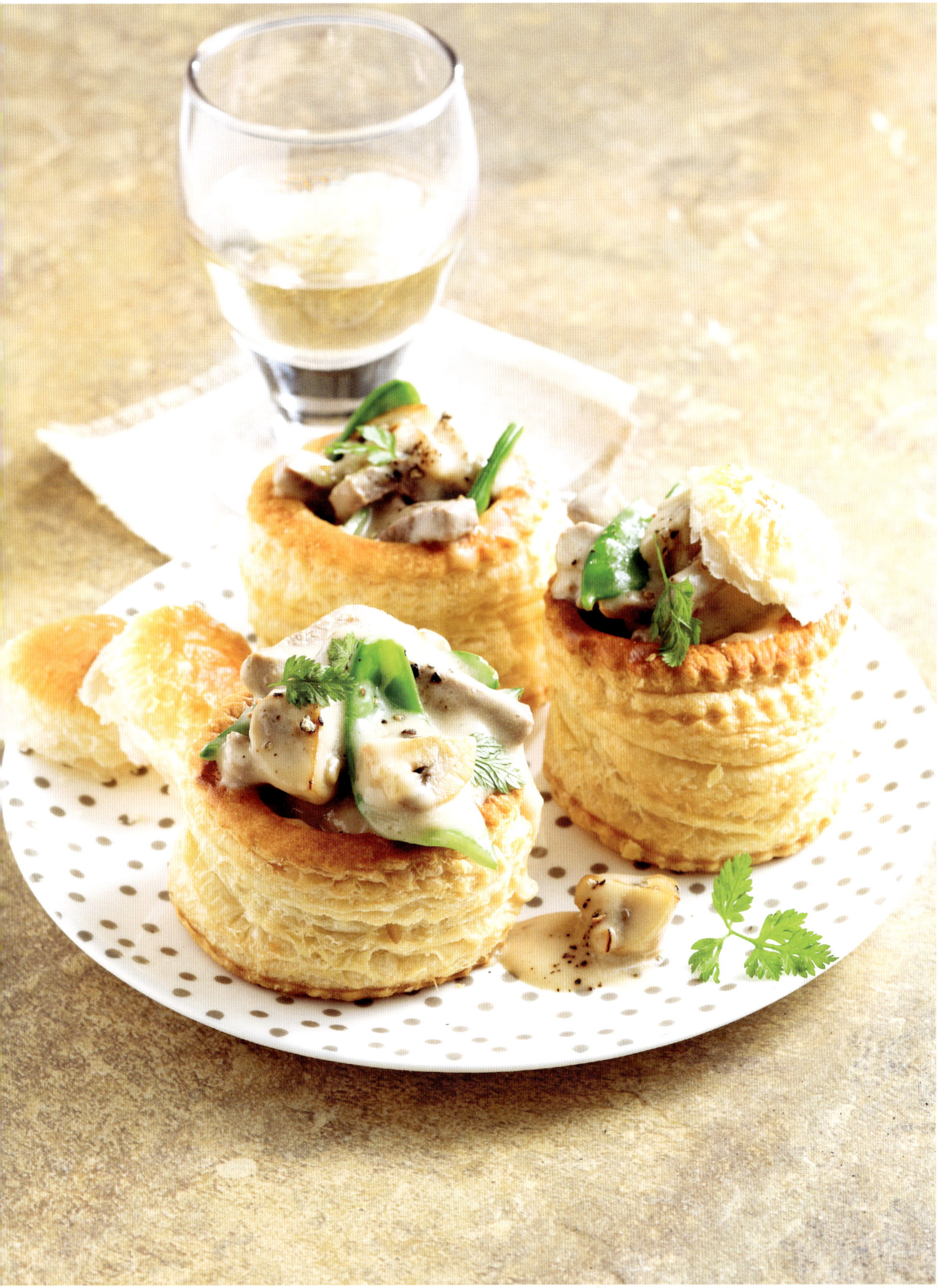

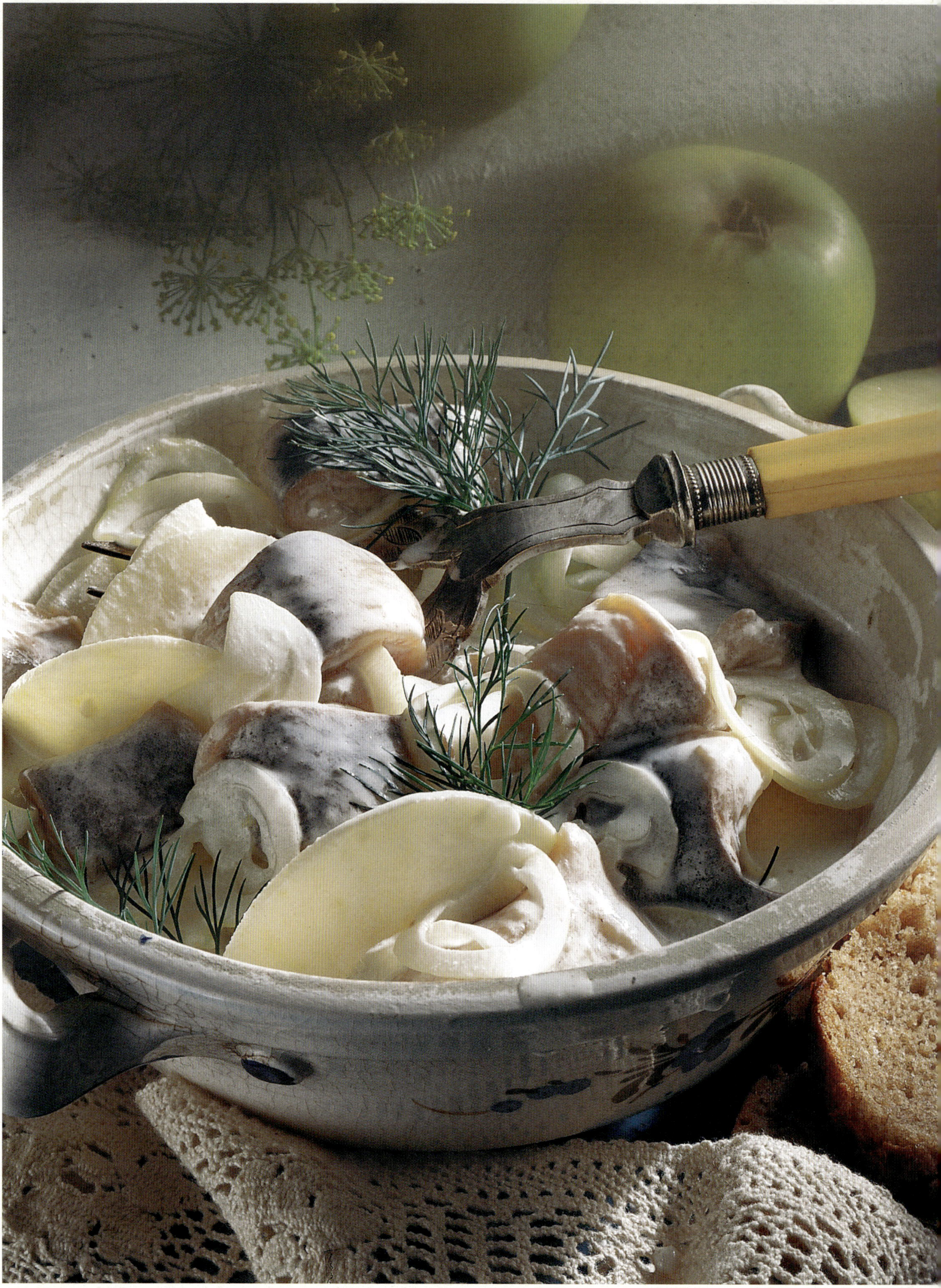

VORSPEISEN

Matjeshering mit Äpfeln

FÜR 4 PERSONEN / ZUBEREITUNGSZEIT 30 MINUTEN

8 Matjesfilets	1 TL Zitronensaft	1 gute Prise Zucker
½ l Mineralwasser oder Milch	4 Zwiebeln	einige Stängel Dill
2 große säuerliche Äpfel	250 g Schlagsahne	Schwarzbrot
	150 g Vollmilchjoghurt	

1 Von den Matjesfilets die restlichen Gräten entfernen. In Mineralwasser oder Milch 2 Stunden ziehen lassen.

2 Die Äpfel waschen, schälen, entkernen, in Scheiben schneiden und mit dem Zitronensaft beträufeln. Die Zwiebeln abziehen, in Scheiben schneiden und zu Ringen formen.

3 Sahne, Joghurt und Zucker verrühren. Apfelscheiben und Zwiebelringe untermischen. Die Matjesfilets in breite Streifen schneiden und in die Sahnemischung legen.

4 Die Dillstängel waschen und trockenschwenken. Die kleinen Dillblätter abzupfen und die Matjesheringe damit verzieren. Dazu kann man Schwarzbrotscheiben reichen.

TIPP: Anstelle des Joghurts Meerrettich für die Sahnemischung verwenden. Die Matjesfilets zusammenrollen, auf je einen Apfelring setzen (auf die Zwiebeln wird verzichtet) und die Filets mit der Mischung füllen. Mit Preiselbeerkompott und fein gehackten Dillblättchen verzieren.

MATJES – DER GESCHMACK DER NORDSEE

Wohl dem, der eine norddeutsche Oma hat: Die hat bestimmt des Öfteren Matjeshering serviert, traditionell mit Äpfeln und Zwiebeln oder auch mal im Brötchen. Besonders zu Saisonbeginn Ende Mai/Anfang Juni schmeckt so ein junger Hering („Maatjes" ist eine Abwandlung von „Maagden", niederländisch für Mädchen oder Jungfrau) richtig gut – mild und salzig, aber nicht zu salzig. Sofort kommen die Erinnerungen an sonnige, windige Familienurlaube an der Nordsee zurück, wo es Matjes natürlich im Überfluss gibt. Geschmack und Lagerfähigkeit der Heringe entstehen durch die Reifung in einer vom Fisch selbst produzierten Lake, ein Verfahren, das schon im Mittelalter in den Niederlanden erfunden wurde und dem Land damals viel Reichtum einbrachte.

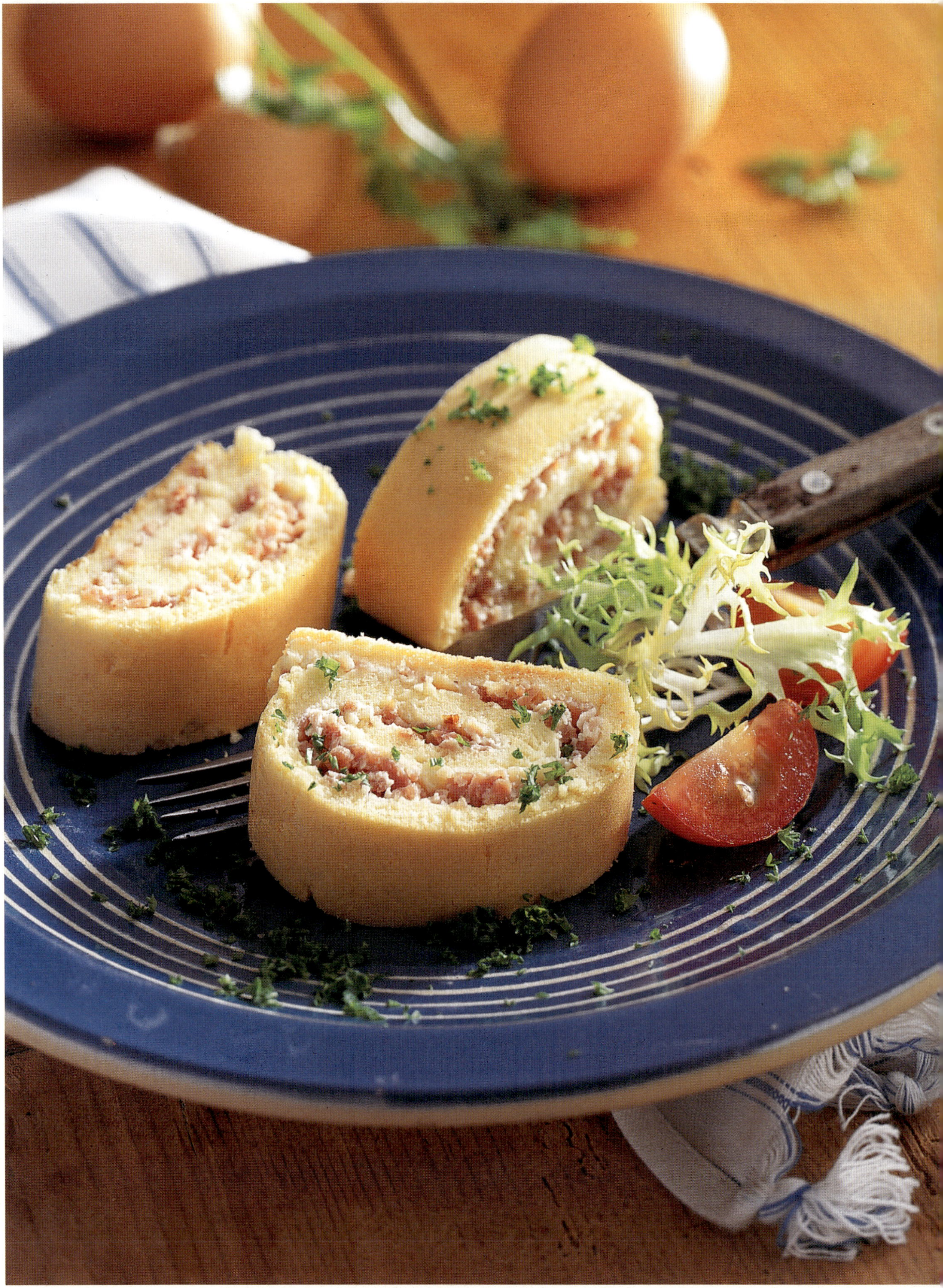

Schinkenrolle

FÜR 4 PERSONEN / ZUBEREITUNGSZEIT 50 MINUTEN

4 Eier	50 g Mehl	½ Bund Petersilie
70 g Butter	Fett für das Backblech	frisch gemahlener Pfeffer
Salz	100 g gekochter Schinken	

1 Die Eier trennen. Die Butter schaumig rühren. Nach und nach 3 Eigelbe zugeben und gut verrühren. Die Eiweiße mit 1 Prise Salz steif schlagen und unter die Butter-Eigelb-Masse heben. Das Mehl zugeben und alles zu einem glatten Teig kneten.

2 Ein Backblech einfetten. Den Teig darauf in einem Quadrat von 20 cm Kantenlänge glatt streichen. Im Backofen etwa 5 Minuten vorbacken, bis der Teig hellgelb ist. Den Schinken fein würfeln. Die Petersilie waschen, trockenschwenken und hacken. 1 EL der Petersilie beiseite stellen.

3 Das restliche Eigelb mit der Sahne und dem Pfeffer verquirlen. Auf dem Teig verstreichen. Schinken und Petersilie darauf verteilen. Den Teig aufrollen und in etwa 20 Minuten goldgelb backen. Die Rolle in Scheiben schneiden und diese mit der restlichen Petersilie bestreuen.

TIPP: Wenn Sie eine größere Menge von der Schinkenrolle zubereiten, können Sie den Rest etwa 3 Tage lang zugedeckt im Kühlschrank aufbewahren und dann bei Bedarf erwärmen.

VORSPEISEN

Pfannkuchenröllchen mit Meerrettich und Lachs

FÜR 6 PERSONEN / ZUBEREITUNGSZEIT 30 MINUTEN

100 g Mehl	4 Stängel Dill, mehr zum Garnieren	300 g Räucherlachs in Scheiben
Salz	300 g Meerrettichfrischkäse (Doppelrahmstufe)	*Außerdem:* 36 Cocktailspießchen oder Zahnstocher
250 ml Milch		
2 Eier	1 TL Zitronensaft	
etwa 1 EL Butterschmalz		

1 Für den Pfannkuchenteig das Mehl mit Salz, Milch und Eiern mit den Quirlen des Handrührgeräts verrühren. Den Teig 5 Minuten bei Raumtemperatur quellen lassen.

2 In einer großen beschichteten Pfanne (innen 24 cm ⌀) etwas Butterschmalz erhitzen. Etwa ein Viertel des Teigs in der Pfanne durch Schwenken dünn verteilen und bei mittlerer Hitze zu einem Pfannkuchen braten.

3 Sobald die Unterseite bräunt, den Pfannkuchen wenden und auf der anderen Seite braten. Aus dem übrigen Teig nacheinander 3 weitere Pfannkuchen braten; alle abkühlen lassen.

4 Inzwischen den Dill waschen, trocken schütteln und die Spitzen abzupfen. Den Meerrettichfrischkäse mit dem Zitronensaft verrühren.

5 Die abgekühlten Pfannkuchen mit der Frischkäsecreme bestreichen, mit Dill bestreuen und mit den Lachsscheiben belegen. Die Pfannkuchen aufrollen. Die Ränder von den Rollen abschneiden.

6 Jede Rolle in etwa 9 Scheiben schneiden, diese mit Cocktailspießchen oder Zahnstochern fixieren. Die Pfannkuchenröllchen auf einer Platte anrichten und mit Dill garnieren.

TIPP: Noch schneller geht es, wenn man einfach fertige Pfannkuchen aus dem Kühlregal nimmt. Diese können sofort gefüllt und aufgerollt werden.

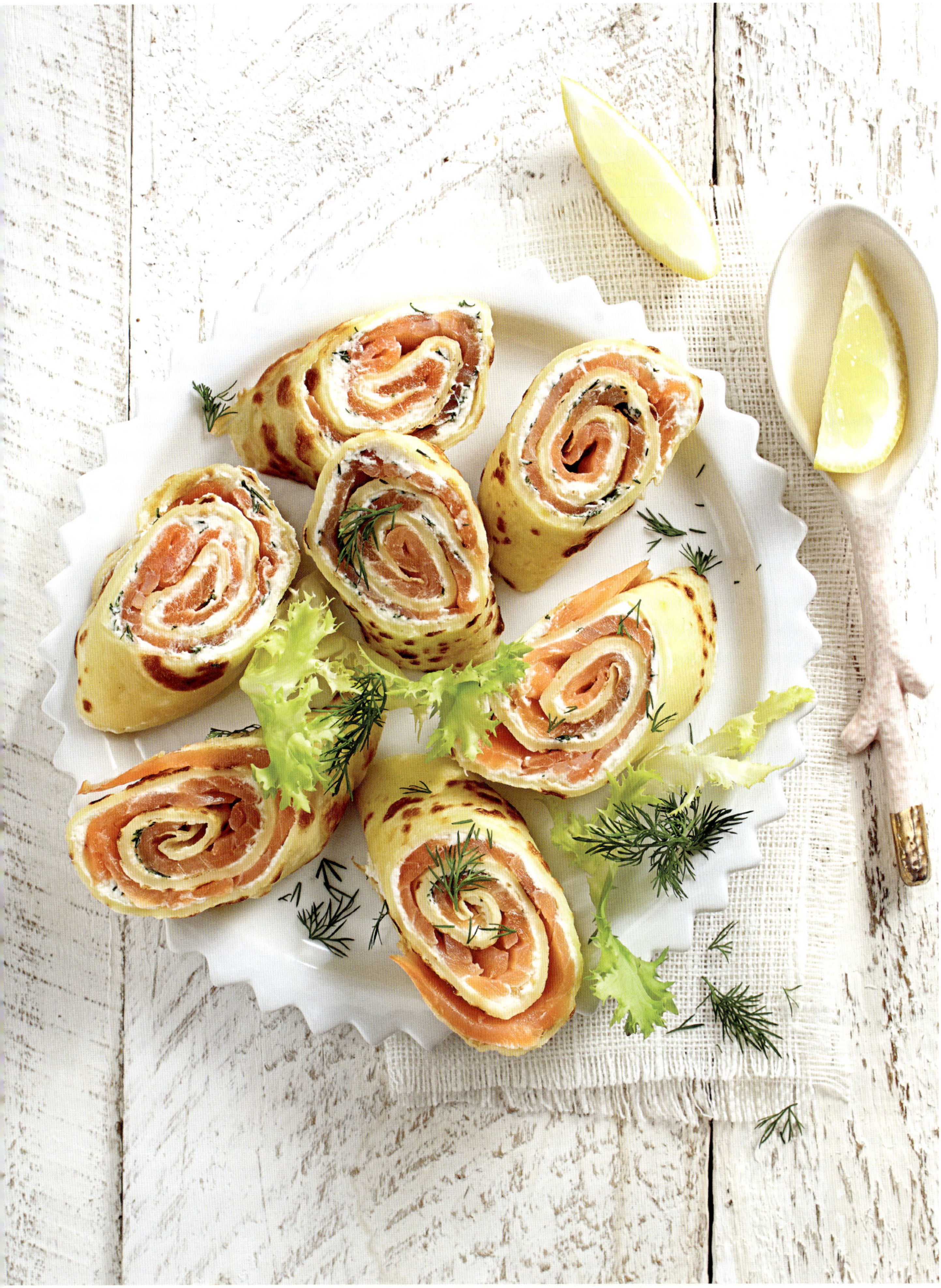

Reibekuchen, Kartoffelpuffer oder Rösti?

In Loriots Sketch „Das Filmmonster" von 1977 wird der furchterregend aussehende Schauspieler Vic Dorn („Maske? Welche Maske?") gefragt, was sein Leibgericht sei. Nach kurzem Überlegen antwortet er: „Kartoffelpuffer." Die Nennung dieses bodenständigen Gerichts verleiht dem Interview zusätzliche Komik. „Kartoffelpuffer" sagt man unter anderem in der Berliner Gegend, aus der Loriot stammte – anderswo in Deutschland heißt es „Reibekuchen". Beides sind in Öl ausgebackene Fladen, die aus geriebenen, rohen Kartoffeln und weiteren Zutaten bestehen; in Reibekuchen ist manchmal zur besseren Bindung mehr Ei und etwas Mehl enthalten. Weitere Bezeichnungen sind Reiberdatschi (Bayern), Reibeplätzchen (Westfalen) oder Rievkooche (Rheinland). Was wurde bei Ihnen zu Hause gesagt? Was gab es zum Reibekuchen dazu? Oft ist die Beilage Apfelmus, manchmal auch Schwarzbrot mit Rübenkraut. Wann war bei Ihnen Reibekuchentag? Im Rheinland ist das in der Regel der Freitag, weil man da traditionell kein Fleisch aß.

Und was ist nun mit den Rösti? Diese Kartoffelpuffer gibt es in der Schweiz (wo man sie „Röööschti" nennt). Sie enthalten kein Ei und werden – wenn es sich um die Berner Variante handelt – aus bereits gekochten Kartoffeln gemacht. Gekochte Kartoffeln können nämlich mehr Soße aufnehmen, weshalb Rösti die ideale Beilage zum Zürcher Geschnetzelten sind. Rösti sind meist größer als Reibekuchen; sie können eine ganze Pfanne ausfüllen und müssen mithilfe eines Tellers gewendet werden. Als „Röstigraben" bezeichnet man die sprachlich-kulturelle Grenze zwischen dem deutsch- und dem französischsprachigen Teil der Schweiz.

Reibekuchen

FÜR 4 PERSONEN / ZUBEREITUNGSZEIT 60 MINUTEN

- 1 kg große mehligkochende Kartoffeln
- 1 kleine Zwiebel
- 3 kleine Eier
- 1 Prise Salz
- 1–2 EL Mehl bei Bedarf
- Fett (zum Braten; z. B. Schweineschmalz)

1 Die Kartoffeln schälen, waschen, reiben und in einem Tuch gut ausdrücken. Die Zwiebel schälen und ebenfalls fein reiben. Kartoffeln, Zwiebel, Eier und Salz zu einem Teig verkneten.

2 Wenn die Masse noch zu feucht ist, etwas Mehl einarbeiten. Man kann die Kartoffeln, Zwiebeln und Eier auch in der Küchenmaschine vermengen, dann Salz und nach Bedarf Mehl zufügen.

3 In einer großen Pfanne 1 TL Fett erhitzen. Jeweils 2 EL der Kartoffelmasse in die Pfanne geben und am besten mit der Rückseite eines Holzlöffels zu kleinen Kuchen drücken. Von beiden Seiten knusprig braten. Den weiteren Kartoffelteig genauso verarbeiten, fertige Kuchen im Ofen warm halten. Nach Bedarf wieder Fett in die Pfanne geben.

4 Die Reibekuchen heiß servieren und dazu entweder Apfelmus und Preiselbeeren oder grünen Salat reichen.

TIPP: Für deftigere Reibekuchen den Teig zunächst vorbereiten wie oben beschrieben. Dann 60 g Speck würfeln und in der Pfanne zerlassen. Die Speckwürfel herausnehmen und warm stellen. 2 Zwiebeln schälen und in Scheiben schneiden. Den Teig in die Pfanne zum Speck geben, flach drücken und je 1 Zwiebelscheibe darauflegen. Die Reibekuchen braten, mit der Zwiebelscheibe wenden, dann fertig braten wie im Rezept beschrieben. Die Reibekuchen mit Speckwürfeln und Zwiebelscheiben servieren.

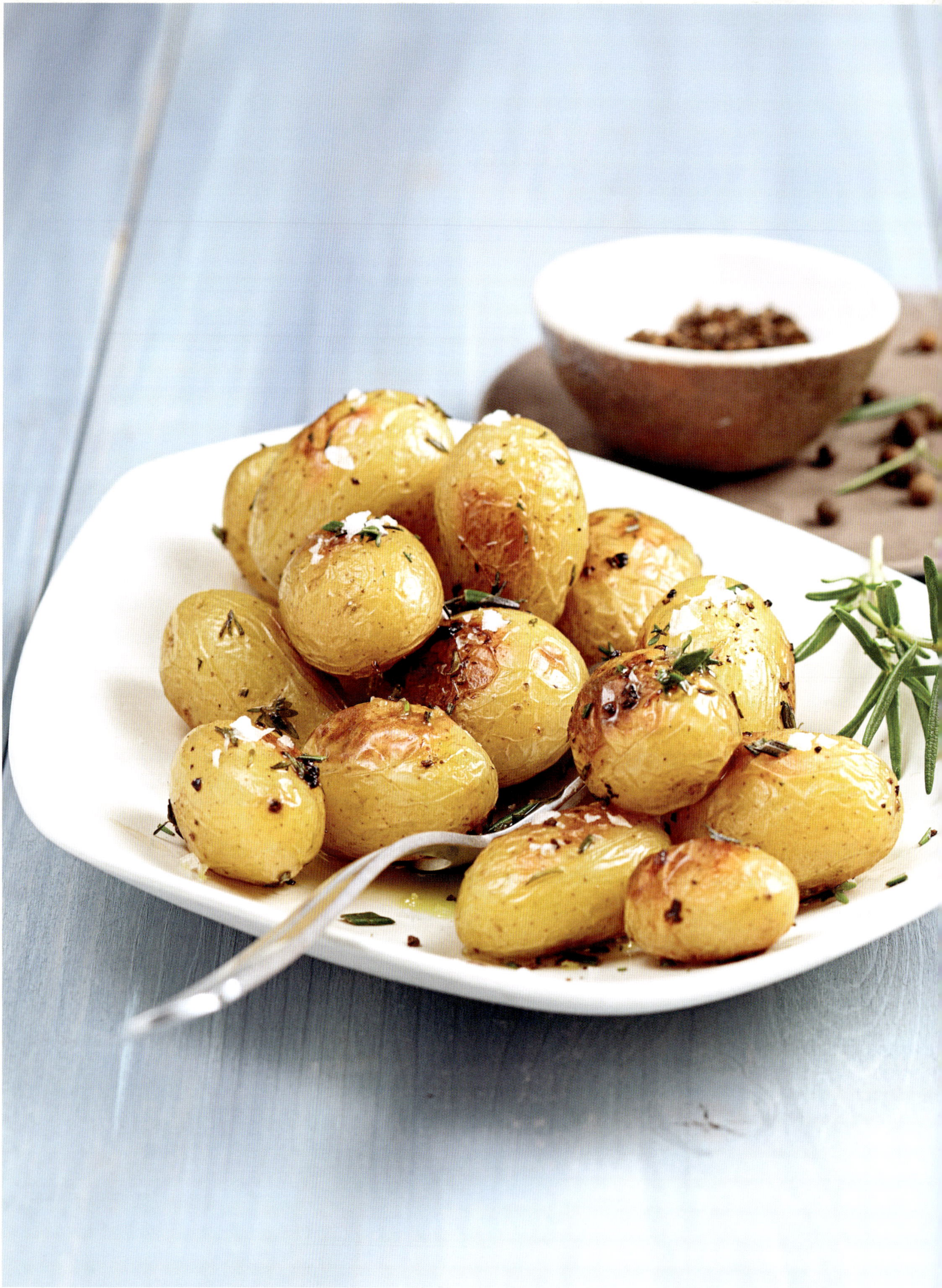

Ofenkartoffeln mit Kräutern

FÜR 4 PERSONEN / ZUBEREITUNGSZEIT 30 MINUTEN

1 kg kleine, festkochende Kartoffeln (vorzugsweise Frühkartoffeln oder Drillinge)	½ Bund Thymian 2 Rosmarinzweige ½ TL Pimentkörner 2 EL Öl	Salz frisch gemahlener Pfeffer

1 Die Kartoffeln waschen und dabei gründlich bürsten. In einen Topf geben und Wasser dazugießen, so dass die Kartoffeln bedeckt sind. Aufkochen und zugedeckt 10 Minuten vorgaren.

2 Inzwischen Thymian und Rosmarin waschen. Von den Thymianzweigen die Blättchen abzupfen. Von den Rosmarinzweigen die Nadeln abzupfen und fein hacken. Die Pimentkörner in einem Mörser fein zerstoßen. Die Kartoffeln abgießen und abtropfen lassen.

3 Den Backofen auf 200 °C vorheizen. Ein Backblech mit Backpapier auslegen. Die Kartoffeln in eine große Schüssel geben. Öl, Thymian, Rosmarin und Piment hinzufügen. Salzen und pfeffern. Alles mit den Händen gut mischen.

4 Die Kartoffeln auf das Backblech geben und im Ofen (Mitte) 15–20 Minuten backen, bis sie gar sind. Die Kartoffeln anrichten und servieren.

TIPP: Das Vorgaren im Topf verkürzt die Backzeit im Ofen. Wer auf das Vorgaren verzichten möchte, mischt die gewaschenen Kartoffeln mit Kräutern, Öl, Salz und Pfeffer und gibt sie auf das Backblech. In diesem Fall eine Backzeit von 40–60 Minuten einplanen. Am schnellsten sind Drillinge (kleine Sortierungsgröße) oder kleine Frühkartoffeln gar.

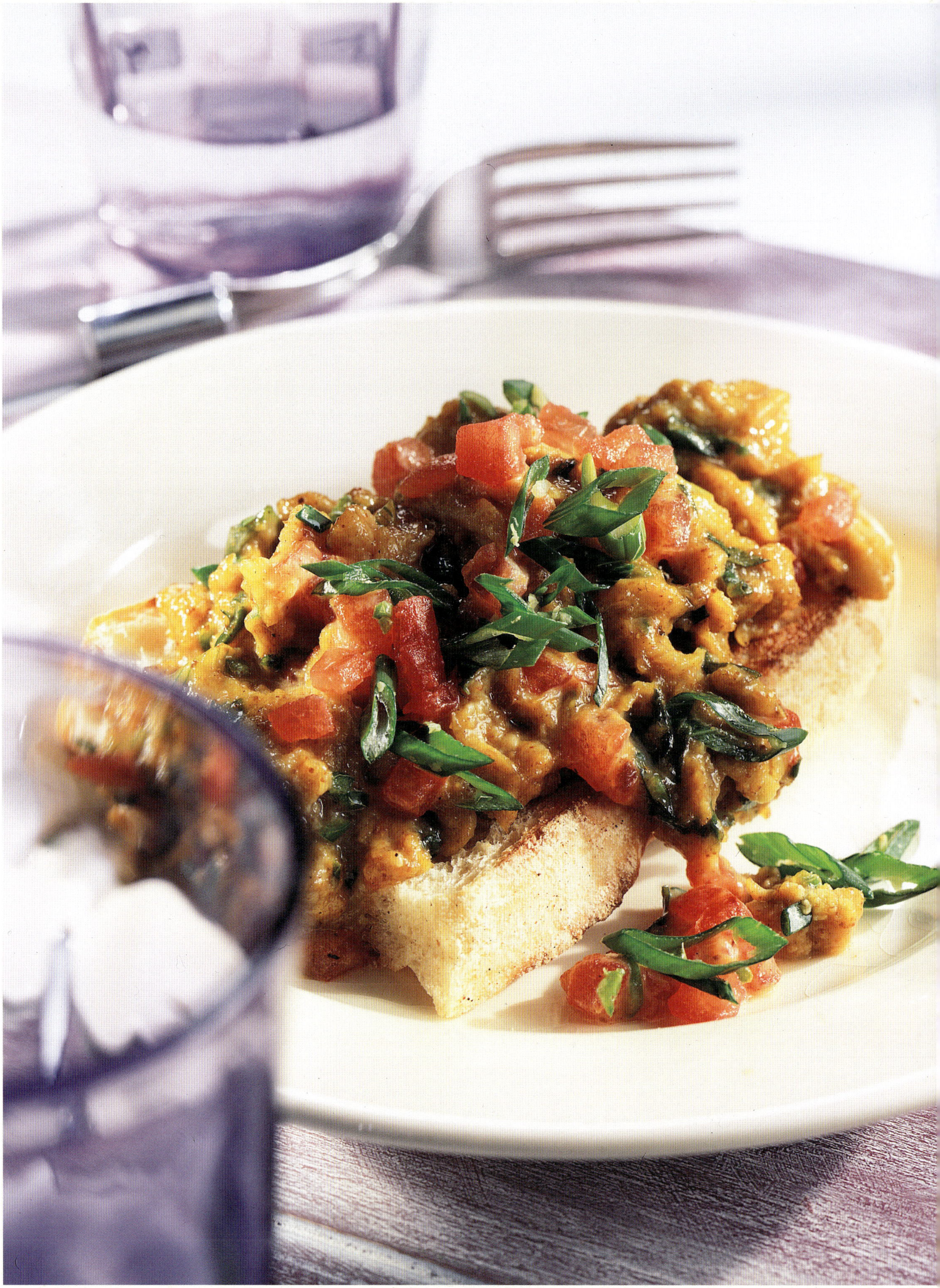

VORSPEISEN

Würziges Rührei auf Toast

FÜR 4 PERSONEN / ZUBEREITUNGSZEIT 25 MINUTEN

- 4 dicke Scheiben Vollkornbrot
- 1 EL Butter
- 1 grüne Chilischote, entkernt und gewürfelt
- 2 TL Currypaste
- 1 Knoblauchzehe, zerdrückt
- 1 TL geriebener Ingwer
- 4 Frühlingszwiebeln, in Ringe geschnitten
- 85 g Tomaten, enthäutet und gewürfelt
- 6 Eier
- 1 EL frischer gehackter Koriander
- 1 TL Limettensaft
- Salz
- frisch gemahlener Pfeffer
- 4 EL fettarmer Joghurt, nach Belieben

1 Das Brot toasten und warmhalten.

2 Die Butter in einer beschichteten Bratpfanne zerlassen und die Chilischote, die Currypaste, Knoblauch, Ingwer und Frühlingszwiebeln zugeben. Ein paar Frühlingszwiebelröllchen zum Garnieren beiseitestellen. Das Gemüse auf kleiner Flamme 5 Minuten glasig dünsten. Die Tomaten zugeben und 1 Minute mitdünsten.

3 Die Eier mit dem Koriander, dem Limettensaft sowie je einer Prise Salz und Pfeffer verquirlen. Die Masse in die Pfanne geben und bei niedriger Hitze unter Rühren braten, bis sie fest ist.

4 Die Toasts auf Teller legen, mit den Curryeiern belegen und mit den Frühlingszwiebeln garnieren. Nach Belieben noch etwas Joghurt darauf geben.

BEATLES-LEIBSPEISE

Als die Beatles Anfang der 1960er-Jahre in Hamburg lebten, kamen sie in ein Milieu, das sie vorher nicht gekannt hatten – schließlich waren sie damals erst zwischen 17 und 20 Jahre alt. Hamburg war großstädtisch, verrucht und gefährlich. Sie stürzten sich ins Leben, standen stundenlang auf der Bühne und gingen danach noch mit den Stripperinnen der Reeperbahn aus. Wenn die Sonne aufging, traf sich alles im „Café Möller", um Rührei mit Schinken zu essen, was dann oft den ganzen Tag reichen musste. Vielleicht dachte Paul McCartney deshalb zunächst an Rührei, als er seinen berühmten Song „Yesterday" komponierte, denn der ging ursprünglich so: „Scrambled eggs / Oh my baby how I love your legs …"

Bescheidenes Weihnachtsessen

Gehören Sie auch zu denen, die an Heiligabend Kartoffelsalat mit Würstchen essen? In anderen Ländern wundert man sich manchmal über dieses doch sehr einfache Essen, das in so vielen deutschen Familien auf den Tisch kommt. Dabei ist die Tradition ganz einfach nachzuvollziehen: Früher wurde ja in der Adventszeit gefastet und erst am 25. Dezember groß aufgetischt. Der Kartoffelsalat war eine ideale Fastenspeise, außerdem günstig (so konnte man mehr für den Festschmaus ausgeben) und gut vorzubereiten – da musste man an Heiligabend nicht mehr groß kochen. Der warme Kartoffelsalat wird eher in Süddeutschland serviert; im Norden isst man ihn kalt und mit Mayonnaise angemacht.

VORSPEISEN

Warmer Kartoffelsalat mit Würstchen

FÜR 4 PERSONEN / ZUBEREITUNGSZEIT 40 MINUTEN

650 g kleine neue Kartoffeln
Salz
500 g würzige Grillwürstchen (z. B. Schweinsbratwürstchen)
1 Schalotte
1 große Knoblauchzehe

2 EL Pflanzenöl
1 kleines Bund frische Petersilie
1 kleines Bund Bärlauch oder Schnittlauch
1 TL Dijonsenf
1 EL Mehl
½ Zitrone

3 EL Weißweinessig
6 EL Olivenöl
1 EL Zucker
frisch gemahlener Pfeffer
85 g Cheddar oder ein anderer halbfester Käse zum Zerkrümeln

1 Den Backofengrill auf höchste Stufe vorheizen. Die Kartoffeln abbürsten und 15–20 Minuten in kochendem Salzwasser mit Schale weich garen.

2 Inzwischen die Würstchen nach Packungsanweisung etwa 10 Minuten grillen, dabei häufig wenden, damit sie gut durchbraten und bräunen. Abschließend im Ofen warm halten.

3 Die Schalotte und den Knoblauch schälen und hacken. Das Öl in einem kleinen Topf erhitzen, darin die Schalotte und den Knoblauch in 3 Minuten weich und gerade eben braun braten.

4 Die Petersilie sowie den Bär- oder Schnittlauch waschen, trocken tupfen und hacken. Beides mit Senf und Mehl in den Topf mit den Zwiebeln geben und unter Rühren andünsten. Dann den Topf vom Herd nehmen.

5 Von der Zitrone 1 EL Saft auspressen und mit Weißweinessig, Olivenöl sowie Zucker in den Topf geben. Den Topf wieder auf den Herd stellen und die Mischung unter Rühren langsam zum Kochen bringen, bis sie glatt und dickflüssig wird. Mit Salz und Pfeffer würzen und den Topf von der Kochstelle nehmen.

6 Die Kartoffeln abgießen und in eine Servierschüssel geben. Die warmen Würstchen in dicke Scheiben schneiden und mit den Kartoffeln mischen. Die Kräuter-Senf-Soße darübergießen und den Salat leicht durchmischen. Den Käse darüberkrümeln und servieren.

TIPP: Das Wurstbrät in der Wurst enthält Wasser. Wenn beim Erhitzen das Wasser im Würstchen den Siedepunkt, also 100 °C, erreicht hat, wird es zu Dampf, dehnt sich dabei aus und lässt die Haut platzen. Wird das Würstchen langsam in heißem, aber nicht kochendem Wasser erwärmt, reißt die Haut nicht auf, weil der Innendruck nicht so groß wird.

VORSPEISEN

Feine Fleischpastetchen

FÜR 8 STÜCK / ZUBEREITUNGSZEIT 20 MINUTEN

1 Rolle Blätterteig (275 g; aus dem Kühlregal)	1 EL Öl	1 TL Pastetengewürz
150 g Champignons	2 TL getrockneter Thymian	20 g gehackte Pistazien
2 Schalotten	Salz	1 Eigelb
1 Knoblauchzehe	frisch gemahlener Pfeffer	1 EL Sahne
	350 g Kalbshackfleisch	*Außerdem:* Backpapier

1 Den Teig aus dem Kühlschrank nehmen. Die Champignons putzen und klein würfeln. Schalotten und Knoblauch schälen und fein hacken. Das Öl in einer Pfanne erhitzen. Schalotten und Knoblauch darin glasig dünsten. Pilze hinzufügen und unter gelegentlichem Rühren 5 Minuten mitdünsten. Mit Thymian, Salz und Pfeffer würzen; alles etwas abkühlen lassen.

2 Den Backofen auf 220 °C vorheizen. Ein Backblech mit Backpapier belegen. Hackfleisch mit Pastetengewürz, Salz und Pfeffer würzen. Pistazien und die Pilzmischung unterkneten.

3 Den Blätterteig entrollen und 8 Quadrate (je 10 × 10 cm) herausschneiden; diese auf das vorbereitete Backblech legen. Aus dem restlichen Teig 8 kleine Kreise ausstechen.

4 Jeweils 1 EL Fleischfüllung mittig auf jedes Quadrat setzen. Teigecken so nach innen schlagen, dass die Füllung umhüllt ist, dabei seitlich kleine Luftschlitze lassen. Die Teigkreise auf die Mitte der Teigpäckchen setzen und festdrücken.

5 Das Eigelb mit der Sahne verquirlen. Die Pastetchen damit bestreichen und im heißen Ofen (Mitte) etwa 15 Minuten backen. Sofort servieren.

TIPP: Das Pastetengewürz lässt sich durch eine Mischung aus weißem Pfeffer, Piment, Gewürznelken, Muskatblüte und -nuss ersetzen. Nach Belieben die Teigmasse noch mit etwas fein gehacktem Rosmarin oder etwas Pilzpulver würzen.

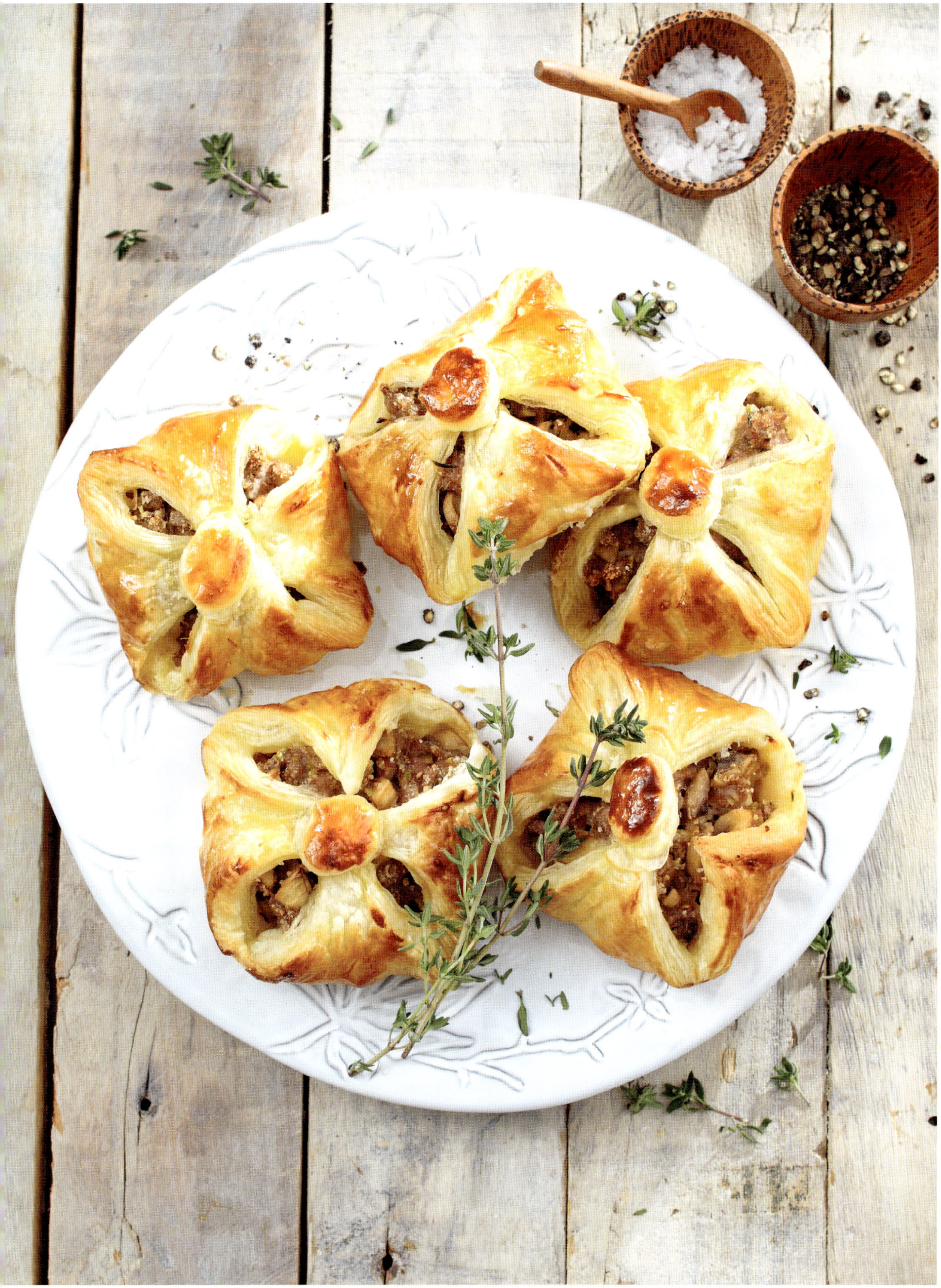

Wohlfühl- GEBURTSTAGS-MENÜ

Für einen Geburtstag voller Gaumenfreuden sorgen exquisit gefüllte Pastetchen mit zartem Kalbsragout, gefolgt von saftigem Rumpsteak mit Tomaten-Kräuter-Kruste und zum krönenden Abschluss ein verlockendes Schwarzwälder-Kirsch-Trifle – ein Festmahl, das Sie und Ihre Gäste verwöhnen wird.

VORSPEISEN

Rumpsteaks mit Tomaten-Kräuter-Kruste

FÜR 8 PERSONEN / ZUBEREITUNGSZEIT 25 MINUTEN

8 in Öl eingelegte getrocknete Tomaten, abgetropft	60 g weiche Butter	frisch gemahlener Pfeffer
12 Zweige Thymian	2 EL körniger Senf	4 Rumpsteaks (je etwa 200 g)
2 Zweige Rosmarin	30 g Semmelbrösel	2 EL Olivenöl
	Salz	

1 Die getrockneten Tomaten in kleine Würfel schneiden. Thymian- und Rosmarinzweige waschen, die Blätter bzw. Nadeln abstreifen und hacken.

2 Tomaten und Kräuter mit Butter, Senf und Semmelbröseln vermischen. Mit Salz und Pfeffer würzen.

3 Den Ofengrill oder den Ofen auf 250 °C vorheizen. Die Rumpsteaks trocken tupfen und die Fettkanten mehrmals einschneiden.

4 Das Öl in einer Pfanne heiß werden lassen und die Steaks darin bei starker Hitze auf jeder Seite 2 Minuten braten. Aus der Pfanne nehmen und auf ein Blech geben.

5 Die Butter-Brösel-Mischung gleichmäßig auf den gebratenen Steaks verteilen. Die Steaks unter dem heißen Ofengrill (zweite Schiene von oben) in 4–5 Minuten goldbraun gratinieren. Dazu schmecken grüne Bohnen und Pommes frites.

Das Rezept zu den Pastetchen mit Kalbsragout finden Sie auf Seite 94, das Rezept für den Schwarzwälder-Kirsch-Trifle auf Seite 232.

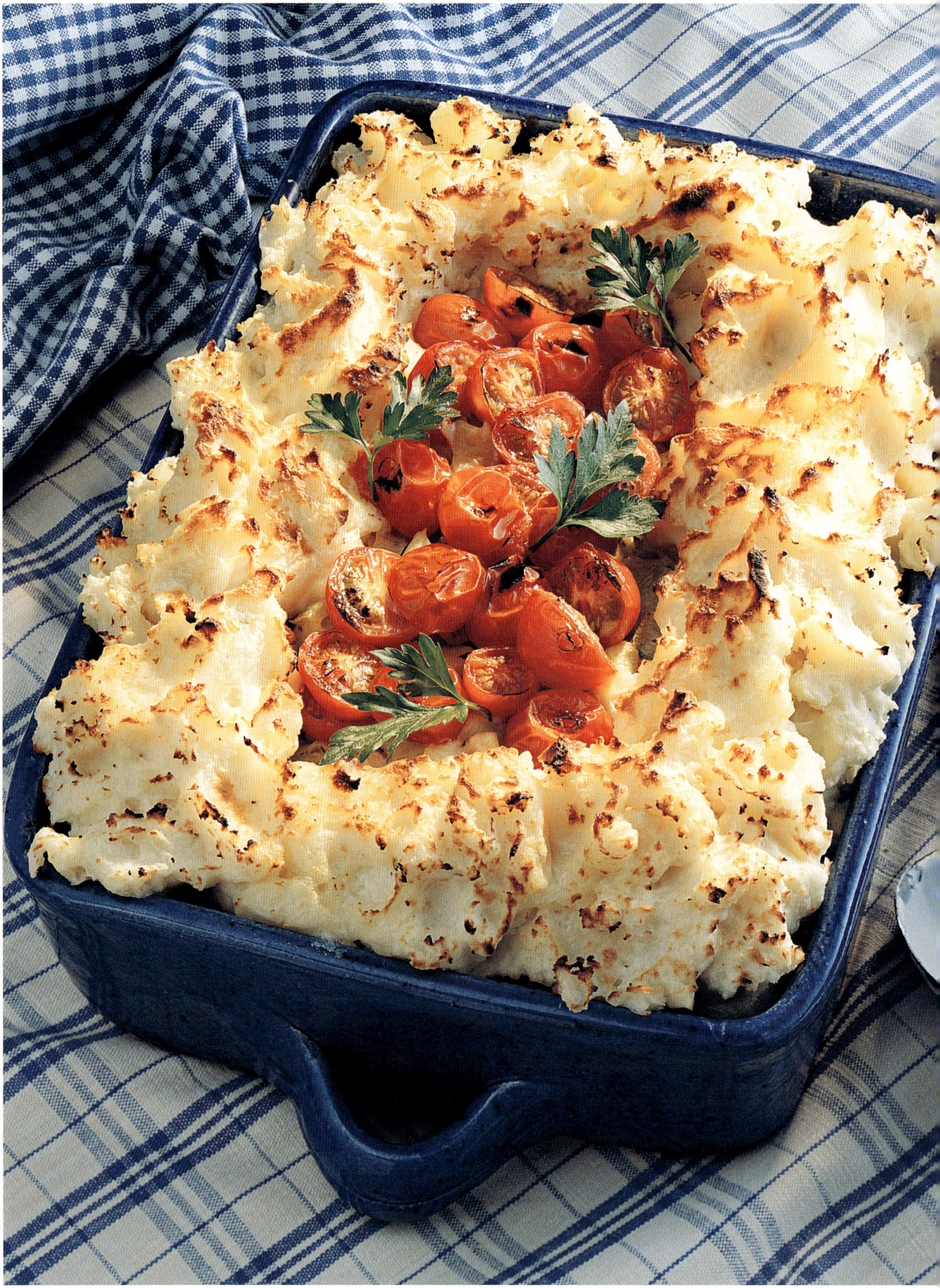

VORSPEISEN

Schinkenauflauf mit Lauch

FÜR 4 PERSONEN / ZUBEREITUNGSZEIT 50 MINUTEN

Salz	80 g reifer Cheddar oder Gruyère	2 EL Mehl
900 g Kartoffeln	100 g Kirschtomaten	300 ml Milch
500 g Lauch	1 TL gemischte getrocknete Kräuter (z. B. Thymian, Oregano)	frisch gemahlener Pfeffer
70 g Butter		einige Stängel glatte Petersilie
500 g magerer Räucherschinken		

1 In einem Topf Salzwasser für die Kartoffeln aufkochen. Die Kartoffeln schälen, würfeln und im kochenden Wasser etwa 10 Minuten weich kochen.

2 Inzwischen den Lauch putzen, in dünne Ringe schneiden, waschen und abtropfen lassen. In einer Pfanne 2 EL Butter bei geringer Hitze zerlassen und den Lauch darin 6–8 Minuten unter häufigem Rühren dünsten, bis er weich, aber nicht gebräunt ist. Den Backofengrill auf höchste Stufe vorheizen.

3 Den Schinken würfeln. In einer Pfanne von der restlichen Butter 1 EL zerlassen und den Schinken darin bei geringer Hitze 5 Minuten unter Rühren braten.

4 Den Käse reiben. Die Kirschtomaten waschen, dann halbieren. Beides beiseitestellen.

5 Kräuter und Mehl zum Schinken geben und 1 Minute braten. Die Milch bis auf 2 EL dazugießen und alles unter Rühren aufkochen. Den Käse einrühren und schmelzen lassen. Den Lauch dazugeben, mit Salz und Pfeffer abschmecken. Die Schinken-Lauch-Mischung in eine vorgewärmte Auflaufform füllen.

6 Die Kartoffeln abgießen, zerstampfen, mit Salz und Pfeffer abschmecken. Die restliche Butter und die übrige Milch unterrühren. Den Kartoffelbrei auf der Schinken-Lauch-Mischung verteilen und die Kirschtomaten in die Mitte geben.

7 Den Auflauf 2–3 Minuten unter den Grill stellen, bis die Oberfläche leicht gebräunt ist. Die Petersilie waschen, trocken tupfen und hacken. Den Auflauf mit Petersilie bestreuen und servieren.

VORSPEISEN

Schupfnudeln

FÜR 5–6 PERSONEN / ZUBEREITUNGSZEIT 45 MINUTEN

1 kg Kartoffeln, gekocht (vom Vortag)	1 Ei	Salz
150 g Mehl	1 TL getrockneter Majoran	Mehl (zum Formen)
	frisch geriebene Muskatnuss	2 EL Butter

1 Die Kartoffeln schälen und reiben. Mit Mehl, Ei, Majoran, 1 Prise Muskat und Salz zu einem festen Teig kneten. Die Hände mit Mehl bestreuen und aus dem Teig auf einem Backbrett 1 cm dicke fingerlange Rollen formen. Die Enden der Schupfnudeln sollen dabei dünner sein als die Mitte.

2 In einem Topf reichlich Salzwasser aufkochen. Die Schupfnudeln hineingeben, aufkochen und bei geringer Hitze 10 Minuten ziehen lassen. Dann herausnehmen und in einem Sieb abtropfen lassen.

3 Die Butter in einer Pfanne erhitzen und die Nudeln darin unter ständigem Rühren 10 Minuten goldbraun braten. Besonders gut schmecken sie zu deftigen Beilagn wie Bratwurst, Wirsinggemüse oder Sauerkraut.

LANDSKNECHTE ALS GOURMETS?

Es heißt, die Schupfnudeln seien während des Dreißigjährigen Krieges, im 17. Jahrhundert, entstanden. Dazu müssen wir uns ein paar für die damalige Zeit typische Landsknechte, also Soldaten, vorstellen: Männer mit Schnurrbärten, ausladenden Federhüten, geschlitzten und gepufften Ärmeln und Hosenbeinen in bunten Farben sowie geschnürten Lederwämsern. Diese Mannsbilder sollen ihre Mehlrationen (später auch gekochte Kartoffeln) mit Wasser gemischt und daraus fingerförmige Schupfnudeln gerollt haben. („Nudel" kommt dabei von „Knödel" und „schupfen" bedeutet „rollen".) Mit denen im Bauch waren sie dann wieder zünftig unterwegs!

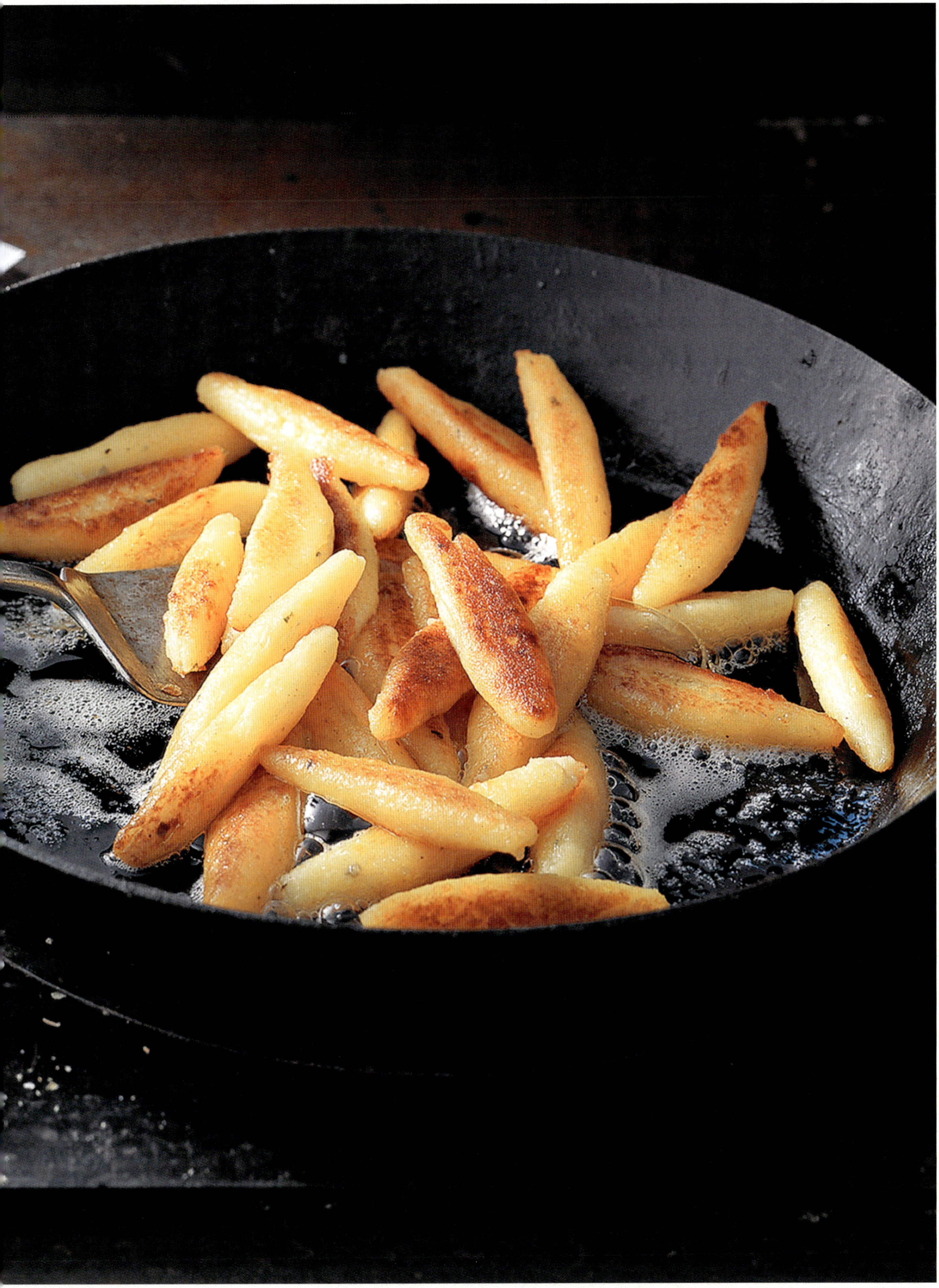

Vorspeisen

Ochsenmaulsalat

FÜR 4–6 PERSONEN / ZUBEREITUNGSZEIT 20 MINUTEN

500 g Ochsenmaul	3 Lorbeerblätter	2 EL Öl
Salz	6 Pfefferkörner	125 ml Essig
2 Möhren	2 TL Kapern	Schnittlauch nach
4 Zwiebeln	2 EL Fleischextrakt	Belieben

1 Das Ochsenmaul 3 Stunden wässern. Dann herausnehmen, in einen großen Topf geben, reichlich kaltes Wasser zugießen und salzen. Die Möhren schälen, waschen und halbieren.

2 Die Zwiebeln abziehen und in Viertel schneiden. Ein Viertel beiseite legen. Möhren, die restlichen Zwiebeln, Lorbeerblätter und Pfefferkörner zum Fleisch geben

3 Bei schwacher Hitze 4 Stunden kochen. Dann das Fleisch herausnehmen und die Haut abziehen. Das Fleisch in dünne Scheiben schneiden und in eine Schüssel geben. Die Kapern, den Fleischextrakt, das Öl und den Essig zugeben. Alles gut vermischen.

4 Das beiseite gelegte Zwiebelviertel in kleine Würfel schneiden und darüber streuen. Nach Belieben mit Schnittlauch bestreuen.

TIPP: Der Salat schmeckt am besten, wenn man ihn 2 Tage lang zugedeckt an einem kühlen Ort stehen lässt, sodass er gut durchzieht.

Der Ochse auf der Brücke

Früher – einige werden sich noch erinnern – wurden bei der Schlachtung eines Rindes fast alle Teile verwertet: die Innereien, die Zunge, der Schwanz … Heute wird leider für gewöhnlich etwa die Hälfte des geschlachteten Tieres weggeworfen, weil man diese Dinge nicht mehr essen mag. Einige Spezialitäten haben sich aber regional erhalten, und dazu gehört der Nürnberger Ochsenmaulsalat, der aus dem durchwachsenen Maulfleisch eines Rindes gemacht wird. Das Fleisch wird lange gekocht, in feine Streifen geschnitten und in eine Marinade aus Essig, Öl, Wein und Zwiebeln eingelegt. Man isst den Salat kalt mit Schwarzbrot und Butter.

In Nürnberg gibt es eine große Metzgertradition (man denke nur an die Rostbratwurst!), die auch heute noch an Straßennamen wie „Zwischen den Fleischbänken" oder der Fleischbrücke aus dem 16. Jahrhundert sichtbar ist. Neben der Brücke befindet sich das Ochsenportal, auf dem die Skulptur eines Ochsen mit imposanten Hörnern liegt, und das schon seit 1599 (das jetzige Exemplar stammt aus den 1950er-Jahren). In all der Zeit entstand unter den Nürnbergern die Redensart „Das hätte mir der Ochse auf der Fleischbrücke auch gesagt!" Man entgegnet sie immer dann, wenn man eine unbefriedigende Antwort bekommen hat. Auf einer Postkarte von 1910 musste der Ochse gar als Werbung für den Ochsenmaulsalat herhalten:

„Weil man aus dem Ochsenmaul den Salat bereitet
Dem der Katzenjammer weicht, weil er ab ihn leitet;
Und dass auch die spätere Zeit kann dies Tier noch schauen,
Ließ der Rat aus Dankbarkeit es in Stein aushauen."

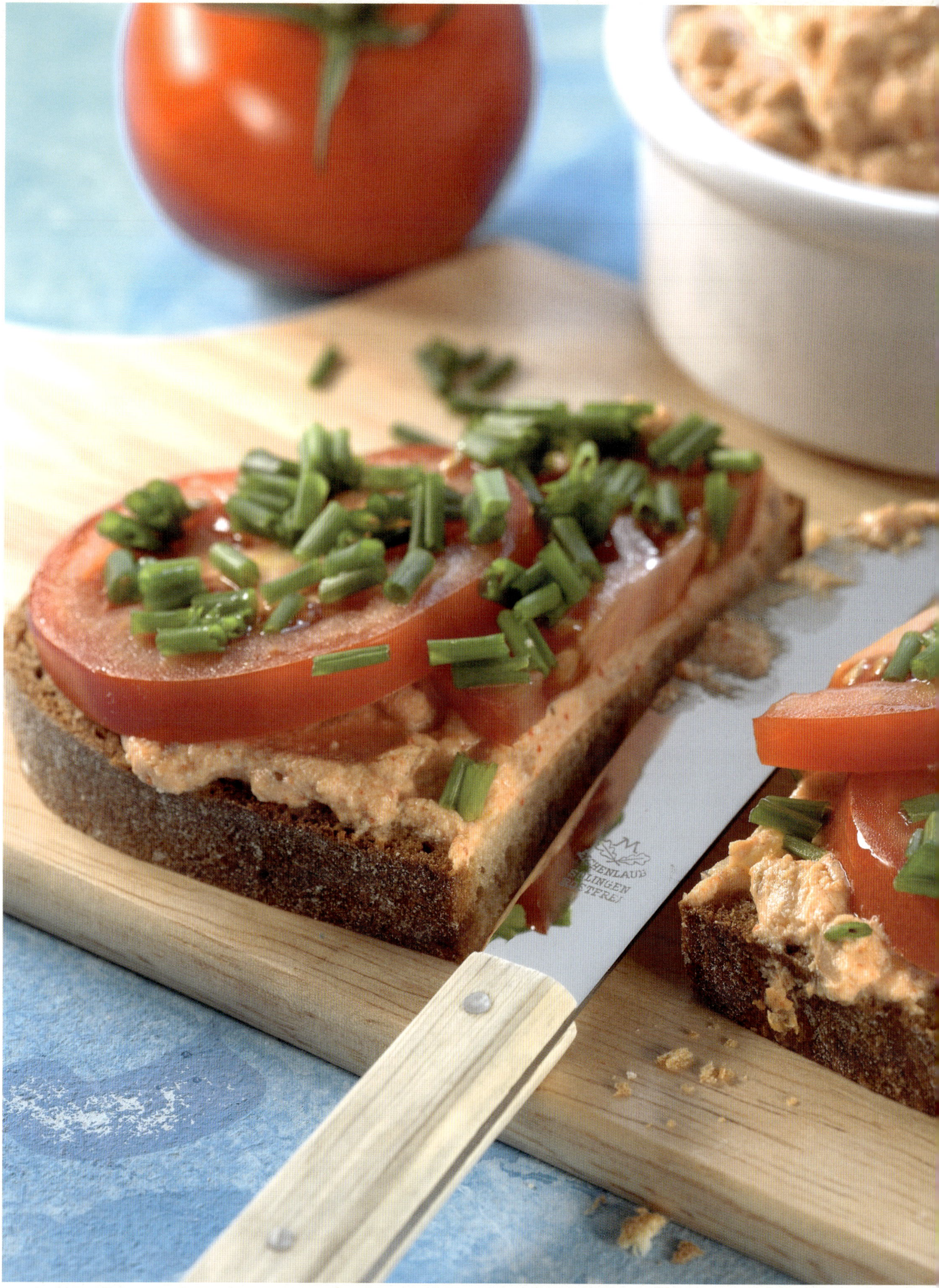

VORSPEISEN

Brot mit Tomaten-Ricotta und Schnittlauch

FÜR 6 PERSONEN / ZUBEREITUNGSZEIT 20 MINUTEN

- 1 EL Olivenöl
- 1 Zwiebel
- 1–2 Knoblauchzehen
- 250 g Ricotta (ersatzweise Magerquark)
- 1 EL Tomatenmark
- 1 EL Zitronensaft
- ½ TL Paprika edelsüß
- ½ TL getrockneter Oregano
- 1 TL Tomatenpesto (Glas), mehr nach Geschmack
- Kräutersalz
- frisch gemahlener Pfeffer
- 6 Scheiben Roggenvollkornbrot
- 3 Tomaten
- 1–2 Bund Schnittlauch

1 Zwiebel und Knoblauch abziehen und fein hacken. Das Olivenöl in einer kleinen beschichteten Pfanne erhitzen, beides darin weich und glasig dünsten. Die Pfanne vom Herd nehmen und die Zwiebelmischung abkühlen lassen.

2 Den Ricotta in eine Schüssel geben. Tomatenmark, Zitronensaft, Paprikapulver, Oregano, Tomatenpesto und Zwiebelmischung zufügen. Alles glatt verrühren. Mit Kräutersalz und Pfeffer abschmecken. Nach Geschmack noch mehr Tomatenpesto zugeben.

3 Die Tomaten in Scheiben schneiden. Die Brotscheiben mit Tomaten-Ricotta bestreichen und mit Tomatenscheiben belegen, salzen und pfeffern. Den Schnittlauch in Röllchen schneiden, die Brotscheiben dick damit bestreuen, halbieren und servieren.

STIRBT DAS ABENDBROT AUS?

„Ach, so ein Tomatenbrot mit Schnittlauch ist etwas Herrliches!" seufzte Opa gern, wenn er abends sein Brot mit Tomatenscheiben belegte. Solche simplen Freuden – ein Käsebrot, eine Wurststulle mit Gürkchen und Senf, einen Heringssalat … – schätzt man auch heute noch, doch wird das klassische kalte deutsche Abendbrot, über das sich Besucher aus anderen Ländern manchmal wundern, immer seltener eingenommen. Stattdessen essen viele Familien abends warm, egal, ob es mittags in der Kantine schon etwas gab oder nicht. Manche nehmen sich aber auch ein klassisches Butterbrot mit ins Büro. Und weil Tomatenscheiben dafür ein etwas unpraktischer Belag sind, werden die Tomaten in unserem Rezept in den Käseaufstrich eingearbeitet!

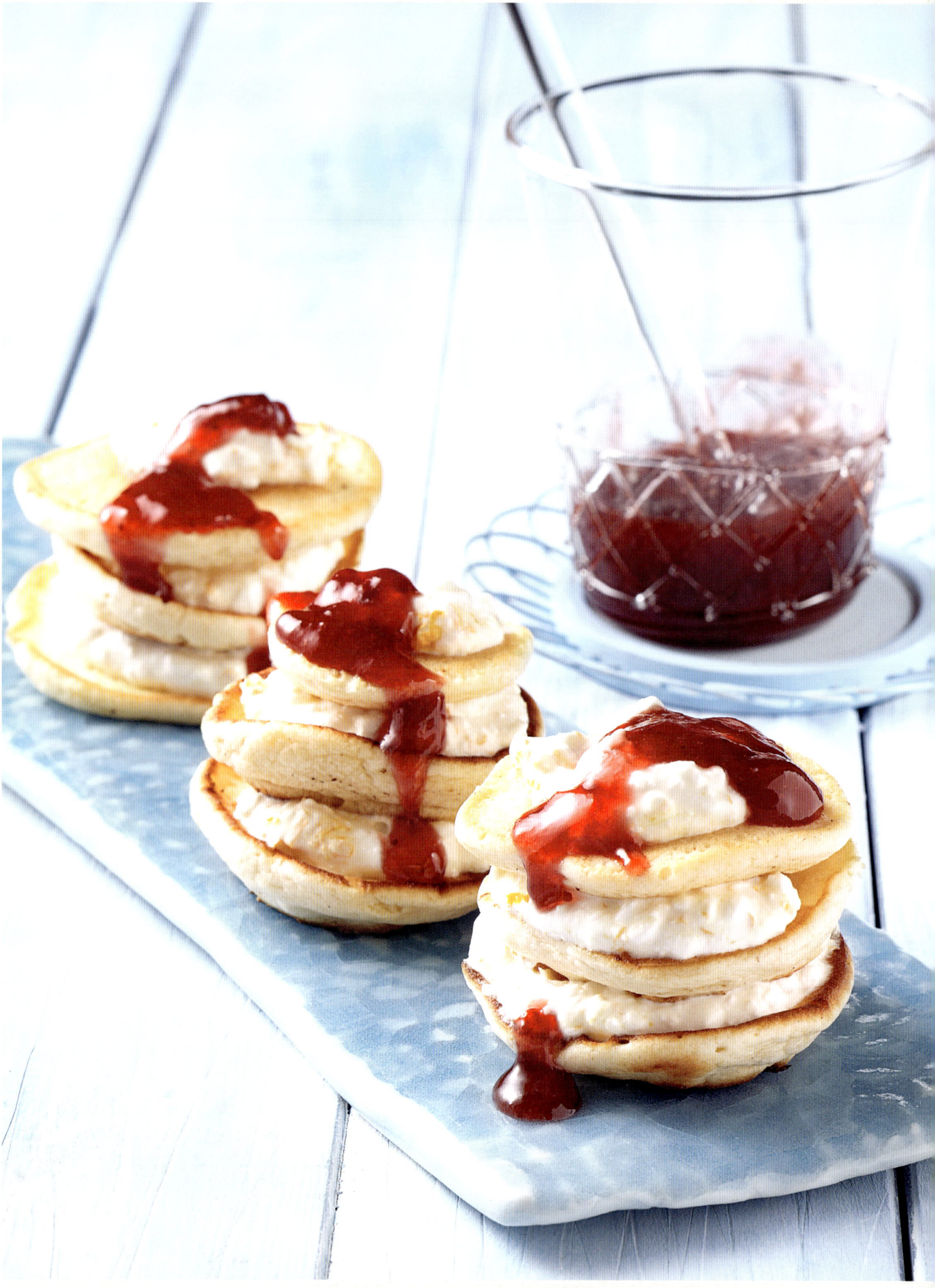

VORSPEISEN

Mini-Pfannkuchen mit Frischkäsecreme

FÜR 4 PERSONEN / ZUBEREITUNGSZEIT 20 MINUTEN

2 Eier	150 g körniger Frischkäse	1 EL Butterschmalz, mehr nach Bedarf
3 EL Zucker	40 g Puderzucker	4 EL rote oder gelbe Konfitüre
150 g Schmand	2 EL Orangensaft, mehr nach Bedarf	
3 EL Mehl	abgeriebene Schale von 1 unbehandelten Orange	
1 Päckchen Vanillezucker		
1 Msp. Salz		

1 Die Eier trennen. Die Eiweiße mit dem Zucker steif schlagen. Die Eigelbe mit 100 g Schmand, dem Mehl, dem Vanillezucker und dem Salz verrühren. Den Eischnee unter die Eigelbmischung heben.

2 Den Frischkäse gut abtropfen lassen. Mit dem restlichen Schmand (50 g), dem Puderzucker sowie Orangensaft und -schale cremig rühren.

3 In einer großen Pfanne das Butterschmalz erhitzen. Die Hälfte des Teigs esslöffelweise hineingeben und die Pfannküchlein bei mittlerer Hitze auf jeder Seite 1 Minute backen. Aus der Pfanne nehmen. Aus dem restlichen Teig weitere Pfannküchlein backen.

4 Die Konfitüre cremig rühren; falls nötig, etwas Orangensaft dazugeben. Zum Servieren je 3 Küchlein mit Frischkäsecreme aufeinanderschichten, die Türmchen mit etwas Konfitüre beträufeln und sofort servieren.

TIPP: Die Pfannküchlein am Vortag backen, im Kühlschrank aufbewahren und im heißen Ofen warm werden lassen. Oder: Gleich die doppelte Menge an Pfannküchlein backen und einen Teil davon einfrieren.

VORSPEISEN

SOSSEN FÜR SALATE –
würzig, aromatisch, hausgemacht

Sie verleihen Salaten meist erst ihr gewisses Etwas: Vinaigretten und Dressings schaffen die geschmackliche Verbindung aller Zutaten im Salat und können die Aromen intensivieren. Durch die Zugabe von Kräutern, Gewürzen und aromatischen Essigen lassen sich viele verschiedene Variationen kreieren – von klassisch bis exotisch.

VINAIGRETTE UND DRESSING

Die klassische Vinaigrette wird mit Essig und Öl zubereitet. Anstelle von Essig kann man auch Zitronensaft verwenden. Faustregel für das Verhältnis Essig zu Öl ist 1:3. Letztlich ist aber der Säuregrad von Essig bzw. Zitronensaft für das Mischungsverhältnis entscheidend.
Ein Dressing ist eine cremige Salatsoße, die z. B. mit Joghurt, Crème fraîche oder Salatcreme zubereitet wird. Beide Salatsoßen lassen sich mit Kräutern, fein gehackter Zwiebel oder Schalotte, Knoblauch und Senf verfeinern.

DIE BASISZUTATEN ESSIG UND ÖL

Essige: Weißwein- und Rotweinessig, Himbeeressig, Apfelessig, Sherryessig, Reisessig, Balsamico-Essig (Dunkler Balsamico-Essig, weißer Balsamico-Essig, Balsamico-Creme).
Öle: Salatöl (Speiseöl) besteht aus einer Mischung mehrerer Ölsorten (z. B. Sojaöl, Rapsöl, Sonnenblumenöl). Es wird durch Raffination hergestellt, ist im Geschmack neutral und meist auch zum Braten geeignet. Unraffinierte Nussöle, Olivenöl, Rapsöl und Sonnenblumenöl werden als „native" Öle angeboten. Weil sie nur durch Pressen gewonnen werden, behalten sie ihr natürliches Aroma. Kaltgepresste Öle sind besonders hochwertig. Je nach Geschmacksintensität werden sie in der kalten Küche sparsam verwendet und nach Belieben mit anderen Ölen kombiniert. Ein Blick aufs Etikett verrät, ob ein natives Öl auch zum Dünsten oder sogar zum Braten geeignet ist. Kaltgepresste Öle dunkel lagern und schnell verbrauchen.
Cremige Soßenzutaten: Salatcremes, Salat- und Delikatess-Mayonnaise, Joghurt-Salatcreme, Sojacreme, Sahne (saure und süße Sahne, Crème fraîche).
Säfte: Zitronensaft, Limettensaft, Orangensaft, Grapefruitsaft.
Schalen von Zitrusfrüchten: Ob von Zitrone, Limette oder Orange – die Früchte dürfen nach der Ernte nicht behandelt worden sein; möglichst Bio-Früchte bevorzugen.
Von Apfelmus bis Tomatenketchup: Geschmackszutaten, die der Salatsoße das gewisse Extra geben (Senf, Honig, Ahornsirup …).
Salatkräuter: frische Kräuter, TK-Kräuter, getrocknete Kräuter und in Öl eingelegte zerkleinerte Kräuter aus dem Glas.

GRUNDREZEPT VINAIGRETTE

2 EL Weißwein- oder Rotweinessig (6 % Säure), 2–3 Prisen Salz, frisch gemahlener Pfeffer, 5 EL Öl (Sonnenblumen- oder Olivenöl), Zucker oder Fruchtdicksaft, Knoblauch oder Senf und etwas Brühe (nach Belieben)

Die Zutaten in der angegebenen Reihenfolge verrühren. Nach Belieben mit Zucker oder Dicksaft, zerdrücktem Knoblauch oder Senf abschmecken. Wer mag, kann noch etwas Brühe unter die Vinaigrette rühren, dadurch wird sie milder. Übrigens: Die Empfehlung, zuerst den Essig mit dem Salz zu verrühren, bevor das Öl untergeschlagen wird, hat ihren Grund: Nur mit Essig verrührt, kann sich das Salz gut auflösen und tritt geschmacklich besser hervor.

GRUNDREZEPT KRÄUTERDRESSING

150 g Joghurt, 75 g Crème fraîche, 1 EL Zitronensaft, 1 TL scharfer Senf, ½ TL Zucker, 3 Prisen Salz, frisch gemahlener Pfeffer, 3 EL gehackte gemischte Kräuter (z. B. Petersilie, Zitronenmelisse, Dill, Kerbel, Schnittlauch)

Die Zutaten in der angegebenen Reihenfolge verrühren. Soll das Dressing flüssiger werden, noch 1–2 EL Milch unterrühren.

Grundlagen für eine schmackhafte Vinaigrette sind ein guter Essig, etwa ein dunkler Balsamico-Essig, und ein hochwertiges Öl. Salz und Gewürze runden die Salatsoße ab.

AUS DEM VORRAT

Im Vorratsschrank: getrocknete Kräuter und Gewürze, Salatdressing-Mischung aus der Tüte, Schnellreis, Nudeln, Couscous, Bulgur, Essige und Öle, Honig, Würzsoßen (z. B. Sojasoße), Kerne und Samen. *Konserven:* Oliven, Artischockenherzen, Kapernäpfel, geröstete Paprika, Pfifferlinge, Gurkenscheiben, Senfgurken, Mais, Thunfisch, Bohnenkerne, Kondensmilch oder Kaffeesahne, Öl- und Essigspezialitäten in kleiner Menge. *Im Kühlschrank:* Frühstücksspeck (Bacon), Käse am Stück, Salatdressing (Fertigprodukt), Sahne, Crème fraîche, Joghurt, Frischkäse, angebrochene Tuben und Gläser mit Senf, Ketchup, Mayonnaise, Meerrettich, Kapern, Sardellencreme, in Öl eingelegten Tomaten, Konfitüren und Salatcremes. *Im Tiefkühlgerät:* Fisch, Garnelen, Kräuter, Gemüse.

VORSPEISEN

Backpflaumen mit Speck

FÜR 10 STÜCK / ZUBEREITUNGSZEIT 20 MINUTEN

10 große Backpflaumen
10 geschälte Mandeln
10 dünne Scheiben durchwachsener Räucherspeck
je 2 Zweige Thymian und Rosmarin
1 EL Olivenöl
10 g Butter oder Ghee

Außerdem:
10 Zahnstocher

1 Die Steine aus den Backpflaumen entfernen und stattdessen jeweils 1 Mandel in die Pflaumen drücken.

2 Die Speckscheiben nebeneinander auf der Arbeitsfläche ausbreiten. Thymian und Rosmarin waschen und trocken schwenken. Die Blätter abzupfen und fein hacken. Die Speckscheiben mit den Kräutern bestreuen.

3 Auf ein Ende jeder Speckscheibe eine Pflaume setzen, die Speckscheiben mit den Pflaumen darin aufwickeln und jedes Röllchen mit einem Zahnstocher feststecken.

4 In einer Pfanne das Öl und die Butter bei mittlerer Hitze erwärmen. Die Speckpflaumen darin so lange braten, bis sie knusprig sind.

5 Die Backpflaumen auf einer Platte anrichten. Mit einem Thymianzweig garnieren und servieren.

DER PFLAUMENTOFFEL

Wer schon einmal auf dem Dresdner Striezelmarkt war, kennt den Pflaumentoffel: ein Schornsteinfegermännchen mit Zylinder, dessen Rumpf, Arme und Beine aus Backpflaumen bestehen. Es heißt, dieser Glücksbringer, den man auch essen kann, solle an die Waisenkinder des 19. Jahrhunderts erinnern, die die Dresdner Schornsteine kehren mussten. Kinder sollen es auch gewesen sein, die sich die Pflaumenfiguren ausdachten und mit dem Bauchladen auf den sächsischen Weihnachtsmärkten verkauften. In Nürnberg gibt es übrigens etwas Ähnliches: das Zwetschgenmännla (und inzwischen natürlich auch das Zwetschgenweibla).

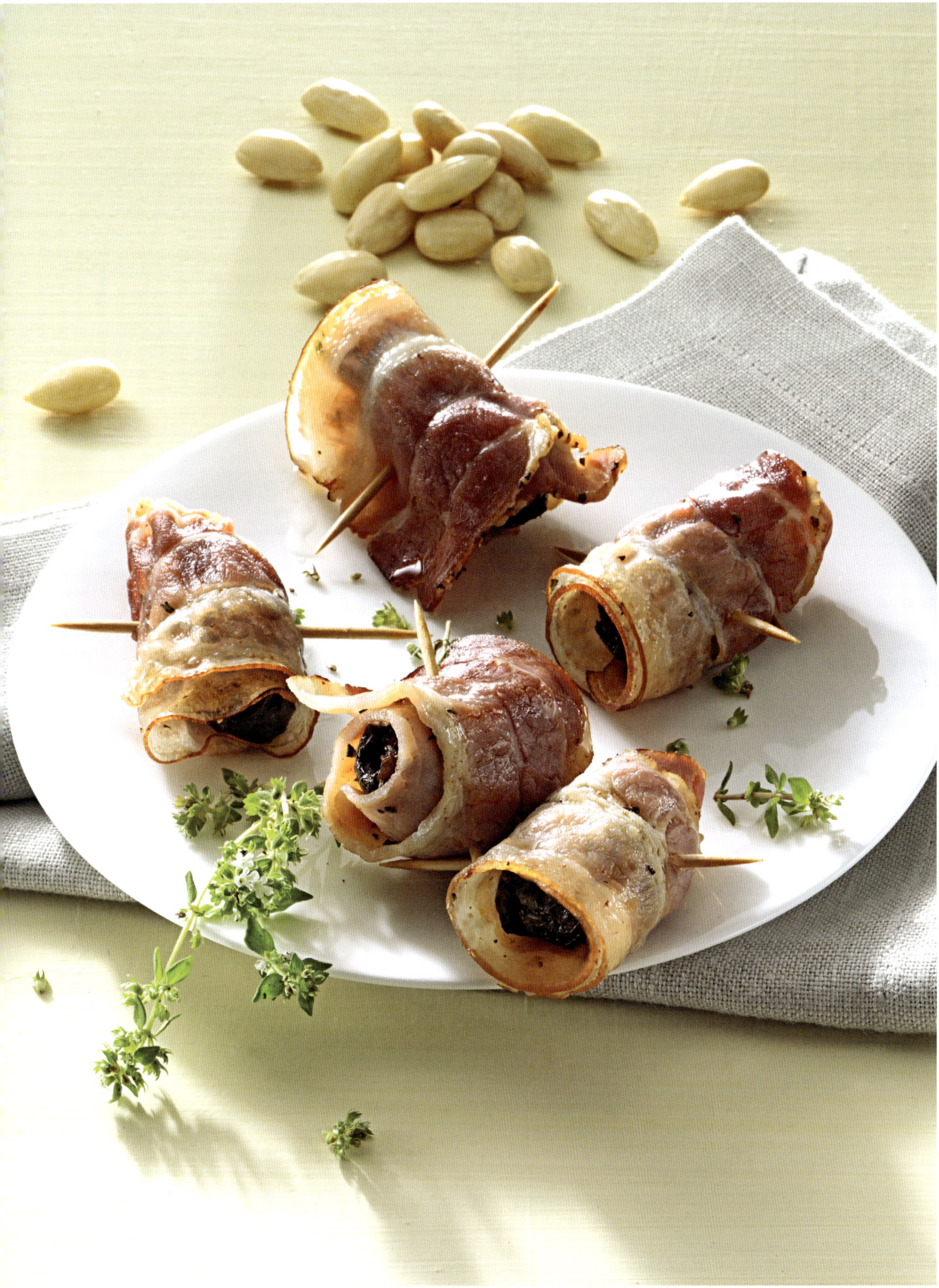

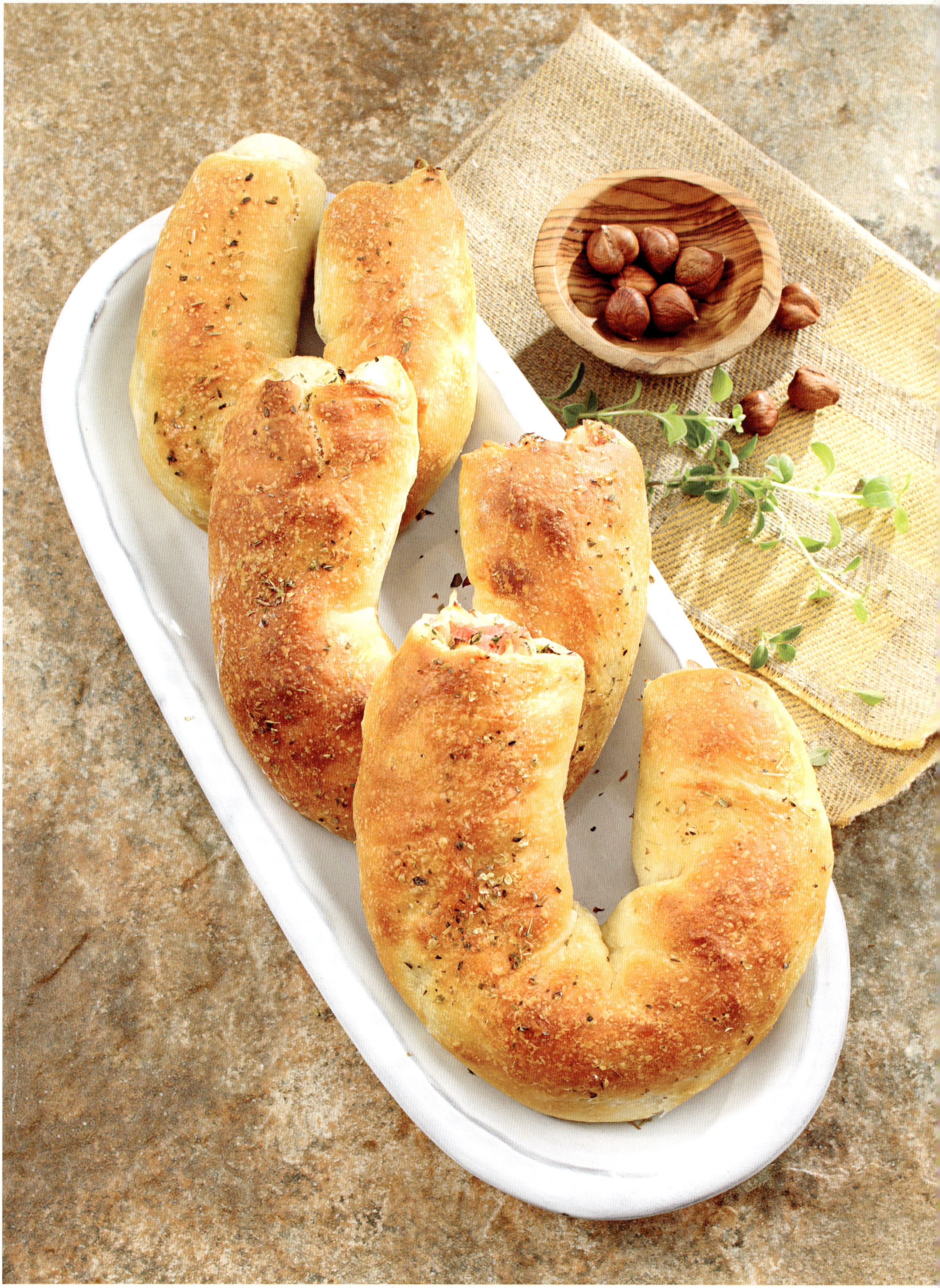

VORSPEISEN

Pikante Schinken-Hufeisen

FÜR 4 STÜCK / ZUBEREITUNGSZEIT 20 MINUTEN

2 Zwiebeln	frisch gemahlener Pfeffer	100 g saure Sahne
½ Bund Petersilie	100 g roher Schinken	50 g gehackte Haselnuss-
3 EL Olivenöl	(z. B. Lachsschinken)	kerne
2 TL getrockneter Majoran	1 Rolle Pizzateig (400 g;	*Außerdem:* Backpapier
Salz	aus dem Kühlregal)	

1 Die Zwiebeln schälen, halbieren und in Streifen schneiden. Die Petersilie waschen und trocken schütteln. Die Blättchen abzupfen und fein hacken.

2 1 EL Olivenöl in einer Pfanne erhitzen und die Zwiebeln darin glasig dünsten. Petersilie und 1 TL Majoran unterrühren. Mit Salz und Pfeffer würzen. Die Zwiebelmischung kurz abkühlen lassen.

3 Den Schinken in feine Streifen schneiden. Den Backofen auf 220 °C vorheizen. Ein Backblech mit Backpapier belegen. Den Pizzateig entrollen und längs halbieren. Beide Teighälften mit der sauren Sahne bestreichen.

4 Die Zwiebelmischung gleichmäßig auf die Teighälften verteilen. Schinkenstreifen und Haselnüsse daraufstreuen. Die Teighälften von der langen Seite her aufrollen, so dass zwei lange Rollen entstehen. Jede Rolle quer halbieren. Jede der vier entstandenen Rollen zu einem U formen und auf das Backblech legen.

5 Die Hufeisen mit dem übrigen Olivenöl (2 EL) bestreichen und mit dem restlichen Majoran (1 TL) bestreuen.
Anschließend im heißen Ofen (Mitte) etwa 20 Minuten backen. Die Schinken-Hufeisen heiß servieren.

TIPP: Die vier Rollen bereits am Vortag herstellen, in Frischhaltefolie wickeln und über Nacht in den Kühlschrank legen. Vor dem Servieren die Hufeisen formen und backen.

Kann Wurst ein Salat sein?

Ja, sie kann! Denn tatsächlich stammt das Wort „Salat" vom lateinischen *sallita* und dem französischen *salade* ab, was „eingesalzen" bedeutet. Also ist ein Salat einfach nur eine mit Salz haltbar gemachte Speise, egal, aus was er besteht! Wurstsalat gibt es in vielen Gegenden, beispielsweise in Bayern, Schwaben oder Österreich. Die Schweizer oder Elsässer Variante zeichnet sich dadurch aus, dass sie mit Essig angemacht wird und außer Wurst auch Emmentaler Käse enthält. Einen Wurstsalat mit Mayonnaise würde man dagegen eher „Fleischsalat" nennen.

Schweizer Wurstsalat mit Würz-Vinaigrette

FÜR 4 PERSONEN / ZUBEREITUNGSZEIT 20 MINUTEN

400 g Fleischwurst oder Lyoner (Ring)
300 g Emmentaler (in Scheiben)
150 g Cornichons
2 rote Zwiebeln

Für die Vinaigrette:
3–4 EL Weißweinessig
3–4 EL Cornichons-Sud
4 EL Kalbsfond aus dem Glas
½ TL mittelscharfer Senf
2 EL Sonnenblumenöl

Salz
frisch gemahler Pfeffer
1 Bund Schnittlauch

1 Fleischwurst oder Lyoner abziehen und in dünne Scheiben schneiden. Den Emmentaler entrinden, die Cornichons abtropfen lassen. Wurst, Käse und Cornichons in feine Streifen schneiden.

2 Die Zwiebeln abziehen und sehr fein würfeln. Wurst, Käse, Cornichons und Zwiebeln in eine Schüssel geben und vermischen.

3 Für die Vinaigrette Weißweinessig, 2 EL Cornichons-Sud, Kalbsfond, Senf, Sonnenblumenöl, Salz und Pfeffer in einen Rührbecher geben. Mit einem Schneebesen so lange aufschlagen, bis sich alles gut vermischt und das Salz sich vollständig aufgelöst hat.

4 Die Vinaigrette über die Salatzutaten gießen und untermischen. Den Salat zugedeckt 1 Stunde kühl stellen und durchziehen lassen, dann mit Salz, Pfeffer und mehr Cornichons-Sud abschmecken. Den Schnittlauch waschen und trockenschütteln. In feine Röllchen schneiden und über den Salat streuen. Dazu passt Bauernbrot.

TIP: Die roten Zwiebeln können durch ein weiteres Bund Schnittlauch oder 2–3 in Ringe geschnittene Frühlingszwiebeln ersetzt werden. Bayerisch wird der Salat, wenn man den Käse weglässt und insgesamt 700 g Fleischwurst verwendet.

VORSPEISEN

Zwiebelkuchen mit Nüssen

FÜR 10 STÜCK / ZUBEREITUNGSZEIT 60 MINUTEN (+60 MIN. RUHEZEIT)

Für den Teig:
450 g Weizenvollkornmehl
1 Päckchen Trockenhefe
1 TL Salz
500 ml lauwarmes Wasser
1 EL Öl

Für den Belag:
2 kg Zwiebeln
4 EL Öl
1 Bund Petersilie
200 g Haselnusskerne, gehackt
500 g saure Sahne

3 Eier
Salz
frisch gemahlener Pfeffer
1 TL scharfes Paprikapulver
Fett (für das Backblech)

1 Mehl, Hefe und Salz in einer Schüssel vermischen. Wasser und Öl zugießen und alles mit den Knethaken des Handrührgeräts etwa 5 Minuten kneten, bis der Teig Blasen bildet. Zugedeckt bei Zimmertemperatur etwa 1 Stunde ruhen lassen, bis sich das Teigvolumen verdoppelt hat.

2 Für den Belag die Zwiebeln schälen und fein hobeln. Das Öl in einer Pfanne erhitzen. Die Zwiebeln darin portionsweise bei niedriger Hitze weich braten, dann abkühlen lassen.

3 Die Petersilie waschen, trocken tupfen und fein hacken. Mit den Zwiebeln, den Nüssen, der sauren Sahne und den Eiern vermischen. Mit Salz, Pfeffer und Paprikapulver würzen.

4 Den Hefeteig mit einem breiten Messer auf ein gefettetes Backblech streichen. Die Zwiebelmischung gleichmäßig darauf verteilen.

5 Den Zwiebelkuchen auf der mittleren Schiene im nicht vorgeheizten Backofen bei 180 °C etwa 40 Minuten backen.

TIPP: Nüsse enthalten viel Fett; sie zählen zu den energiereichsten Lebensmitteln. Was gut ist für unsere Gesundheit, ist schlecht für die Lagerfähigkeit der Nüsse: Wegen ihres hohen Fettgehalts werden geschälte und zerkleinerte Nüsse schnell ranzig, wie alte Butter. Deshalb sollte man geschälte Nüsse dunkel, kühl und trocken aufbewahren, am besten in luftdurchlässigen Behältern wie einem Leinen- oder Baumwollsäckchen.

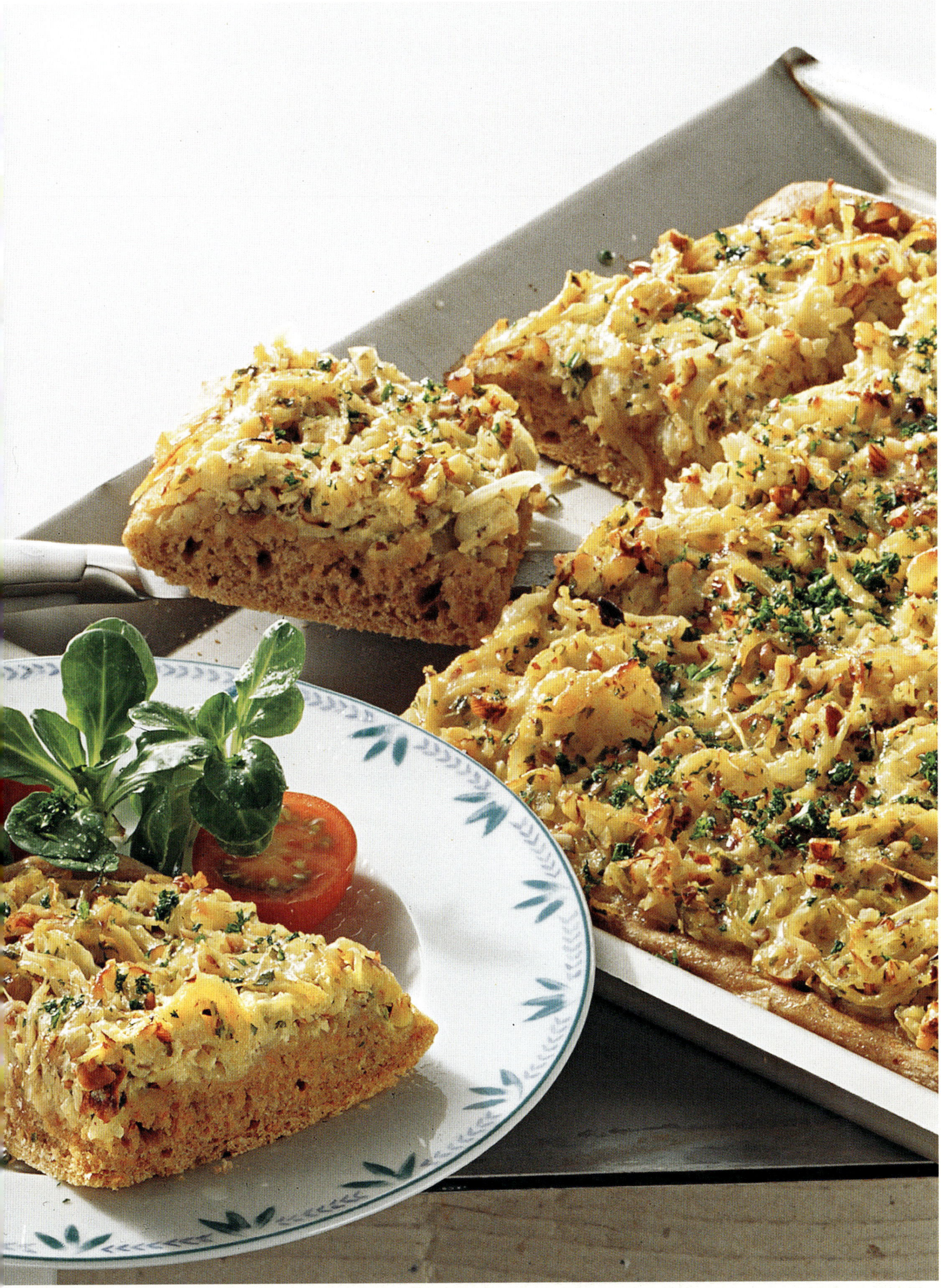

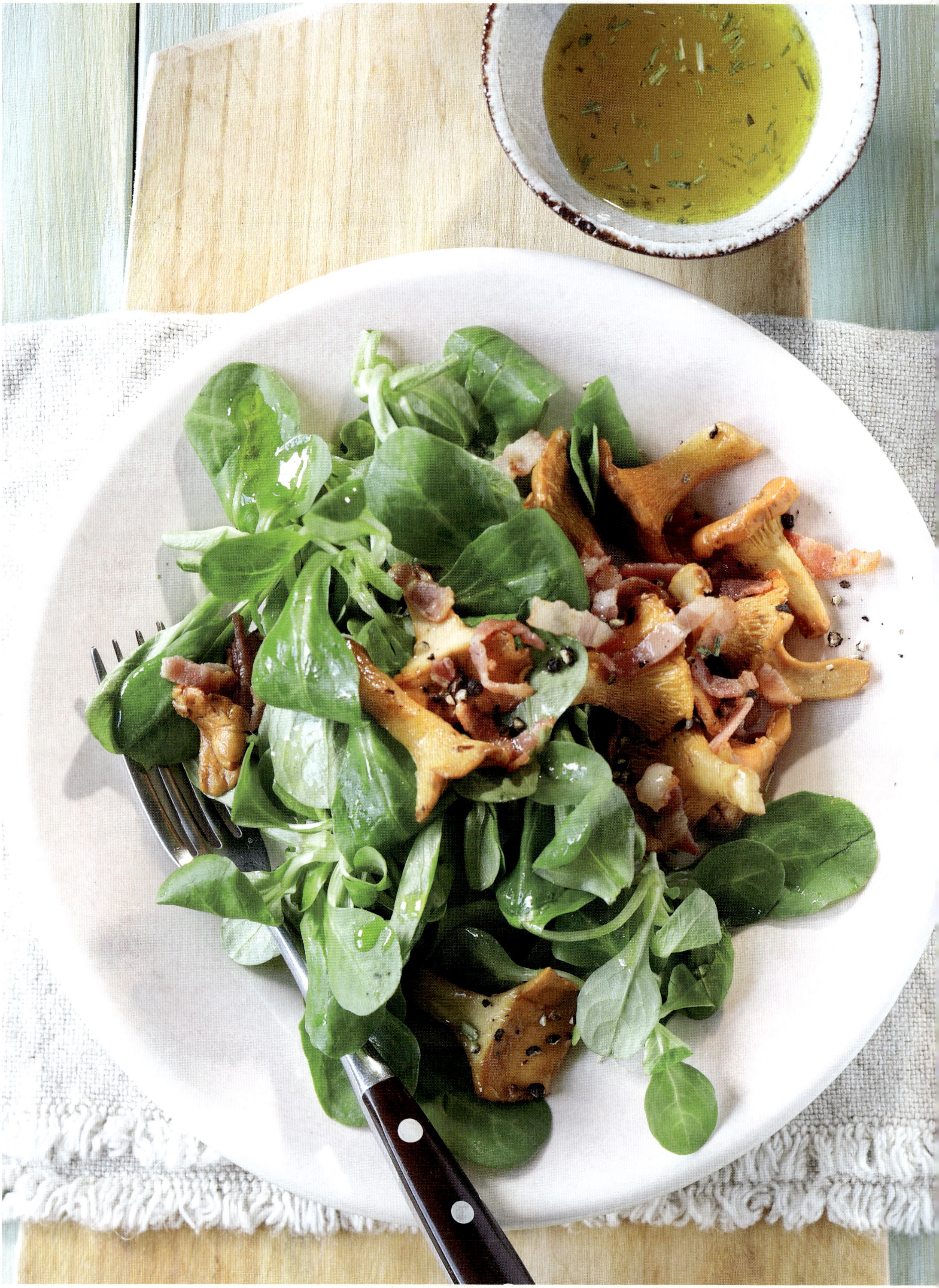

VORSPEISEN

Feldsalat mit Pfifferlingen und Speck

FÜR 4 PERSONEN / ZUBEREITUNGSZEIT 30 MINUTEN

- 200 g Frühstücksspeck (Bacon) in Streifen
- 100 g abgetropfte Pfifferlinge (Glas)
- 200 g Feldsalat
- 2 EL weißer Balsamico-Essig
- 1 TL Birnendicksaft
- Salz
- gemahlener Rosmarin
- frisch gemahlener Pfeffer
- 4 EL Rapsöl

1 Die Speckstreifen in einer Pfanne zuerst bei starker Hitze braten, bis die Flüssigkeit in der Pfanne verdampft ist, anschließend bei mittlerer Hitze weiterbraten, bis sie gebräunt sind.

2 Die abgetropften Pfifferlinge unter den Speck mischen und kurz mitbraten. Speck und Pilze auf einem Teller etwas abkühlen lassen.

3 Den Feldsalat waschen; falls nötig, von Wurzeln oder Wurzelenden befreien. Anschließend trocken schleudern und in eine große Salatschüssel geben.

4 Den Balsamico-Essig mit dem Birnendicksaft sowie 2 Prisen Salz, 3 Prisen Rosmarin und etwas Pfeffer verrühren. Das Öl darunterschlagen. Zuerst die Vinaigrette über den Feldsalat träufeln und darunterhmischen, dann Speck und Pilze unter den Salat heben.

TIPP: Wer etwas mehr Zeit hat, kann für den Salat auch frische Pfifferlinge verwenden: Dafür 400 g möglichst große Pfifferlinge verlesen, putzen, falls nötig, waschen und, wie in Schritt 2 beschrieben, weiterverarbeiten.

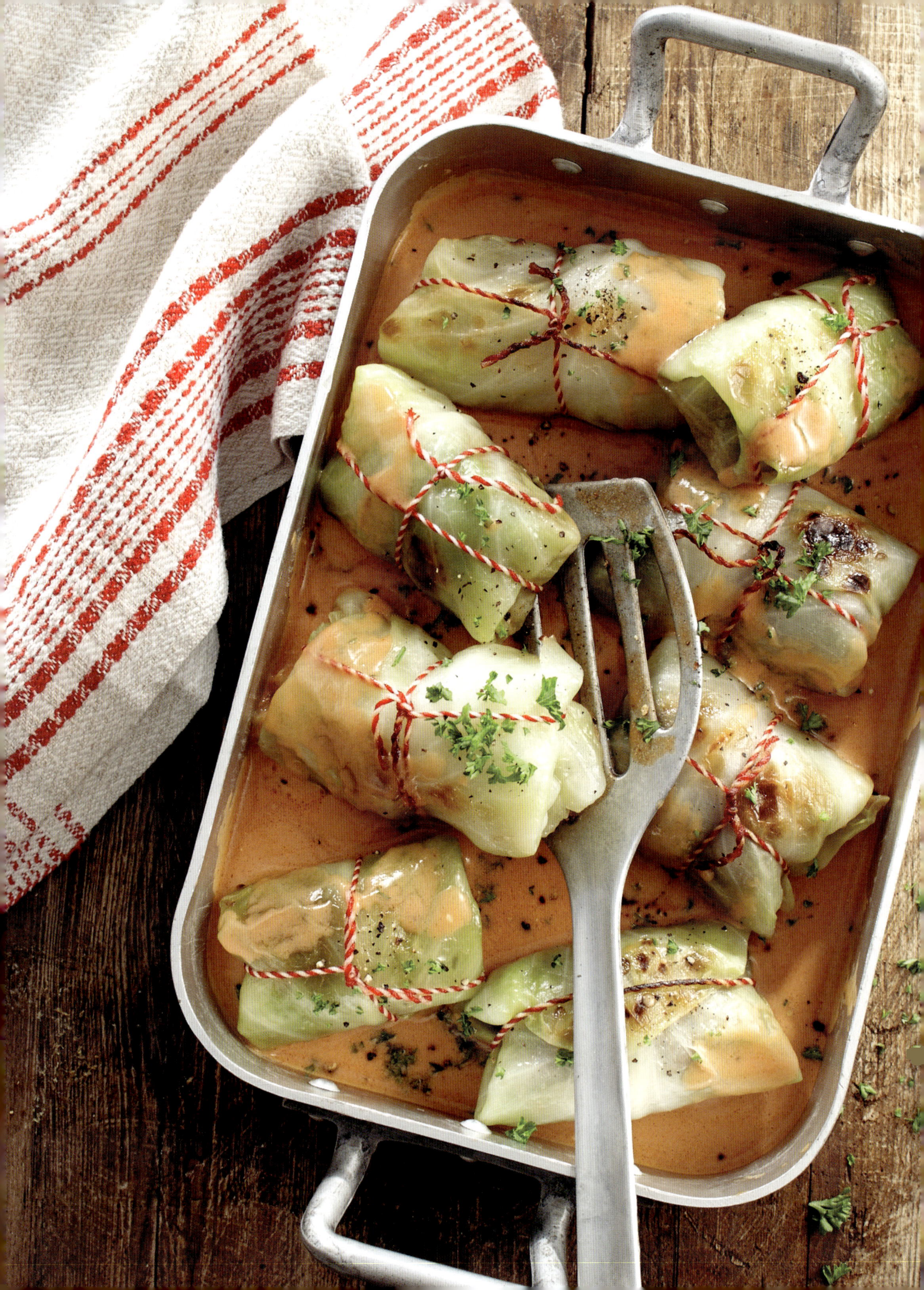

Hauptgerichte

Wie gingen noch mal Königsberger Klopse? Wie mache ich einen Rinderbraten? Hier können Sie es nachlesen! So ein richtig opulentes Sonntagsgericht zu kochen – wer kann das heute noch? Es macht aber richtig Spaß und wird am Esstisch für Lob und nostalgische Erinnerungen an Oma sorgen.

HAUPTGERICHTE

Ochsenbrust mit Meerrettich

FÜR 4 PERSONEN / ZUBEREITUNGSZEIT 25 MINUTEN (+SCHMORZEIT)

einige Brustknochenstücke vom Ochsen	1 kg Ochsenbrust	30 g Mehl
1 Bund Suppengrün	2 Lorbeerblätter	250 ml Milch
2 Zwiebeln	*Für die Soße:*	3 EL Sauerrahm
½ Bund Petersilie	150 g Meerrettich	Salz
	50 g Butter	

1 Die Knochen blanchieren. Das Suppengrün putzen, waschen und in Stücke schneiden. Die Zwiebeln abziehen und vierteln. Die Petersilie waschen und trocken tupfen. Die Ochsenbrust waschen, trocken tupfen und in eine Kasserolle geben. Knochen, Suppengrün, Zwiebeln und Petersilie zufügen.

2 So viel Wasser darübergießen, bis das Fleisch bedeckt ist. Die Lorbeerblätter zufügen. Aufkochen, den Schaum abschöpfen und das Ganze bei schwacher Hitze 3 Stunden schmoren lassen. Das Suppengrün nach 20 Minuten herausnehmen.

3 Inzwischen für die Soße den Meerrettich reiben. Die Butter in einem kleinen Topf erhitzen, unter Rühren das Mehl zugeben, die Milch nach und nach zugießen und weiterrühren. Den Meerrettich und den Sauerrahm zufügen, nicht mehr aufkochen lassen. Mit Salz würzen.

4 Das Fleisch in Scheiben schneiden. Die Brühe durch ein Sieb gießen und 3–4 EL über das Fleisch gießen. Das beiseitegelegte Suppengrün in der restlichen Brühe erhitzen und zum Fleisch geben. Mit der Soße servieren. Dazu passen Salzkartoffeln.

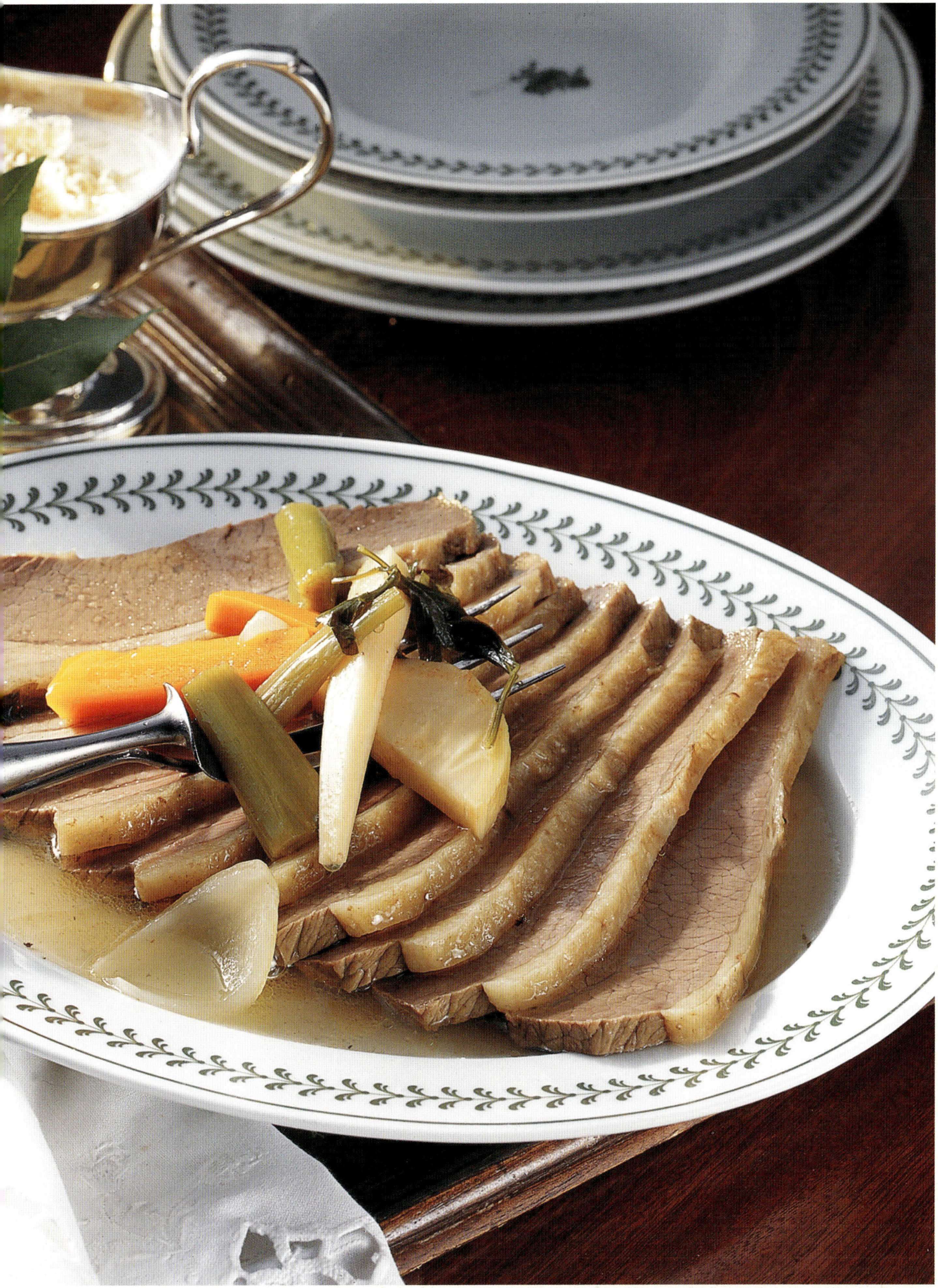

11

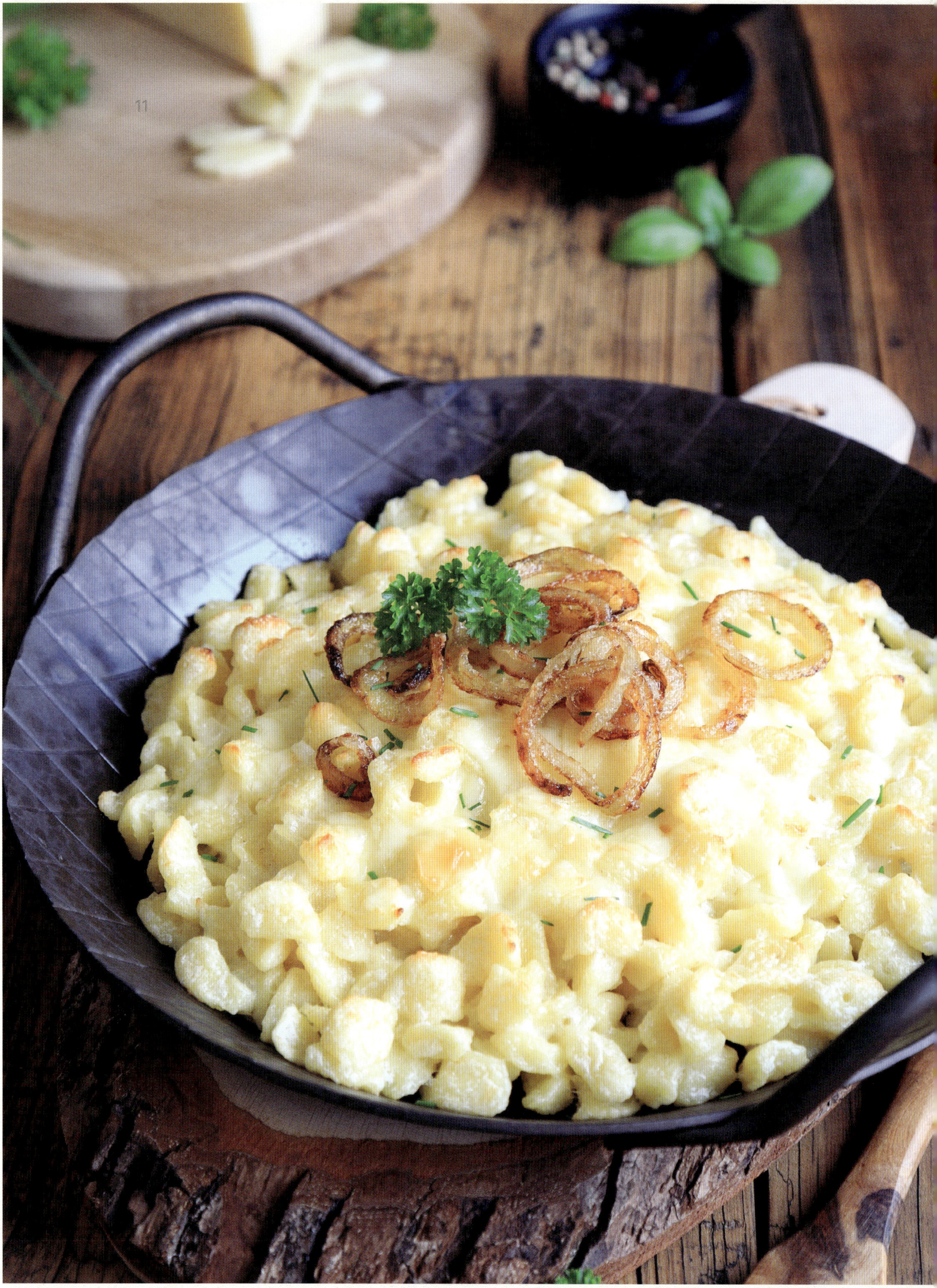

HAUPTGERICHTE

Käsespätzle

FÜR 4–5 PERSONEN / ZUBEREITUNGSZEIT 30 MINUTEN

450 g Mehl	200 g Emmentaler	80 g Butter
6 Eier	130 ml Schlagsahne	½ Bund Schnittlauch
Salz	2 Zwiebeln	Fett für die Form

1 Mehl, Eier und Salz mit 150 ml Wasser in einer Schüssel verrühren und kräftig kneten, bis der Teig Blasen wirft und sich vom Löffel löst.

2 Salzwasser aufkochen lassen. Den Teig schaben oder durch eine Spätzle- oder Kartoffelpresse ins kochende Wasser drücken.

3 Eine Auflaufform einfetten. Den Emmentaler reiben. Die Spätzle abgießen und schichtweise mit dem Käse in die Form füllen. Die Sahne bis auf 3 EL darüber gießen. Im Backofen den Käse schmelzen lassen. In der Zwischenzeit die Zwiebeln abziehen und in Streifen schneiden. Die Butter in einer Pfanne erhitzen und die Zwiebeln darin braun braten.

4 Die restliche Sahne steif schlagen. Den Schnittlauch waschen und klein schneiden. Zwiebeln und Sahne über die Spätzle geben und 3 weitere Minuten überbacken. Aus dem Ofen nehmen, anrichten und servieren.

TIPP: Es wird jeweils eine kleine Menge Teig auf ein Spätzlebrett gelegt und mit einem Spätzleschaber oder breiten Messer in das Kochwasser geschabt. Einfacher geht es mit einer Spätzlepresse. Wer nur selten Spätzle macht, kann den Teig auch durch eine Kartoffelpresse drücken.

REKORDE AM ESSTISCH

Spätzle stammen bekanntlich aus Schwaben; Käsespätzle verbindet man dagegen eher mit gemütlichen Almhütten in den Alpen. Das ist auch ganz richtig so: Schließlich gibt es dort, vom Allgäu bis in die Schweiz, den passenden Käse! Man sagt, dass die Kinder, die früher aus dem armen Vorarlberg zum Arbeiten nach Schwaben zogen, die Spätzle von dort mit in ihre Heimat brachten. Mit dem örtlichen Käse geschichtet, der dann im heißen Ofen schmolz, gaben sie die ideale Speise für die schwer arbeitenden Bergbauern ab. Oft nimmt man dafür zwei Käsesorten, meist Emmentaler und einen würzigeren Bergkäse. Wichtig ist dabei, jungen Käse zu verwenden, denn der zieht die längsten Fäden! Wer hat den längsten Käsefaden?

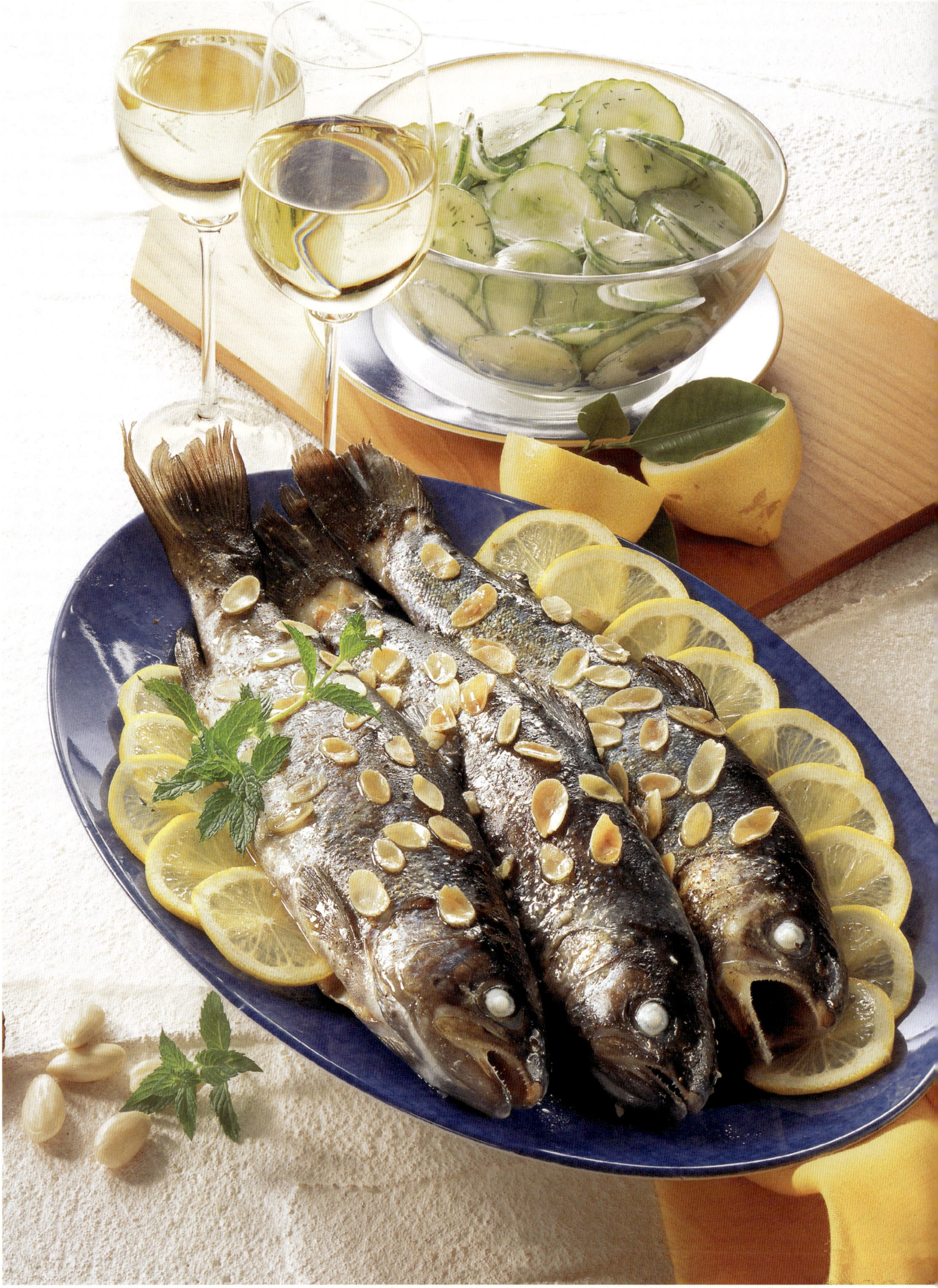

Forelle mit Mandeln

FÜR 6 PERSONEN / ZUBEREITUNGSZEIT 40 MINUTEN

1 Lachsforelle von 1,2 kg oder
3 Forellen zu je 400 g
Salz, Pfeffer
250 g Mandeln
2 EL Olivenöl
5 EL Weißwein
3 Zweige frische Minze
100 g Mandelblättchen

1 Die Lachsforelle oder die Forellen ausnehmen. Unter fließend kaltem Wasser abspülen und mit Küchenpapier trocken tupfen. Innen und außen mit Salz und Pfeffer einreiben.

2 Die Mandeln halbieren und die Kerne herausnehmen. Schälen und sehr fein hacken. Den Backofen auf 180 °C vorheizen.

3 Die Mandelkerne in die Lachsforelle oder die Forellen füllen. Den Fisch in eine flache Auflaufform oder Kasserolle legen.

4 Das Öl und den Wein über den Fisch gießen. Die Minzezweige waschen, trocken tupfen, halbieren und auf dem Fisch verteilen.

5 Die Mandelblättchen über die Lachsforelle oder die Forellen streuen. Den Fisch im vorgeheizten Ofen 25 Minuten backen. Dazu passt ein Gurkensalat.

TIPP: Das Ausnehmen von Fischen ist nicht jedermanns Sache. Wenn Sie die Forellen beim Fischhändler kaufen, lassen Sie die Fische von ihm fachmännisch ausnehmen.

HAUPTGERICHTE

Himmel und Erde

FÜR 4 PERSONEN / ZUBEREITUNGSZEIT 45 MINUTEN

1 kg Kartoffeln	½ TL Salz	100 g durchwachsener
1 kg Äpfel	frisch gemahlener Pfeffer	geräucherter Speck
2 EL Zucker	geriebene Muskatnuss	je 250 g Blut- und
2 EL Zitronensaft	2 Zwiebeln	Leberwurst

1 Die Kartoffeln schälen, waschen, vierteln und in Salzwasser etwa 20 Minuten kochen, bis sie weich sind. Inzwischen die Äpfel waschen, schälen, vierteln und vom Kerngehäuse befreien. In einem Topf mit wenig Wasser kochen. Zucker und Zitronensaft zufügen. Häufig umrühren, bis sie weich sind. Dann zu Mus rühren.

2 Die Kartoffeln abgießen und zu Mus stampfen. Das Apfel- und das Kartoffelmus gründlich verrühren. Mit Salz, Pfeffer und Muskat würzen. In eine Schüssel füllen und warm stellen.

3 Die Zwiebeln abziehen und in Ringe schneiden. Den Speck in Würfel schneiden. Danach den Speck in der Pfanne ausbraten, die Zwiebeln zufügen und goldbraun braten. Herausnehmen, die Würste im Fett braten und in Scheiben schneiden. Speck, Zwiebeln und Würste auf das Mus legen.

TIPP: Am besten schmecken Blut- und Leberwurst ganz frisch, also wenn sie der Fleischer unmittelbar nach dem Schlachten anbietet.

KÖLSCHE BRAUHAUSKÜCHE

In Köln gibt es etliche Brauhäuser, die zu den verschiedenen Kölsch-Brauereien gehören, zum Teil 500 Jahre alt sind und so groß, dass sie auf mehreren Etagen Hunderten von durstigen und hungrigen Menschen Platz bieten. Es hat sich inzwischen auch unter Touristen herumgesprochen, dass in einem solchen Brauhaus ganz eigene Regeln gelten: dass man zum Beispiel das Kölsch (in sehr kleinen Gläsern!) unaufgefordert vom Köbes (dem blau gekleideten Kellner mit der Lederschürze) hingestellt bekommt und auch immer wieder ein neues erhält, solange man nicht eilig den Bierdeckel auf sein Glas legt. Dass so ein Köbes ein wenig ruppig sein kann – bestellt man „ein Wasser, bitte!", sagt er „Auch ein Handtuch und Seife dazu?". Und dass auf der Fooderkaat (Speisekarte) deftige Gerichte stehen, die oft etwas merkwürdig heißen: Ädäppelschlot (Kartoffelsalat), Hämmchen (Schweinshaxe), Kölsche Kaviar (Blutwurstscheiben mit Brot und Zwiebeln), Ähzezupp (Erbsensuppe), Halve Hahn (kein halbes Hähnchen, sondern ein halbes Roggenbrötchen mit Gouda und Senf) oder Himmel un Äd. Dieser Klassiker, den es als hochdeutsches „Himmel und Erde" auch anderswo in Deutschland gibt, besteht in Köln aus Stampfkartoffeln und Apfelmus mit Stückchen, dazu gebratene Zwiebeln und Flönz (gebratene Blutwurst). Und obwohl in den meisten kölschen Brauhäusern noch immer eine Art Beichtstuhl steht, in dem früher der Wirt saß, ist der Name des Gerichts auch im katholisch geprägten Köln nicht religiös gemeint: Die Äpfel wachsen oben am Baum, also im Himmel; die Kartoffeln kommen aus der Erde – so einfach ist das.

HAUPTGERICHTE

Wiener Schnitzel

FÜR 4 PERSONEN / ZUBEREITUNGSZEIT 25 MINUTEN

4 Kalbsschnitzel (je 150 g)	2 EL Milch	frisch gemahlener Pfeffer
4 EL Mehl	150 g Semmelbrösel	150 g Butterschmalz
2 Eier	Salz	1 Zitrone

1 Die Kalbsschnitzel trocken tupfen und flach drücken. Dafür die Schnitzel mit der glatten Seite des Fleischklopfers oder mit einem speziellen Plattiereisen auf etwa 4 mm Stärke klopfen bzw. drücken.

2 Das Mehl auf einen Teller geben. Die Eier mit der Milch in einem tiefen Teller verquirlen. Die Semmelbrösel auf einen dritten Teller geben.

3 Die Schnitzel auf beiden Seiten salzen und pfeffern. Nacheinander erst im Mehl wenden, überschüssiges Mehl abklopfen, dann durch die Eiermischung ziehen und anschließend in den Bröseln wenden. Die Panade nur leicht andrücken.

4 Inzwischen das Butterschmalz in einer großen Pfanne erhitzen. Die Schnitzel sofort ins heiße Fett geben, damit die Panade nicht feucht wird. Bei mittlerer Hitze 2 Minuten braten; wenden und weitere 3 Minuten braten, bis die Panade goldbraun ist.

5 Auf vorgewärmten Tellern mit Zitronenschnitzen servieren. Dazu schmecken Kartoffeln bzw. Kartoffel- und Gurkensalat.

TIPP: Wer weder Fleischklopfer noch Plattiereisen hat, klopft die Schnitzel stattdessen mit dem Boden einer Stielkasserolle flach oder bittet den Fleischer darum, die Schnitzel entsprechend vorzubereiten.
Das Braten mehrerer Schnitzel auf einmal geht am schnellsten, wenn sie gleichzeitig in zwei großen Pfannen brutzeln können. Wer nur eine Pfanne hat, brät die Schnitzel portionsweise im heißen Fett und hält sie im 120 °C heißen Backofen auf einem mit Küchenpapier belegten Backblech warm, bis alle Schnitzel fertig sind.

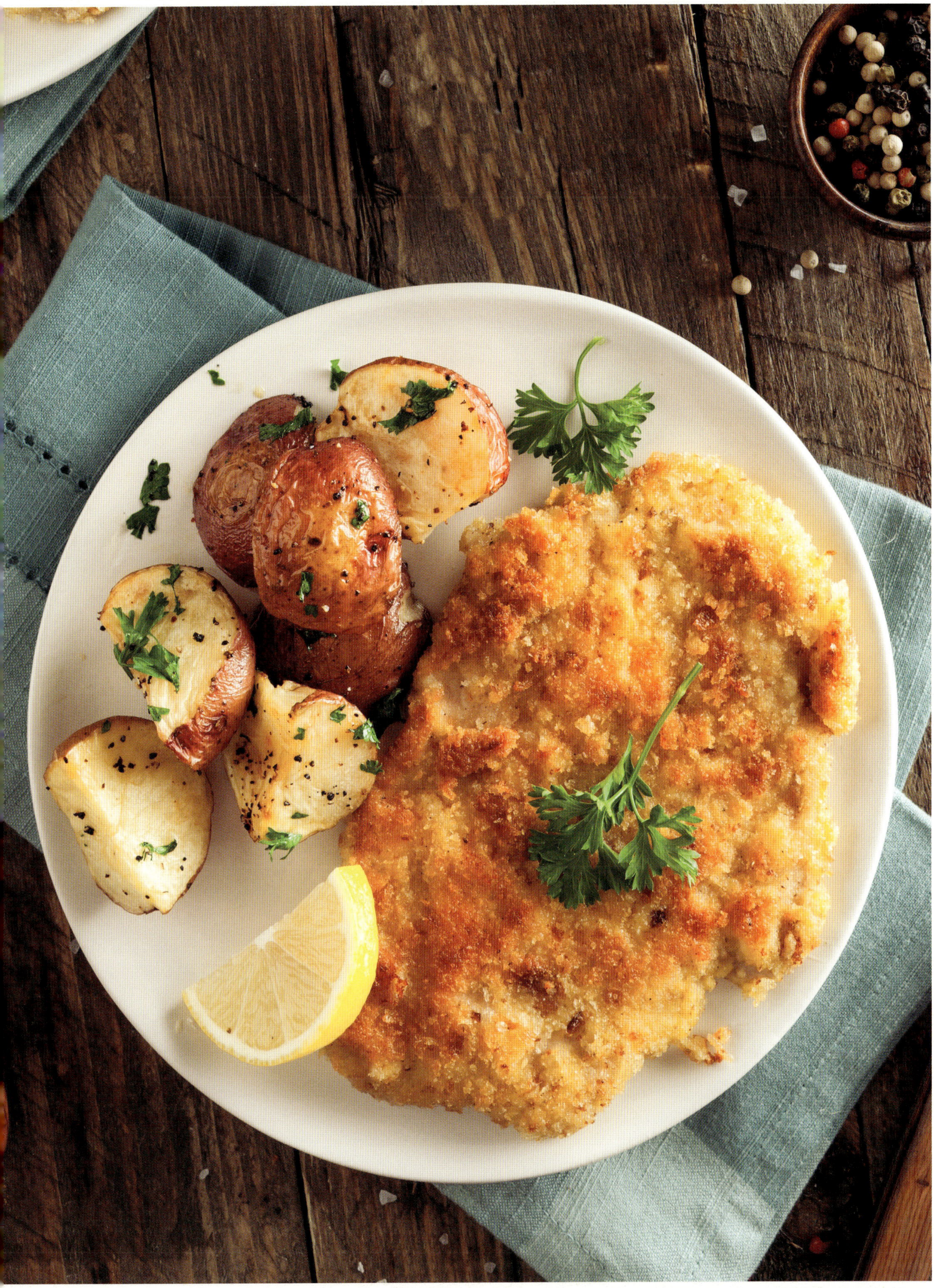

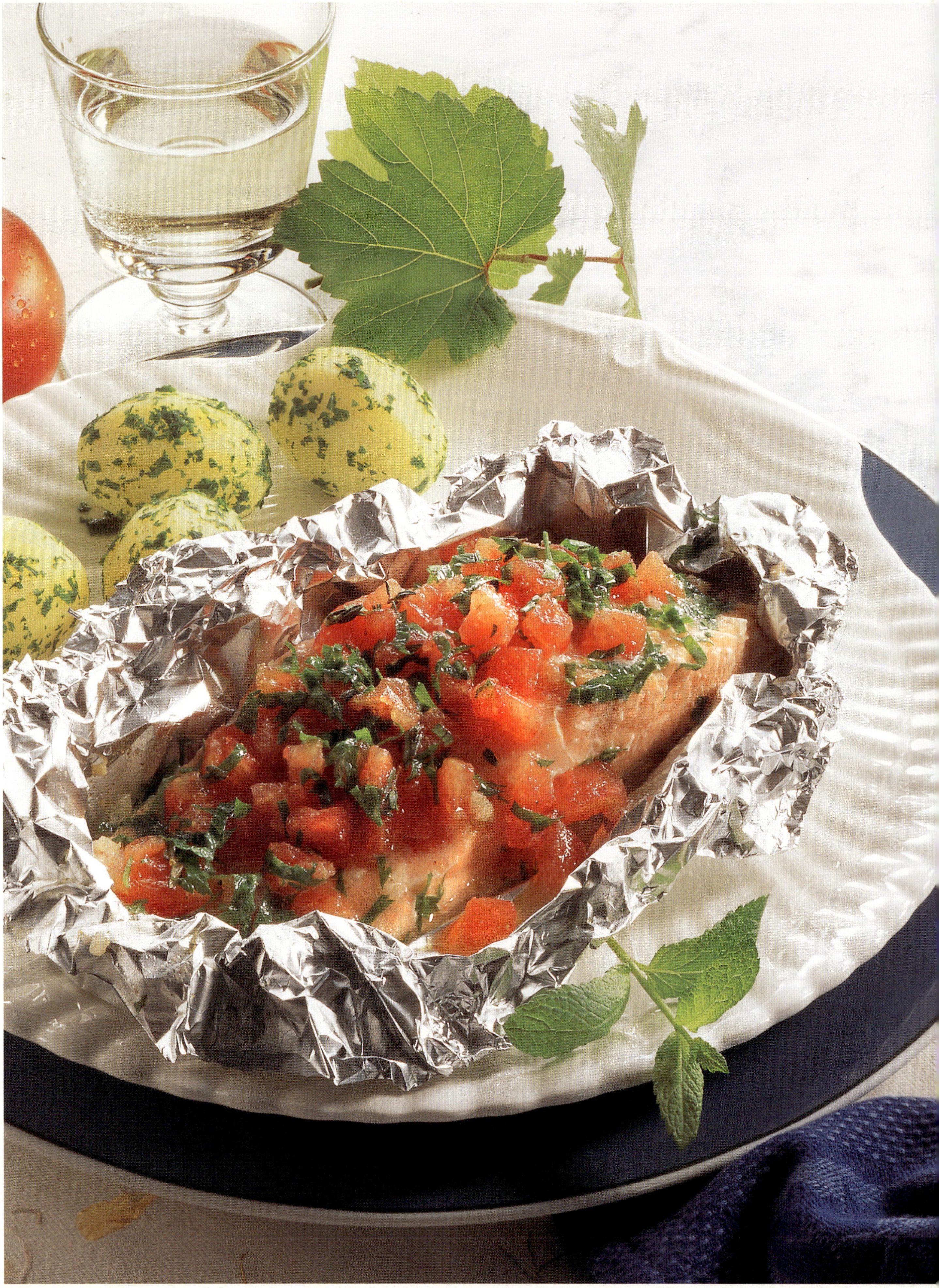

… HAUPTGERICHTE

Lachs in Weißwein

FÜR 6 PERSONEN / ZUBEREITUNGSZEIT 35 MINUTEN

1 Stück Lachs, etwa 900 g	3 Tomaten	90 g Butter
Salz, Pfeffer	1 Stängel frische Minze	etwa 150 ml trockener
3 Schalotten	2 Stängel frischer Thymian	Weißwein

1 Das Lachsstück unter fließend kaltem Wasser abspülen, mit Küchenpapier trocken tupfen und in 6 gleich große Scheiben schneiden. Salzen und pfeffern.
In einem Topf Wasser zum Kochen bringen.

2 Den Backofen auf 240 °C vorheizen. Die Schalotten abziehen und fein hacken.

3 Die Tomaten mit kochendem Wasser überbrühen und mit einem kleinen Messer die Haut abziehen. Halbieren, von den Samen befreien und in Würfel schneiden.

4 Die Minze waschen, trocken tupfen und mit einer Schere klein schneiden. Die Thymianstängel waschen und trocken tupfen; die Blätter abzupfen.

5 Aus Aluminiumfolie 6 quadratische Stücke mit jeweils 30 cm Kantenlänge schneiden und auf jedes Stück eine Lachsscheibe legen.

6 Die Schalotten, die Tomaten, die Minze und den Thymian gleichmäßig auf dem Lachs verteilen.

7 Jeweils ein Stück Butter auf die Mitte legen und jeweils 1 EL Weißwein darüber gießen.

8 Die Aluminiumfolie fest verschließen und den Lachs im vorgeheizten Ofen etwa 15 Minuten backen. Dazu schmecken Petersilien- oder Ofenkartoffeln, die gleich im Ofen mitbacken können.

HAUPTGERICHTE

FLEISCHSCHNITTE –
kleine Warenkunde für Feinschmecker

Wer Fleisch kaufen möchte, steht – besonders wenn er kein ausgewiesener Kenner ist – vor einigen Fragen: Was steckt hinter Fachbegriffen wie Kamm oder Oberschale? Welche Stücke und Schnitte eignen sich gut zum Grillen oder Braten? Wie lässt sich die Qualität des Fleisches beurteilen? Die Übersicht zeigt, welche Stücke angeboten werden und für welche Art der Zubereitung sie sich eignen.

SCHWEIN

Die meisten Teile sind gut zum Kurzbraten geeignet: Koteletts aus dem Kotelettstrang, Nackenkoteletts mit etwas mehr Fett oder Lendenkoteletts aus dem hinteren Rücken, die etwas magerer sind. Wenn der Knochen noch mit dran ist, wird es umso aromatischer. Prima für den Grill eignen sich Rippen, Spareribs oder auch Bauch. Filet hat besonders zartes Fleisch, ebenso Lende oder Schnitzel aus der Keule. Spanferkel kommen meist im Ganzen auf einen Drehspieß über den Grill.

Bauch	Grillen, Kochen, Kurzbraten, Rollbraten
Dicke Rippe	Grillen (Spareribs), Rollbraten
Filet	Geschnetzeltes, Kurzbraten
Hintereisbein/Haxe	Braten, Kochen, Schmoren
Hüfte	Braten, Schmoren
Kamm (Nacken)	Braten, Geschnetzeltes, Gulasch
Kotelett	Grillen, Kurzbraten, Schmoren
Nuss (Kugel)	Braten, Schmoren
Oberschale	Geschnetzeltes, Schnitzel
Rückenspeck	Auslassen als Schmorfett, Spicken und Bardieren (mit Speck umwickeln)
Schulter (Bug)	Braten, Gulasch, Rollbraten
Spitzbein (Schweinefuß)	Kochen (gelatinereich, gut für Sülze)
Unterschale	Geschnetzeltes, Schnitzel
Vordereisbein	Kochen, Schmoren

RIND

Fürs Kurzbraten sind die besonders zarten Stücke ideal: Filet, Lende und Kotelett mit Knochen vom Rücken. Gut abgehangen, kann auch ein Steak sehr zart sein. Viele Partien, wie Bug, Hohe Rippe oder Kamm, gewinnen aber durchs Schmoren, langsames Kochen oder Braten: Der Geschmack intensiviert sich, Muskeln und Sehnen werden weich und zart. Die meisten hinteren Teile eignen sich für große Braten und Ragouts. Die Querrippe vewendet man meist zum Kochen. Durch das enthaltene Fett und Bindegewebe ist sie das ideale Suppenfleisch.

Brust	Brühe, Kochen
Dünnung (Bauchlappen)	Brühe, Eintöpfe, Gulasch
Filet	Grillen, Kurzbraten
Hinterhesse	Eintöpfe, Gulasch, langsames Kochen und Schmoren
Hohe Rippe	Kochen, Rinderbraten
Hüfte	Kurzbraten, Rinderbraten, Rouladen
Kamm (Nacken)	Eintöpfe, Gulasch, Kochen
Kugel	Kurzbraten, Rouladen, Schmorbraten
Lende (Roastbeef)	Kurzbraten
Oberschale (Kluft)	Rouladen
Querrippe	Brühe, deftige Eintöpfe
Schulter (Bug)	Kochen, Rinderbraten
Unterschale	Kurzbraten, Rouladen, Tafelspitz
Vorderhesse	Eintöpfe, Gulasch, Kochen, Schmoren

KALB

Vom Kalb (junges Rind bis 150 kg Gewicht) schmecken Koteletts kurz gebraten gut, ebenso Schnitzel aus der Ober- oder Unterschale sowie Geschnetzeltes aus der Unterschale. Kalbfleisch aus der Keule gilt als besonders fein für Braten und Ragout, aber die vorderen Teile schmecken ebenso gut, insbesondere die Schulter für ein Kalbsgulasch. Das Filet ist mit das beste Stück vom Kalb. Dieses sehr magere Fleisch befindet sich unterhalb des Rückgrats des Tieres und schmeckt wunderbar zart und mild.

Brust	Ragout
Dünnung (Bauchlappen)	Ragout, Rollbraten
Filet	Geschnetzeltes, Kurzbraten, Pochieren
Hinterhaxe	Braten, Schmoren (Ossobuco)
Hüfte (Blume)	Braten, Geschnetzeltes, Schnitzel
Kotelett	Braten, Kurzbraten
Kugel (Nuss)	Braten, Geschnetzeltes, Schnitzel, Vitello tonnato
Lende	Braten, Kurzbraten
Nacken (Hals)	Rollbraten, Schmoren
Oberschale	Rollbraten, Schnitzel
Schulter (Bug)	Braten, Gulasch
Unterschale	Braten, Geschnetzeltes, Schnitzel
Vorderhaxe	Braten, Schmoren

Qualitativ hochwertiges Fleisch stammt von Tieren, die artgerecht gehalten und so stressfrei wie möglich geschlachtet wurden.

LAMM

Milchlamm (Schlachtalter: 6 Monate) hat einen milden Geschmack, während das Fleisch von Schafen, die älter als ein Jahr sind, intensiver schmeckt. Lamm ist zart und mürbe, kann also gut kurz gebraten oder gegrillt werden. Prima dafür eignen sich Koteletts. Schnell gegart ist auch Filet. Länger brauchen Ragouts aus der Schulter und etwas fettere Brust. Keule wird oft im Ganzen und mit Knochen im Ofen geschmurgelt. Für kleinere Mengen sind auch Haxen fein – Hinterhaxen haben etwas mehr Fleisch als Vorderhaxen.

Brust	Kochen, Rollbraten
Dünnung (Bauchlappen)	Kochen, Rollbraten
Hinterhaxe	Braten, Schmoren
Kamm (Nacken)	Gulasch, Ragout, Rollbraten, Schmoren
Keule	Braten, Geschnetzeltes, Kurzbraten, Schmoren
Rücken	Braten
Schulter (Bug)	Kurzbraten, Gulasch, Ragout, Schmoren

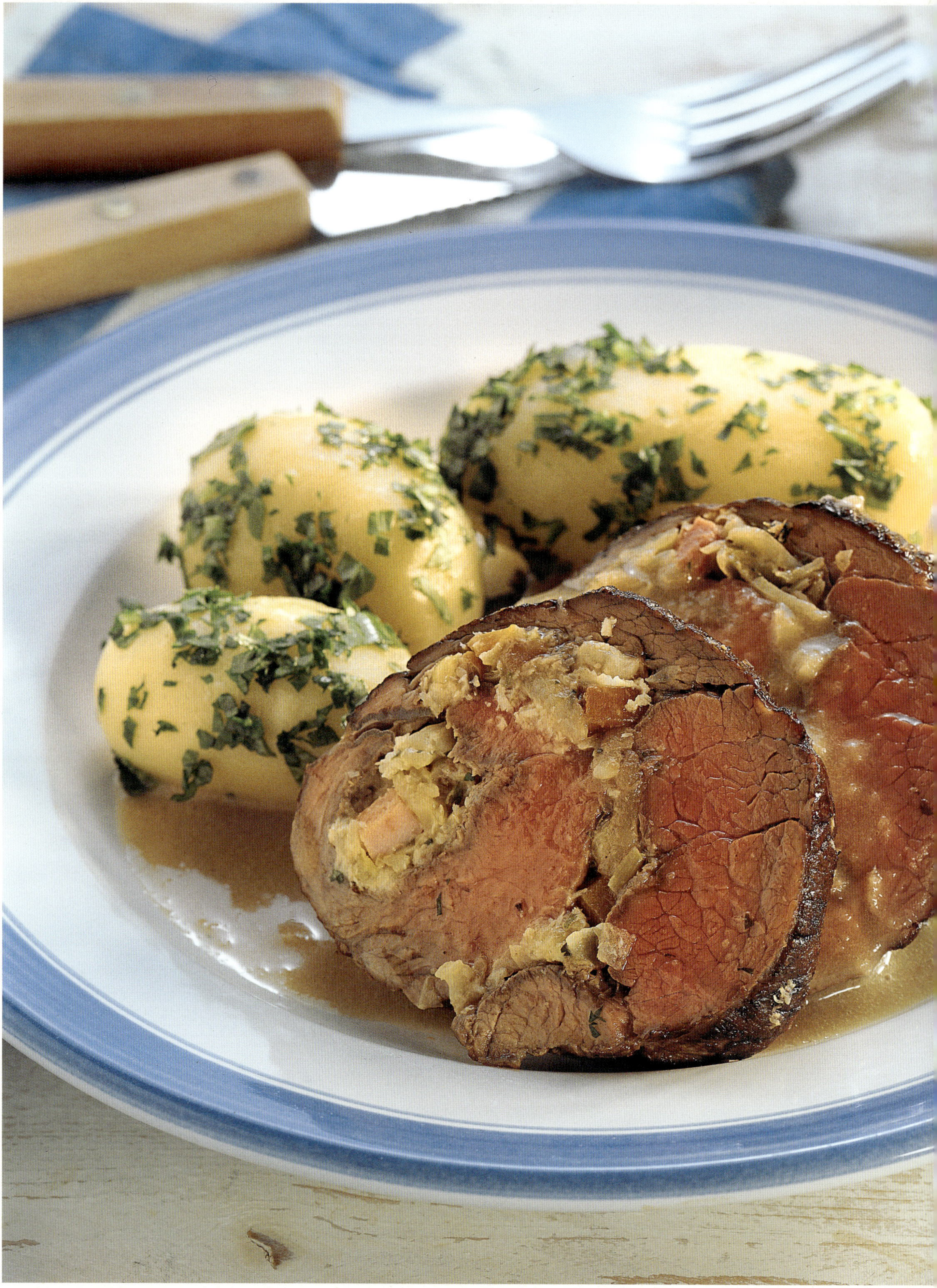

Riesenroulade in Meerrettichsoße

FÜR 4 PERSONEN / ZUBEREITUNGSZEIT 30 MINUTEN (+ SCHMORZEIT)

3 EL Öl	Salz	400 ml Kalbsfond
2 Bund Suppengrün, klein gewürfelt	frisch gemahlener Pfeffer	1 Lorbeerblatt
1 festkochende Kartoffel (150 g), geraspelt	2 TL Petersilie, gehackt	3 EL Crème légère
50 g durchwachsener Speck, fein gewürfelt	1 große Rinderroulade (600 g)	*Außerdem:* Küchengarn
½ TL Kümmel	3 EL geriebener Meerrettich	
1 TL getrockneter Majoran	2 Zwiebeln, in Würfel geschnitten	
1 TL Dijonsenf	150 ml trockener Weißwein	

1 Für die Füllung 1 EL Öl in einer Pfanne erhitzen. Suppengrün, Kartoffelraspel und Speck darin 5 Minuten anbraten. Mit Kümmel, Majoran, Senf, Salz und Pfeffer würzen, abkühlen lassen. Petersilie unterrühren.

2 Das Fleisch ausbreiten und mit 1 EL Meerrettich bestreichen; mit Salz und Pfeffer bestreuen. Die Gemüsemischung daraufstreichen und das Fleisch zu einer großen Roulade aufrollen. Mit Küchengarn umwickeln, damit die Roulade in Form bleibt.

3 In einem Bräter 2 EL Öl erhitzen. Die Roulade darin rundum scharf anbraten. Die Zwiebeln zugeben und glasig dünsten. Wein und Fond angießen; das Lorbeerblatt zugeben und die Soße mit Salz und Pfeffer würzen.

4 Die Roulade zugedeckt 1 Stunde bei schwacher Hitze schmoren. Aus der Soße nehmen und das Küchengarn entfernen. Die Roulade in Scheiben schneiden. Die Soße pürieren und mit Salz und Pfeffer abschmecken. 2 EL Meerrettich und die Crème légère unterrühren. Mit Salzkartoffeln oder Kartoffelklößen servieren. Dazu passt Blattsalat.

TIPP: Sahne, Crème fraîche oder Schmand werden Soßen und Suppen zugegeben, um sie geschmacklich abzurunden und ihnen eine angenehme Konsistenz zu verleihen. Dabei gilt: Je höher der Fettgehalt, desto weniger gerinnt das Produkt beim Erhitzen.

HAUPTGERICHTE

Schweinshaxen

FÜR 4 PERSONEN / ZUBEREITUNGSZEIT 50 MINUTEN (+ SCHMORZEIT)

- 1–2 Schweinshaxen (insgesamt etwa 1,5 kg)
- Salz
- frisch gemahlener Pfeffer
- 1 Zwiebel, in grobe Stücke geschnitten
- 2 Möhren, in grobe Stücke geschnitten
- 1 Stück Knollensellerie
- 1 Stück Lauch
- 2 Lorbeerblätter
- 1 TL Kümmel
- 1 TL schwarze Pfefferkörner
- 300 ml dunkles Bier

1 Den Ofen auf 200 °C vorheizen.

2 Die Haxen mit Salz und Pfeffer einreiben und in einen Bräter legen. Etwas kochendes Wasser angießen und die Haxen zugedeckt auf dem Herd 20–30 Minuten dämpfen, damit die Schwarte weich wird. Die Schwarte anschließend rautenförmig einschneiden, falls das nicht bereits vom Metzger gemacht wurde.

3 Zwiebel, Möhren, Knollensellerie, Lauch, Lorbeer, Kümmel und Pfefferkörner in den Bräter geben. In den Ofen stellen und das Fleisch 2½–3 Stunden offen garen, bis es sich leicht vom Knochen löst. Erst wenn keine Flüssigkeit mehr im Bräter ist, etwas Bier nachgießen. Nach der Hälfte der Garzeit die Haxen wenden. Häufig mit Bier und Bratensaft übergießen, bei Bedarf erneut Flüssigkeit zugießen.

4 Am Ende der Garzeit für eine knusprige Schwarte die Ofentemperatur auf Grillfunktion stellen (etwa 260 °C) und die Schwarte in 5–10 Minuten knusprig grillen. Die Haxen herausnehmen und warm stellen.

5 Den Bratensaft durch ein Sieb in einen Topf gießen. Den Bratensatz mit etwas Wasser loskochen und dazugeben. Die Soße etwas einkochen lassen und mit Salz und Pfeffer abschmecken.

6 Die Haxen im Ganzen servieren oder in Stücke aufteilen. Mit der Soße servieren. Dazu passen Kartoffelknödel, Sauerkraut, Rotkohl oder Gurkensalat.

TIPP: Bei den Haxen, auch Eisbein genannt, unterscheidet man die Vorder- und die Hinterhaxe. Die Hinterhaxe hat einen höheren Fleischanteil und ist qualitativ hochwertiger als die Vorderhaxe. Beide eignen sich jedoch zum Kochen, Braten oder Grillen. Die Schweinsfüße werden aufgrund ihres hohen Anteils an Knorpeln und Knochen gerne ausgekocht. Dabei bildet sich Gelatine, die für Sülze hergenommen wird.

MIT EISBEINEN AUFS EIS

Nördlich des Weißwurstäquators werden Schweinshaxen auch Eisbeine genannt (wobei die Zubereitungsart leicht unterschiedlich ist). Diese Bezeichnung stammt entweder vom althochdeutschen *isben*, was seinerseits vom lateinischen *ischia*, Hüftgelenk, abstammt, heute aber den Unterschenkel bezeichnet, oder aber von dem Wort *isläggor*, das es in skandinavischen Sprachen gibt: Es heißt buchstäblich „Eisbeine" und meint Tierknochen, die man sich seit dem Mittelalter unter die Schuhe band, um damit eislaufen zu können. Auch in Deutschland wurden solche Knochenkufen gefunden, allerdings meist nicht von Schweinen, sondern von Rindern oder Pferden.

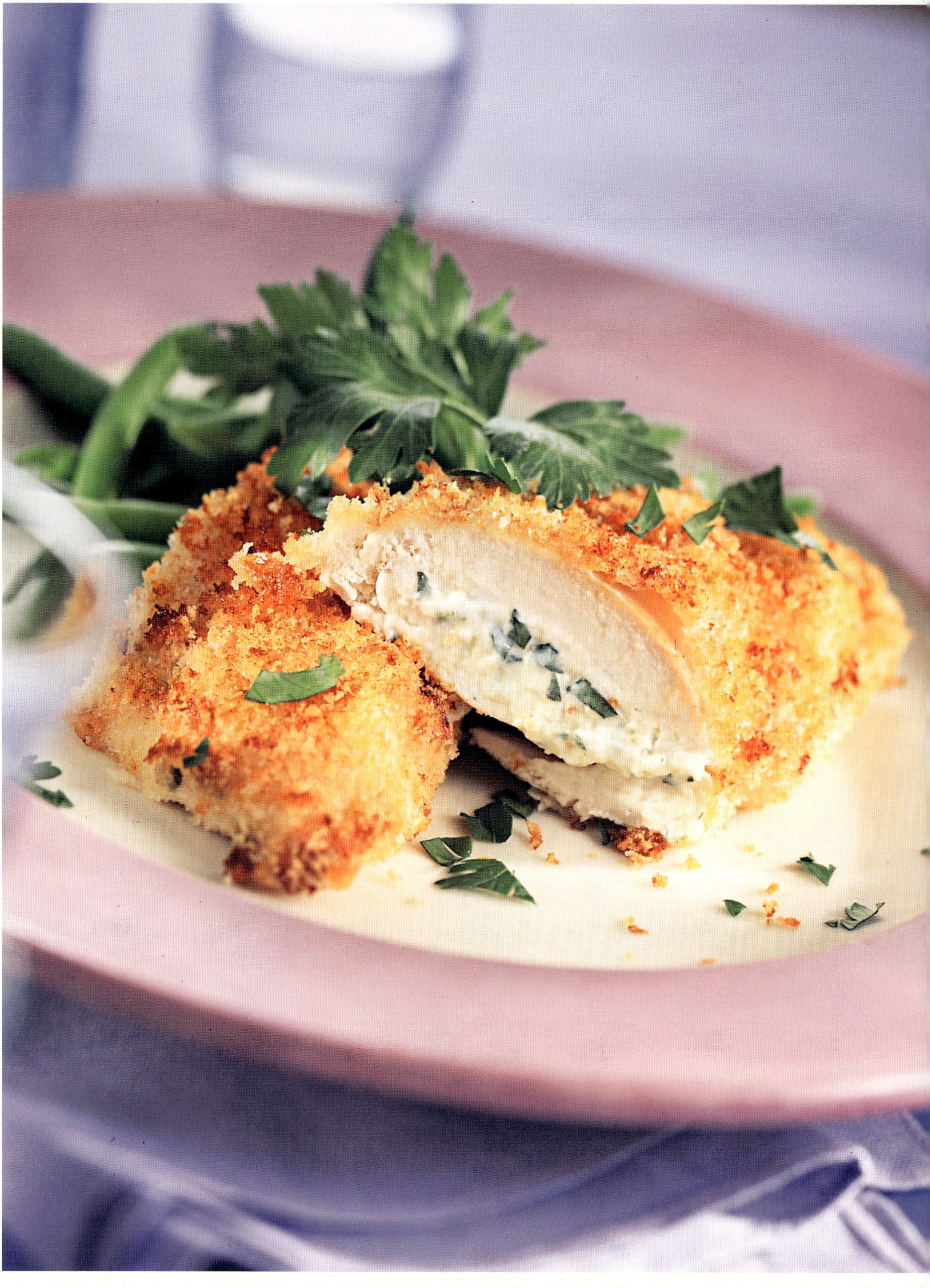

HAUPTGERICHTE

Hähnchenbrust im Knuspermantel

FÜR 4 PERSONEN / ZUBEREITUNGSZEIT 25 MINUTEN

4 Hähnchenbrustfilets (je etwa 175 g)
Für die Füllung:
100 g fettarmer Frischkäse
15 g frische Semmelbrösel
1 Eigelb
2 EL gehackter frischer Majoran

Salz
frisch gemahlener Pfeffer
Für die Panade:
1 EL Mehl
50 g feine frische Weißbrotbrösel
1 Eiweiß
1 TL Paprikapulver

Zum Garnieren:
1 EL frische gehackte glatte Petersilie
Außerdem:
Holzspießchen

1 Den Backofen auf 220 °C vorheizen. Jedes Hähnchenfilet zwischen zwei Lagen Klarsichtfolie legen und mit einer Teigrolle flach drücken. In jedes Filet in Längsrichtung eine Tasche einschneiden.

2 Für die Füllung den Frischkäse mit den Semmelbröseln, dem Eigelb und dem Majoran mischen. Mit Salz und Pfeffer abschmecken. Die Mischung mit einem Löffel in die Taschen füllen. Jedes Filet mit Holzspießchen verschließen.

3 Für die Panade das Mehl und die Semmelbrösel auf jeweils einen Teller geben. Das Eiweiß in einem tiefen Teller leicht aufschlagen.

4 Jedes Filet im Mehl wenden und überschüssiges Mehl abklopfen. Zuerst im Eiweiß, dann in den Brotbröseln wenden und diese gut andrücken. Die panierten Filets auf ein beschichtetes Backblech legen und mit etwas Paprika bestreuen. 20–25 Minuten backen, bis sie gar sind.

5 Die Holzspießchen entfernen und die Filets mit der Petersilie bestreuen. Dazu passt Sommergemüse oder ein Tomatensalat.

TIPP: Die letzte Schicht einer Panade muss nicht immer aus Weißbrotbröseln bestehen. Auch Mandelblättchen, Sesamsaat oder Cornflakes eignen sich dafür. Die Panade wird damit sogar noch knuspriger und liefert ein zusätzliches Geschmackserlebnis. Man darf allerdings nur ungesüßte Cornflakes verwenden, die man am besten in einen kleinen Plastikbeutel gibt und mit dem Nudelholz zerdrückt.

Auch die Deutschen können süßsauer

Der köstliche süßsaure Geschmack des Rheinischen Sauerbratens entsteht einerseits durch den Essig, in den das Fleisch zwei bis drei Tage eingelegt wird, und andererseits durch Rosinen, Rübenkraut und Apfelmus als Beiwerk. Das Süßsaure gelangte aber nicht etwa aus Fernost ins Rheinland, sondern, wenn man den Kölnern glauben darf, mit den alten Römern – gar mit Julius Cäsar persönlich! Dieser hatte für den Weg durchs Rheinland seinen Fleischproviant in Essig konservieren lassen. Da die Kölner, die sich das Gericht später zu eigen machten, Pferdefleisch dafür verwendeten, kam ihnen diese Methode gerade recht, denn sie machte das etwas zähe Fleisch wunderbar mürbe. Das sorgfältige Beizen des Fleisches bedeutet, dass Sauerbraten ein eher aufwändiges, ein Sonntagsgericht ist. Trotzdem kann man ihn in vielen Kölner Brauhäusern und Traditionsrestaurants bestellen – heute allerdings meist als Rinderbraten. Wie zu Cäsars Zeiten enthält die Soße immer noch Rosinen, außerdem Nelken, Wacholder und andere Gewürze, manchmal sogar Lebkuchen zum Binden. Gereicht wird der Braten häufig mit Kartoffelklößen und Apfelmus, manchmal auch mit Rotkohl. Pferdemetzger gibt es in Köln keine mehr, wohl aber ein paar wenige Restaurants, die den Sauerbraten nach alter Tradition aus Pferdefleisch zubereiten. Ein Argument dafür ist – so sagen die Enthusiasten, die extra für den Traditionsbraten anreisen –, dass Pferde, die geschlachtet werden, meist ein gutes Leben hinter sich haben, weil sie ja nicht extra für die Schlachtung gezüchtet wurden.

Sauerbraten

FÜR 4 PERSONEN / ZUBEREITUNGSZEIT 60 MINUTEN (+ 2–3 TAGE)

- 1 kg Rindfleisch (Schulter oder Keule)
- 40 g Speck
- 1½ EL Salz
- 1 EL Mehl
- 1–2 EL Butterschmalz
- 1 kleines Stück Schwarzbrot oder andere Brotrinde
- 2 EL Sauerrahm
- 1 TL Speisestärke

Für die Beize:
- 1 l Wasser, gemischt mit 125–250 ml Essig (je nach gewünschtem Säuregrad)
- 1 EL Salz
- 1 Zwiebel
- Suppengrün (je 1 Stück Lauch, Knollensellerie und Möhre, in grobe Stücke geschnitten)
- Pfefferkörner
- 1 Lorbeerblatt
- 1–2 Nelken
- 2 Zitronenscheiben

1 Das Fleisch waschen, trocken tupfen und etwas weich klopfen. Den Speck würfeln, das Fleisch mit den Speckstücken spicken: Mit dem Stiel eines Kochlöffels Vertiefungen in das Fleisch stechen und den Speck hineindrücken, bis er vollständig im Fleisch steckt. Dann das Fleisch in eine entsprechend große Schüssel legen. Mit Essigwasser begießen und die restlichen Zutaten der Beize dazugeben. Das Fleisch soll vollständig mit Flüssigkeit bedeckt sein. Dann 2–3 Tage unter täglichem Wenden an einem kühlen Ort stehen lassen.

2 Das Fleisch herausnehmen, abtrocknen, mit Salz einreiben und mit Mehl bestäuben. In einem Bräter das Schmalz erhitzen. Das Fleisch mit Zwiebel und Suppengrün aus der Beize sowie der Brotrinde rundum anbraten. Die Beize mit etwas Wasser verdünnen und damit das Fleisch ablöschen, sodass das Fleisch zur Hälfte mit Flüssigkeit bedeckt ist. Pfefferkörner, Lorbeerblatt und Nelken aus der Beize dazugeben. Den Braten zugedeckt etwa 2 Stunden garen. Bei Bedarf etwas verdünnte Beize nachgießen, es soll immer Flüssigkeit im Bräter sein.

3 Etwa 30 Minuten vor dem Anrichten den Sauerrahm unter die Soße rühren. Die Soße nach Bedarf mit in kaltem Wasser angerührter Stärke andicken. Anschließend kurz einkochen lassen.

TIPP: Das Fleisch kann statt in Essig auch in Sauer- oder Buttermilch eingelegt werden. Anstatt es zu spicken, kann man das Rindfleisch auch mit den Speckscheiben belegen.

AUS DEM BALKANRESTAURANT

Die Gemüsepaprika kam eigentlich schon mit Kolumbus nach Europa, doch in Deutschland hat sie sich erstaunlicherweise erst nach dem Zweiten Weltkrieg verbreitet. Damals gelangte sie über Ungarn in die DDR – allerdings nur im Sommer, wenn geerntet wurde. Daher erinnert sich so mancher ehemalige DDR-Bürger an mit Hackfleisch gefüllte Paprika als Sommergericht. In Westdeutschland wurden (gefüllte) Paprika vor allem durch Gastarbeiter aus Griechenland und Jugoslawien populär. In den 1970er- und -80er-Jahren schossen Balkanrestaurants nur so aus dem Boden („Internationale Küche"). Zu essen gab es dort viel Fleisch – und eben gefüllte Paprika.

Gefüllte Paprika auf Basmatireis

FÜR 2 PERSONEN / ZUBEREITUNGSZEIT 50 MINUTEN (+ BACKZEIT)

- 1 Zwiebel
- 1 EL Olivenöl, mehr für die Form
- 200 g Rinderhackfleisch
- 3 rote Paprikaschoten
- 80 g Basmatireis
- Salz
- 100 g Champignons
- 2 Zucchini
- 2 Tomaten
- frisch gemahlener Pfeffer
- ½ TL Paprikapulver
- ¼ TL Chilipulver
- 1 TL getrockneter Oregano
- 50 g Sahne
- 1 Ei
- 1 EL Sesamsamen
- 60 g Mozzarella

1 Die Zwiebel schälen, klein würfeln und im Olivenöl in einer Pfanne glasig dünsten. Das Hackfleisch dazugeben und anbraten. Eine Paprikaschote längs halbieren, entkernen, waschen und in kleine Stücke schneiden. Die restlichen Schoten quer halbieren und entkernen, dabei die Stielansätze herausschneiden. Die Paprikahälften waschen und beiseitestellen.

2 Die Paprikastücke zum Hackfleisch geben und mitbraten. Inzwischen den Reis in 160 ml Salzwasser garen. Die Champignons putzen und in Scheiben schneiden. Die Zucchini putzen und klein schneiden. Die Tomaten waschen, halbieren und in kleine Würfel schneiden.

3 Pilze, Zucchini und Tomaten zum Hackfleisch geben; etwa 100 ml Wasser hinzufügen. Alles mit Salz, Pfeffer, Paprika, Chili und Oregano würzen und etwa 20 Minuten garen, dabei immer wieder umrühren. Den Backofen auf 180 °C vorheizen.

4 Eine kleine Auflaufform fetten. Den gegarten Reis darin verteilen, die Paprikahälften daraufsetzen und die Hackfleischmischung hineinfüllen. Die übrige Füllung auf dem Reis verteilen. Sahne und Ei verquirlen; salzen und pfeffern. Die Sahnemischung über die gefüllten Paprikahälften gießen. Mit den Sesamsamen bestreuen. Den Mozzarella in Scheiben schneiden und auf den Schoten verteilen. Die gefüllten Paprika etwa 40 Minuten im heißen Ofen garen.

TIPP: Zum Füllen die Paprikaschoten quer halbieren und entkernen. Die Stielansätze entfernen.

„Wer hat's erfunden?"

Österreich und der Süden Deutschlands sind bekannt für ihre Strudel mit herzhafter oder süßer Füllung. Doch in Vorderasien, der Türkei und Nordafrika gab es den Strudel schon lange, bevor er in den Türkenkriegen im 16./17. Jahrhundert das österreichische Wien erreichte. Das Wort Strudel taucht erstmals Anfang des 18. Jahrhunderts in deutschsprachigen Kochbüchern auf und bezeichnete damals eine „schneckenartig gewundene Mehlspeise", die dem marokkanischen Schlangenkuchen ähnlich war.

Wirsingstrudel

FÜR 4 PERSONEN / ZUBEREITUNGSZEIT 30 MINUTEN (+ RUHEZEIT)

Für den Teig:
300 g Dinkelvollkornmehl
Salz
8 EL Öl
150 ml lauwarmes Wasser
Für die Füllung:
1 Kopf Wirsing (etwa 1,2 kg)
200 g mehligkochende Kartoffeln
1 Bund Petersilie
75 g gemischte Nusskerne (Haselnüsse, Walnüsse, Erdnüsse, Cashewkerne)
1 Zwiebel
1 Knoblauchzehe
150 g Emmentaler, gerieben
200 g Schlagsahne
1 TL gemahlener Koriander
Salz
frisch gemahlener Pfeffer
geriebene Muskatnuss
Cayennepfeffer
50 g Butter
Mehl (für die Arbeitsfläche)
2 EL Öl

1 Für den Teig alle Teigzutaten zuerst in einer Schüssel vermischen, dann auf der Arbeitsfläche zu einem glatten, elastischen Teig kneten.

2 Einen Topf mit heißem Wasser ausspülen. Den Teig zu einem Kloß formen, in Pergamentpapier wickeln und im Topf zugedeckt 45–60 Minuten ruhen lassen.

3 In der Zwischenzeit für die Füllung den Wirsing achteln und den Strunk herausschneiden. Die Kohlstücke waschen, abtrocknen und fein hobeln. Die Kartoffeln schälen, waschen und würfeln. Die Petersilie vorsichtig waschen. Den Wirsing, die Kartoffeln, die Petersilie und die Nüsse portionsweise im Blitzhacker oder in der Küchenmaschine fein hacken.

4 Die Zwiebel und die Knoblauchzehe schälen und hacken. Mit Käse, Sahne und der Wirsing-Kartoffel-Nuss-Mischung vermengen. Die Füllung mit Koriander, je 1 kräftigen Prise Salz, Pfeffer, Muskat und Cayennepfeffer würzen.

5 Eine flache ofenfeste Form mit der Hälfte der Butter fetten. Den Teig auswickeln, in drei Stücke schneiden, jeweils auf wenig Mehl zu einem Rechteck ausrollen und mit den Fingern vorsichtig so dünn wie möglich auszuziehen.

6 Die Teigplatten mit Öl bestreichen und die Füllung darauf verteilen. Dabei am Rand etwa 2 cm frei lassen, damit beim Aufrollen nichts herausquillt.

7 Die beiden Schmalseiten, dann die Längsseiten der Teigplatten über die Füllung falten. Die Strudel aufrollen und nebeneinander in die Form legen. Die Strudel auf mittlerer Schiene ohne Vorheizen bei 200 °C etwa 40 Minuten backen. Während des Backens die Strudel zwei- bis dreimal mit der restlichen Butter und der ausgetretenen Flüssigkeit bestreichen.

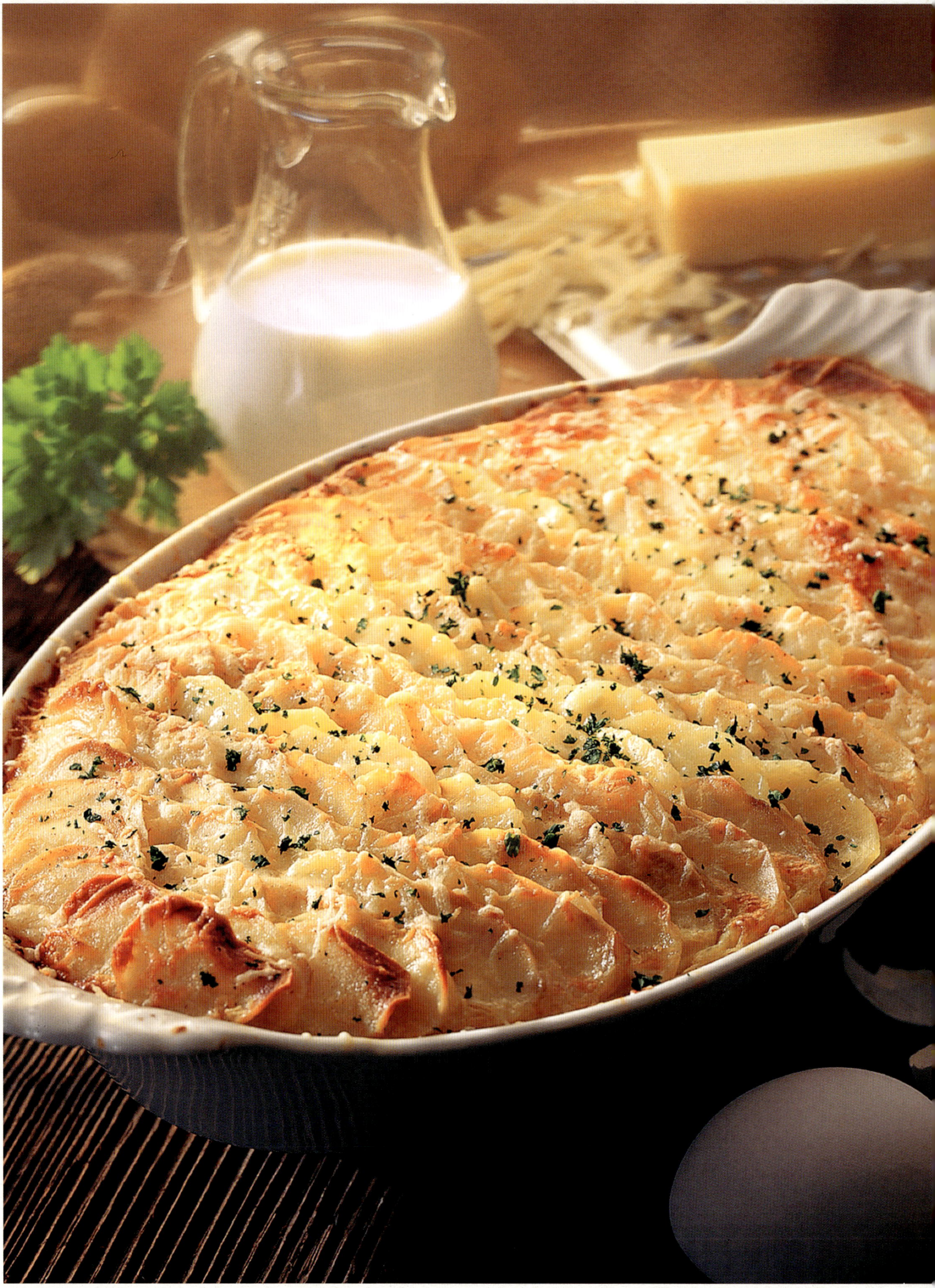

Kartoffelgratin

FÜR 4–6 PERSONEN / ZUBEREITUNGSZEIT 30 MINUTEN (+BACKZEIT)

1 kg Kartoffeln	Öl zum Einpinseln	250 ml Milch
1 Knoblauchzehe	Salz	125 g Schlagsahne
200 g Gruyère oder Emmentaler	frisch gemahlener Pfeffer	etwas geriebene Muskatnuss
	2 Eier	

1 Die Kartoffeln schälen, waschen und mithilfe der Küchenmaschine oder mit einem Hobel in dünne Scheiben schneiden. Mit Küchenpapier abtupfen. Den Knoblauch schälen und halbieren. Den Backofen auf 180 °C vorheizen. Den Käse reiben. Eine flache ofenfeste Form mit dem Knoblauch einreiben und mit Öl einpinseln.

2 Eine Schicht Kartoffelscheiben fächerförmig in die Form legen. Eine Prise Salz, Pfeffer und etwa ein Fünftel des Käses darüberstreuen. Nun abwechselnd eine Schicht Kartoffelscheiben einlegen, würzen und eine Schicht Käse darauf verteilen, bis alle Zutaten verbraucht sind. Mit Käse abschließen.

3 Eier, Milch, Sahne, etwas Salz, Pfeffer und Muskat kräftig verquirlen. Die Eiersahne über das Gratin gießen. Das Gratin im Ofen etwa 1 Stunde backen, bis die Kartoffeln weich sind. Bräunt der Käse zu schnell, mit Aluminiumfolie bedecken. Heiß servieren.

TIPP: In der Küchensprache spricht man immer dann von einem Gratin, wenn ein Gericht bei großer Oberhitze im Ofen mit Käse, Sahne, Semmelbröseln und/oder Butterflocken überbacken wird. Dabei bildet sich eine leckere, goldbraune, knusprige Kruste. Nicht nur Kartoffeln, auch Nudelgerichte, Fleisch oder Fisch können gratiniert werden.

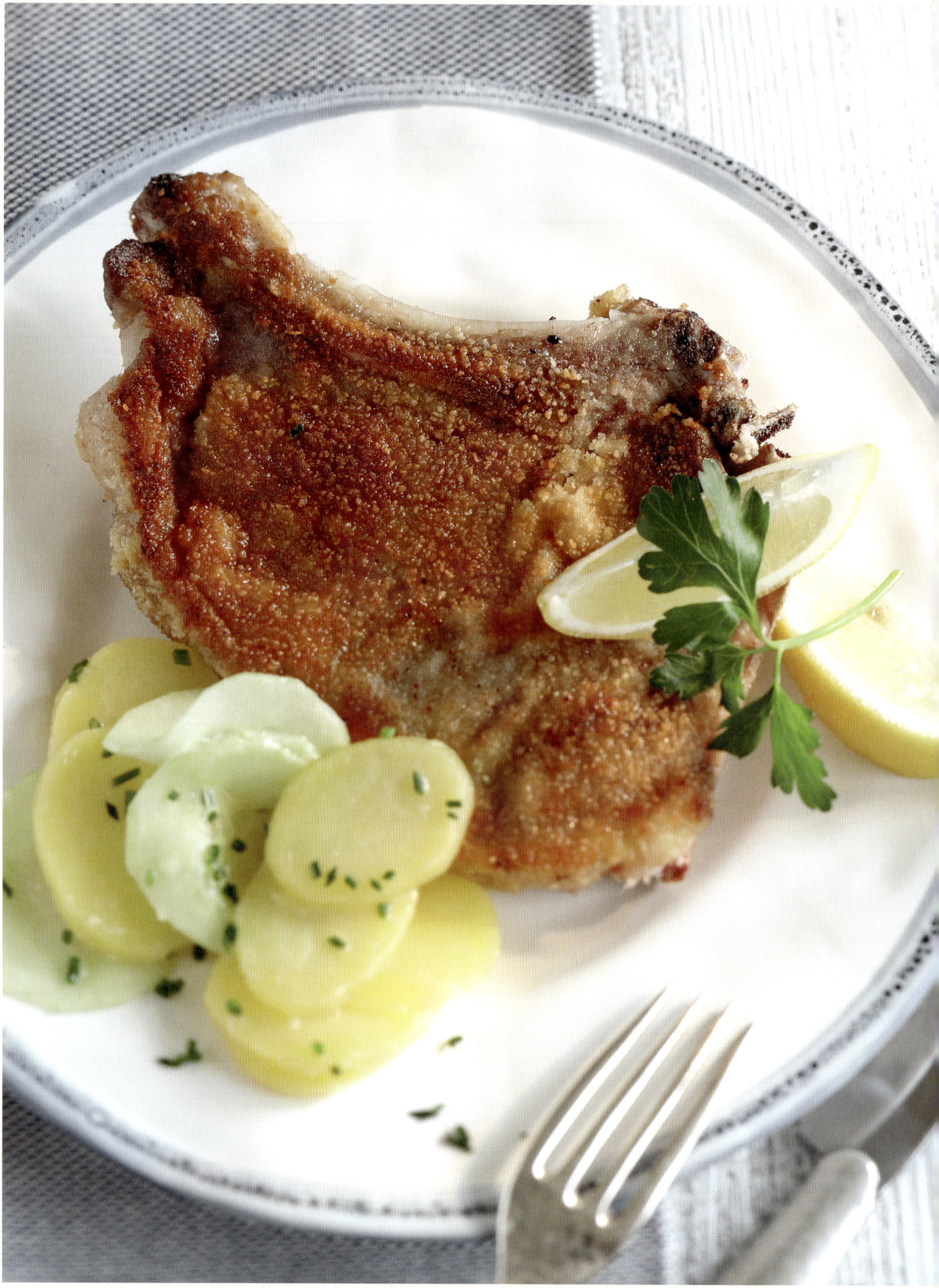

HAUPTGERICHTE

Kalbskoteletts auf Wiener Art

FÜR 4 PERSONEN / ZUBEREITUNGSZEIT 30 MINUTEN

- 4 Kalbskoteletts (je etwa 250 g)
- Salz
- frisch gemahlener Pfeffer
- 60 g Mehl
- 1 TL abgeriebene Schale von einer unbehandelten Zitrone
- 100 g Semmelbrösel
- 2 Eier
- 6 EL Butterschmalz
- 1 unbehandelte Zitrone
- Petersilie (zum Garnieren)

1 Die Koteletts trocken tupfen und flach drücken; auf beiden Seiten salzen und pfeffern.

2 Das Mehl mit der Zitronenschale auf einem Teller vermischen und die Semmelbrösel auf einem zweiten Teller bereitstellen. Die Eier in einen tiefen Teller aufschlagen und verquirlen.

3 Die Koteletts nacheinander erst im Mehl, dann in den Eiern und zum Schluss in den Semmelbröseln wenden.

4 Das Butterschmalz in zwei Pfannen erhitzen und die Koteletts darin bei mittlerer Hitze auf jeder Seite 3–5 Minuten braten. Aus der Pfanne nehmen und kurz auf eine doppelte Lage Küchenpapier geben, um sie etwas zu entfetten.

5 Inzwischen die Zitrone heiß waschen; trocken reiben und längs achteln. Die Koteletts mit Zitronenschnitzen und Petersilie garnieren.

PANIEREN GEHT ÜBER STUDIEREN

Wie schon bei anderen Gerichten in diesem Buch soll auch hier der österreichische Kaiser Franz Joseph I. beteiligt gewesen sein: Feldmarschall Radetzky (der mit dem Marsch...) soll dem Kaiser 1857 aus Italien berichtet haben; neben Militärischem ging es dabei angeblich auch um eine italienische Spezialität: ein lecker paniertes Kalbskotelett. Der Kaiser soll dann gleich das Rezept verlangt haben – das Wiener Schnitzel war geboren. Die Geschichte stimmt aber wohl nicht, und überhaupt wussten die Österreicher schon vorher sehr gut, wie man etwas schmackhaft paniert: Sie waren Meister des Backhendls.

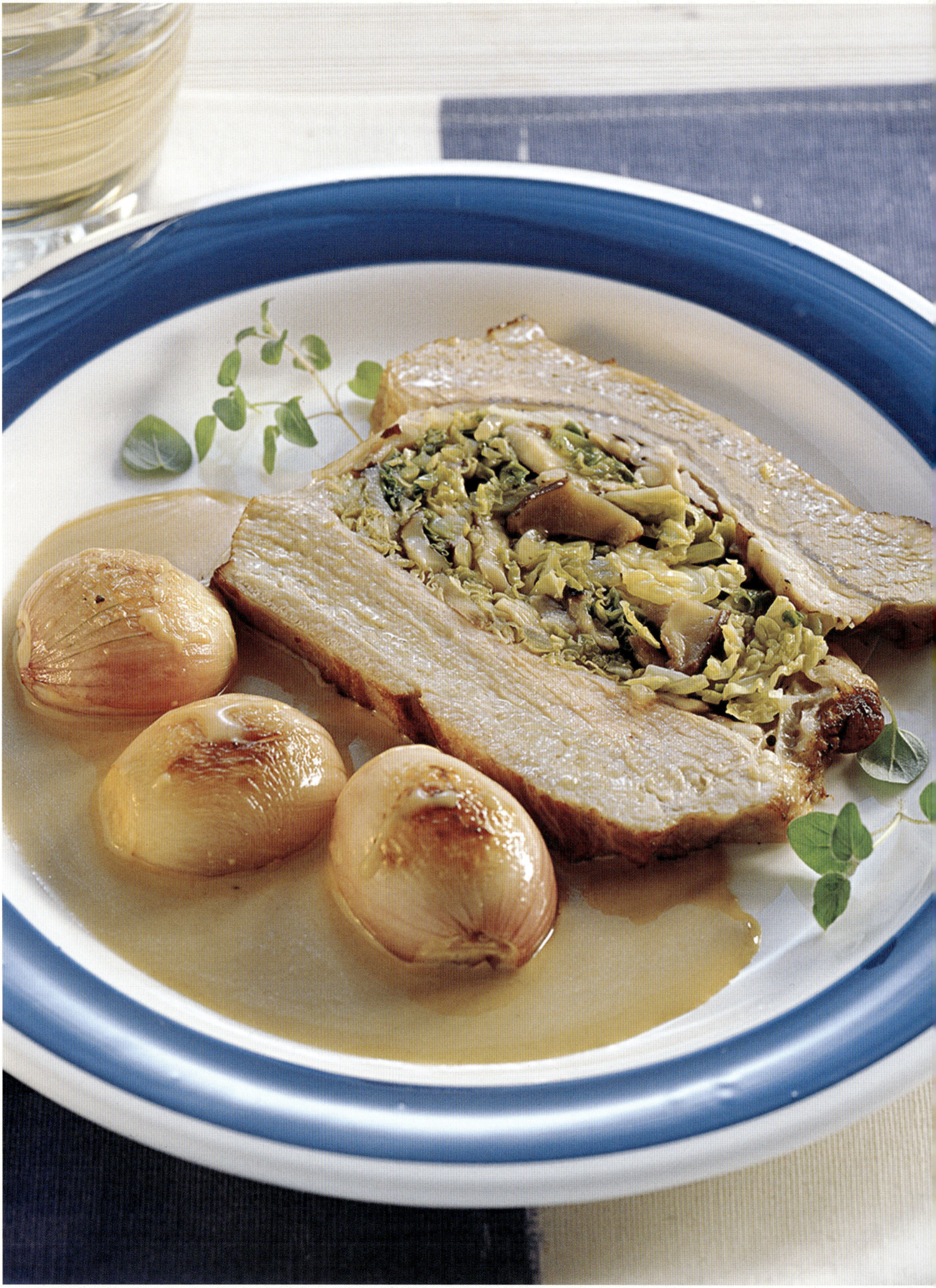

Gefüllte Kalbsbrust

FÜR 6 PERSONEN / ZUBEREITUNGSZEIT 40 MINUTEN (+ BRATZEIT)

2 EL Sonnenblumenöl	400 g zarter Wirsing, grob gehackt	Salz
20 g Butter		frisch gemahlener Pfeffer
1,3 kg Kalbsbrust (vom Metzger eine große Tasche hineinschneiden lassen)	30 g getrocknete Steinpilze, eingeweicht	1 Msp. gemahlene Muskatblüte
	1 Zwiebel, in kleine Würfel geschnitten	4 Zweige Majoran
		300 ml Kalbsfond
300 g Schalotten, geschält	100 ml Portwein	3 EL Crème fraîche

1 Das Öl und 10 g Butter in einem großen Bräter erhitzen. Die Kalbsbrust darin rundum scharf anbraten. Aus dem Bräter nehmen und beiseitestellen. Die restlichen 10 g Butter in den Bräter geben und die Schalotten darin anbraten. Herausnehmen und ebenfalls beiseitestellen.

2 Den Ofen auf 180 °C vorheizen. Den Wirsing im restlichen Fett im Bräter andünsten. Die Pilze abgießen, den Sud auffangen. Pilze und Zwiebel zum Wirsing geben und 3–4 Minuten mit anbraten. Pilzsud durch ein feines Sieb zum Wirsing gießen, den Portwein ebenfalls zugießen. Das Gemüse mit Salz, Pfeffer und Muskatblüte würzen und zugedeckt 10 Minuten bei mittlerer Hitze schmoren.

3 Die Kalbsbrust rundum mit Salz und Pfeffer würzen, anschließend mit dem Wirsinggemüse füllen und in den Bräter legen. Schalotten und Majoranzweige rundum verteilen. Den Kalbsfond angießen und die Kalbsbrust zugedeckt im heißen Ofen etwa 1½ Stunden braten.

4 Die Kalbsbrust aus dem Bräter nehmen, kurz ruhen lassen, dann in Scheiben schneiden. Die Soße mit Salz und Pfeffer herzhaft abschmecken, Crème fraîche unterrühren.
Die Soße zum Fleisch servieren. Dazu schmecken Salzkartoffeln, Kartoffelklöße oder Nudeln.

Königsberger Klopse

FÜR 4 PERSONEN / ZUBEREITUNGSZEIT 60 MINUTEN

Für die Klopse:
500 g Hackfleisch vom Kalb oder gemischtes Hackfleisch
Salz
frisch gemahlener Pfeffer
frisch geriebene Muskatnuss
Butter zum Anbraten
1 Zwiebel, gehackt
1 altbackenes Brötchen, in Wasser eingeweicht
1 Ei
1 Bund Petersilie, gehackt
3–4 Sardellenfilets, gehackt, oder 1 TL Sardellenpaste
Semmelbrösel (nach Bedarf)

Für die Kapernsoße:
60 g Butter
60 g Mehl
2 EL Kapern
3 EL Sahne
Salz
frisch gemahlener Pfeffer
Zitronensaft und Weißwein (zum Abschmecken)

1 Für die Klopse das Hackfleisch in eine Schüssel geben und mit Salz, Pfeffer sowie Muskat würzen. Etwas Butter in einer Pfanne zerlassen und die Zwiebel darin anschwitzen. Das Brötchen ausdrücken. Zwiebel, Brötchen, Ei, Petersilie und Sardellen zum Hackfleisch geben und alles zu einem Fleischteig verkneten. Ist der Teig zu feucht, etwas Semmelbrösel dazugeben. Ist er zu trocken, einige EL kaltes Wasser hinzufügen. Aus der Masse etwa 12 kleine Klopse formen.

2 Salzwasser in einem ausreichend großen Topf zum Kochen bringen und die Klopse darin etwa 10 Minuten köcheln lassen. Anschließend noch im heißen Wasser ziehen lassen.

3 In der Zwischenzeit die Kapernsoße zubereiten. Dazu 500 ml vom Sud der Klopse abmessen.

4 Für die Soße Butter in einem Topf zerlassen. Das Mehl unter ständigem Rühren einstreuen und hell anschwitzen. Nach und nach den Sud unter Rühren zugießen und alles bei mittlerer Hitze aufkochen. Anschließend bei schwacher Hitze etwa 15 Minuten köcheln lassen. Je nach gewünschter Konsistenz mehr Mehl oder Flüssigkeit zugeben.

5 Kapern und Sahne in die Soße rühren. Mit Salz, Pfeffer, Zitronensaft und Weißwein abschmecken.

6 Die Klopse in der Soße erwärmen und servieren. Dazu passen Salzkartoffeln oder Reis.

MAMSELLS AUS OSTPREUSSEN

Königsberger Klopse, die man hierzulande lange als einfaches Dosengericht kannte, stammen, wie der Name schon sagt, aus dem ostpreußischen Königsberg (heute Kaliningrad) und waren früher eher der feinen, großbürgerlichen Küche zuzurechnen. Es gibt sie mindestens seit dem 18. Jahrhundert; der Philosoph Immanuel Kant – berühmtester Sohn der Stadt – soll sie geliebt haben. Die Inspiration für das Gericht war wohl die französische Küche, die nun leicht abgewandelt wurde: Statt zu Würfeln wie beim Kalbsragout verarbeitete man das Kalbfleisch zu feinem Hack, was vor der Erfindung des Fleischwolfs um 1850 eine zeitraubende Sache war, und formte Bällchen daraus. Eine besondere Raffinesse war die Zugabe von pikanten Sardellen zum Hack: Diese stammten aus dem Mittelmeerraum und waren daher etwas Extravagantes, wie auch Wein, Kapern und Zitronen in der weißen Soße, in der die Fleischbällchen gegart werden. In der weltläufigen Hansestadt Königsberg waren die Zutaten natürlich zu bekommen, dürften aber nicht billig gewesen sein. Verbreitet wurden die Klopse durch die ostpreußischen Mamsells, die in Berlin und anderswo als Kochgehilfinnen in Haushalten oder Restaurants arbeiteten. War dort weniger Geld vorhanden, nahmen sie statt Kalbs- eben Schweine- oder Rinderhack; anstelle von Sardellen konnte man auch gewöhnlichen Hering verwenden, was in Masuren heute noch so gehandhabt wird. Königsberger Klopse sind noch heute so ziemlich das einzige Gericht hierzulande, für das Kapern benötigt werden. Die eingelegten Knospen des Kapernstrauchs schmecken pikant und passen perfekt zum zart säuerlichen Geschmack der Soße. Dabei gilt: Je kleiner sie sind, desto höher ihre Qualität.

HAUPTGERICHTE

Zanderfilet mit Senfkruste

FÜR 4 PERSONEN / ZUBEREITUNGSZEIT 30 MINUTEN

8 Petersilienstängel	frisch gemahlener Pfeffer	200 g Cocktailtomaten
60 g weiche Butter, mehr für die Form	1 Msp. abgeriebene, unbehandelte Zitronenschale	3 Frühlingszwiebeln
2½ EL körniger Senf	4 Zanderfilets ohne Haut (je 200 g)	1 getrocknete Chilischote
2 EL Semmelbrösel	1 Dose Linsen (Abtropfgewicht 530 g)	20 g kalte Butter
2 EL Zitronensaft		
Salz		

1 Die Petersilie waschen, die Blättchen abzupfen und fein hacken. Die Butter mit Senf, Semmelbröseln, der Hälfte der Petersilie und 1 TL Zitronensaft cremig rühren. Mit Salz, Pfeffer und Zitronenschale würzen.

2 Die Fischfilets salzen, pfeffern und mit ½ EL Zitronensaft beträufeln, dann auf den oberen Seiten mit der Senfcreme bestreichen. Zugedeckt etwa 10 Minuten kalt stellen, damit die Creme fest wird.

3 Inzwischen eine flache Auflaufform fetten. Den Backofen auf 250 °C vorheizen. Die Linsen in einem Sieb abtropfen lassen. Die Tomaten waschen und halbieren. Die Frühlingszwiebeln putzen, waschen und fein zerkleinern. Die Chilischote fein hacken.

4 Linsen, Tomaten, Frühlingszwiebeln, restliche Petersilie, restlichen Zitronensaft und Chilischote mischen. Die Linsenmischung in die Form füllen. Die kalte Butter klein würfeln und auf der Linsenmischung verteilen.

5 Die Zanderfilets auf die Linsenmischung legen und im heißen Ofen (Mitte) etwa 8 Minuten überbacken. Den Ofen auf Grillstufe umschalten. Das Ganze etwa 2 Minuten gratinieren, bis die Senfkruste knusprig ist.

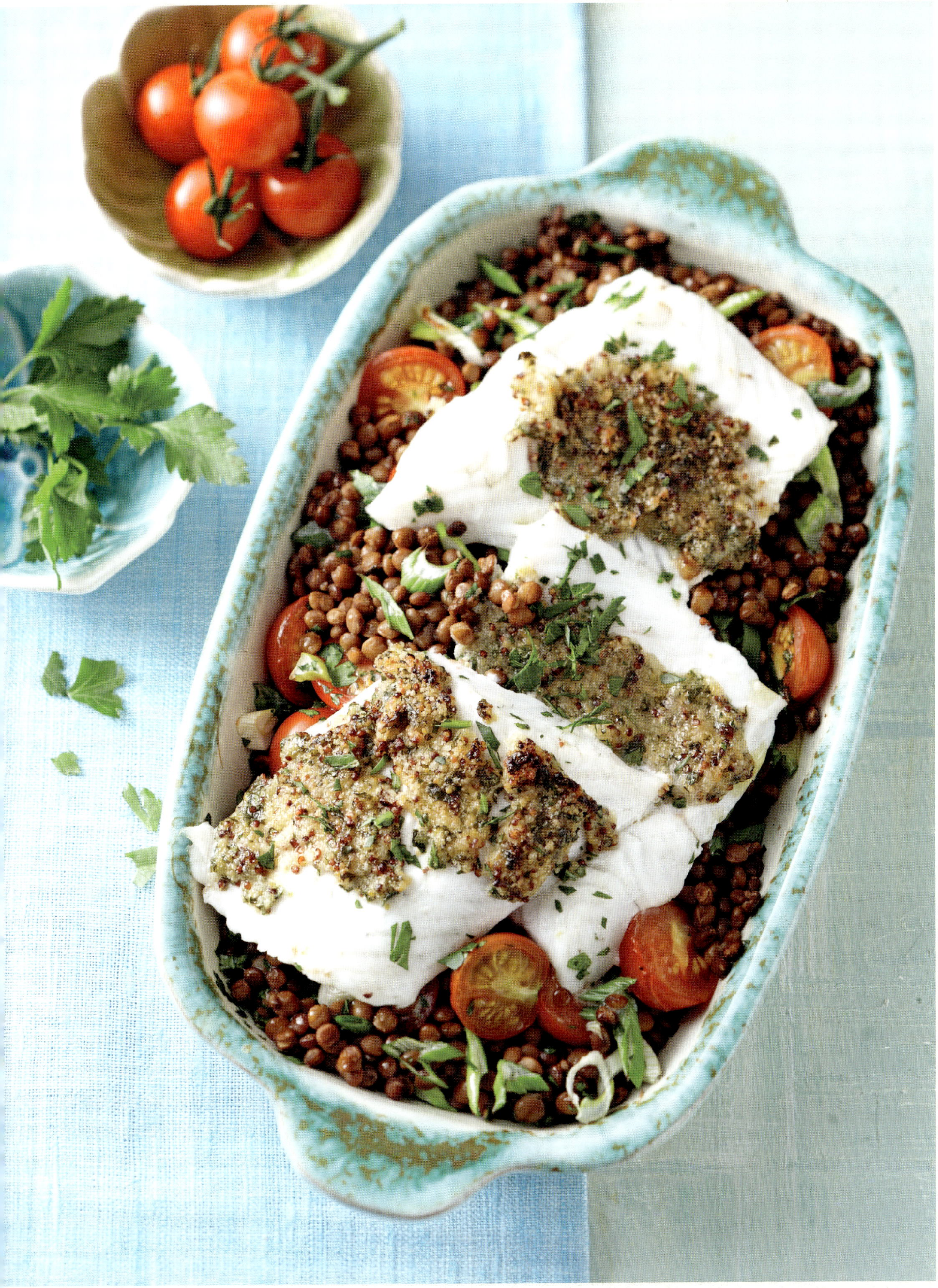

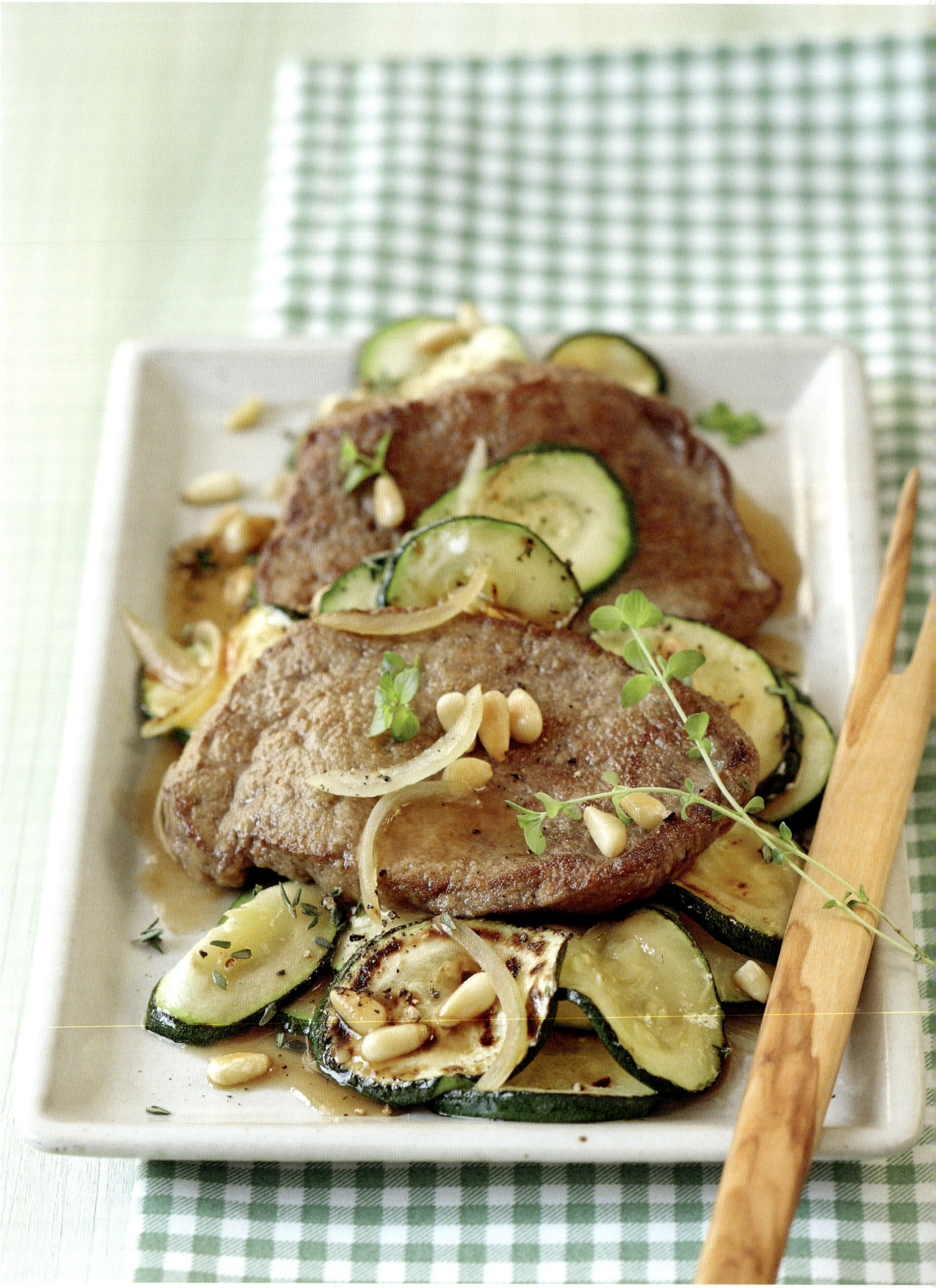

Kalbsleber mit Zucchinigemüse

FÜR 4 STÜCK / ZUBEREITUNGSZEIT 25 MINUTEN

- 2 EL Pinienkerne
- 500 g Zucchini
- 2 rote Zwiebeln
- 4 EL Olivenöl
- Salz
- frisch gemahlener Pfeffer
- 4 Scheiben Kalbsleber (je etwa 125 g)
- 3 EL Mehl
- 3 EL trockener Sherry (fino)
- 100 ml trockener Weißwein
- 200 ml Kalbsfond
- 1–2 TL dunkler Soßenbinder
- 1 Prise Zucker
- 3–4 Zweige Thymian

1 Die Pinienkerne in einer Pfanne ohne Fett goldbraun rösten; herausnehmen und abkühlen lassen. Die Zucchini von den Enden befreien und schräg in ½ cm dicke Scheiben schneiden. Die Zwiebeln schälen, halbieren und in dünne Streifen oder Halbringe schneiden.

2 In einer großen Pfanne 2 EL Öl erhitzen. Zucchini und Zwiebeln darin bei mittlerer Hitze 3 Minuten unter Wenden braten. Mit Salz und Pfeffer würzen; herausnehmen und warm stellen.

3 Inzwischen die Kalbsleber trocken tupfen, im Mehl wenden und abklopfen. Das restliche Öl (2 EL) in die Pfanne geben und erhitzen. Die Leberscheiben darin bei mittlerer Hitze auf jeder Seite 2 Minuten braten; herausnehmen, salzen und pfeffern; warm stellen.

4 Den Bratensatz mit Sherry, Wein und Fond ablöschen. Den Soßenbinder einrühren und die Soße aufkochen. Mit Salz, Pfeffer und Zucker würzen.

5 Die Thymianblätter bis auf einige Blättchen von den Zweigen zupfen, fein hacken und in die Soße geben. Die Leber mit dem Zucchinigemüse und der Soße anrichten. Das Gericht mit Thymian und Pinienkernen bestreuen und sofort servieren. Dazu passt Kartoffelpüree.

Wohlfühl- HERBST-MENÜ

In der goldenen Jahreszeit entfaltet die Natur ihre volle Pracht und inspiriert zu diesem köstlichen Menü: Den Anfang macht eine samtige Kürbiscremesuppe, gefolgt von einem zarten Rehrücken mit Pfefferkruste. Als Beilage passen etwa Rotkraut und Polenta. Zum krönenden Finale locken saftige Zwetschgenknödel.

HAUPTGERICHTE

Rehrücken mit Pfefferkruste

FÜR 4 PERSONEN / ZUBEREITUNGSZEIT 20 MINUTEN

500 g Rehrückenfilets (ausgelöster Rehrücken)
2 EL Öl
2 TL bunte Pfefferkörner
25 g Grissini
100 g weiche Butter
2 TL Dijonsenf mit Honig
Salz
250 ml Rotwein
30 g eiskalte Butter
1 Msp. gemahlener Zimt
frisch gemahlener Pfeffer

1 Den Backofengrill vorheizen. Eine ofenfeste Form mit in den Ofen stellen und vorwärmen. Die Rehrückenfilets trocken tupfen.

2 Das Öl in einer Pfanne erhitzen und das Rehfleisch darin in etwa 5 Minuten rundherum kräftig anbraten.

3 Inzwischen die Pfefferkörner im Mörser grob zerstoßen. Die Grissini in einen Gefrierbeutel geben und mit dem Fleischklopfer oder der Teigrolle fein zerbröseln.

4 Die Butter mit den Grissinibröseln, dem zerstoßenen Pfeffer sowie Senf und etwas Salz zu einer cremigen Masse rühren.

5 Die Rehrückenfilets salzen und in die vorgewärmte Form legen. Die Grissini-Butter-Masse auf dem Fleisch verteilen und glatt streichen. Im heißen Ofen (2. Schiene von oben) etwa 5 Minuten übergrillen, bis die Kruste leicht gebräunt ist.

6 Inzwischen den Bratensatz in der Pfanne mit dem Rotwein ablöschen und die Soße einmal aufkochen lassen. Die eiskalte Butter in Stückchen schneiden und darunterschlagen, um die Soße ein wenig zu binden. Die Soße mit Zimt, Salz und Pfeffer abschmecken.

Das Rezept zur wärmenden Kürbiscremesuppe finden Sie auf Seite 28 und das Rezept für die aromatischen Zwetschgenknödel auf Seite 208.

HAUPTGERICHTE

Schweinekrustenbraten mit Biersoße

FÜR 4 PERSONEN / ZUBEREITUNGSZEIT 30 MINUTEN (+ BRATZEIT)

1,2 kg Schweineschulter mit Schwarte, Schwarte tief rautenförmig eingeschnitten	frisch gemahlener Pfeffer	2 Petersilienwurzeln
	250 ml Rinderfond oder Fleischbrühe	2 rote Zwiebeln
	250 ml Malzbier	2 EL dunkler Soßenbinder
Salz	2 Möhren	

1 Den Ofen auf 200 °C vorheizen. Das Fleisch trocken tupfen. Die eingeschnittene Schwartenseite und die Unterseite des Fleisches kräftig mit Salz und Pfeffer einreiben.

2 Den Braten mit der Schwarte nach unten in einen Bräter legen. Fond oder Brühe und das Malzbier dazugießen. Den Braten im heißen Ofen (zweite Schiene von unten) 25 Minuten garen.

3 Inzwischen Möhren, Petersilienwurzeln und Zwiebeln putzen und schälen. Möhren und Petersilienwurzeln in grobe Stücke, Zwiebeln in Spalten schneiden.

4 Den Braten wenden und das Gemüse dazugeben. Die Ofentemperatur auf 180 °C senken und den Braten mit dem Gemüse noch 1½ Stunden im Ofen braten. Den Braten zwischendurch immer wieder mit Bratenfond beschöpfen.

5 Braten und Gemüse aus dem Bräter nehmen; im abgeschalteten Ofen ruhen lassen. Den Bratenfond mit 250 ml Wasser aufgießen, durch ein Sieb in einen Topf gießen und bei starker Hitze 5 Minuten einkochen lassen.

6 Die Soße mit dem Soßenbinder andicken. Mit Salz und Pfeffer abschmecken. Den Braten in Scheiben schneiden und mit der Soße anrichten. Mit Klößen und Rosenkohl servieren.

TIPP: Statt Möhren, Petersilienwurzeln und Zwiebeln kann man auch ein Bund Suppengrün nehmen.

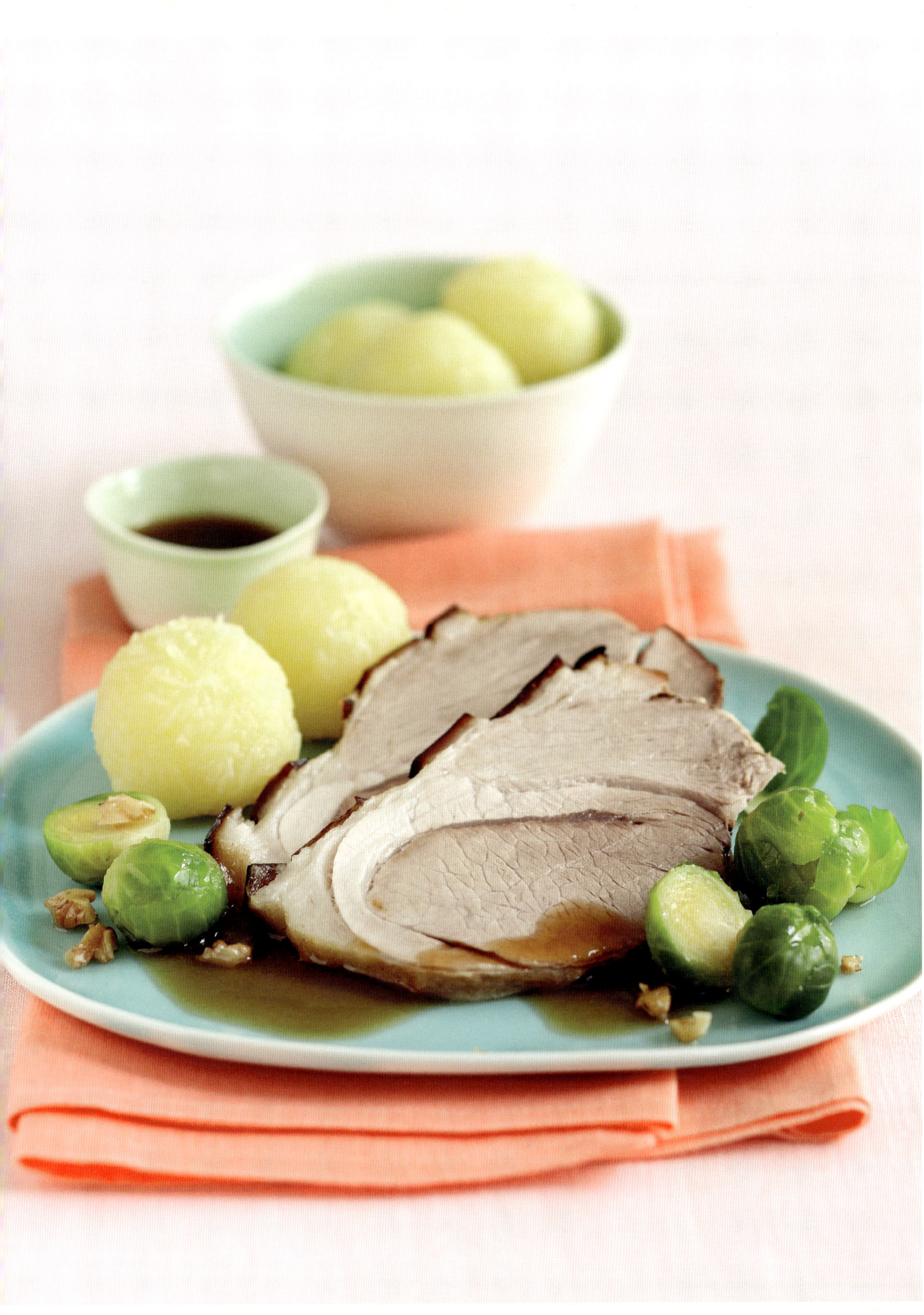

HAUPTGERICHTE

Linguine mit Tomatensoße

FÜR 4 PERSONEN / ZUBEREITUNGSZEIT 30 MINUTEN

3 Eiertomaten
40 g frisches Basilikum
4 EL glatte Petersilie
2 EL frische Minze
60 ml Olivenöl extra vergine
2 TL abgeriebene, unbehandelte Orangenschale
3 Knoblauchzehen, zerdrückt
Salz
frisch gemahlener Pfeffer
360 g Linguine
30 g Parmesan, gerieben, plus Parmesan zum Servieren.

1 Die Tomaten waschen, halbieren, von den Kernen befreien und hacken. Basilikum, Petersilie und Minze waschen und hacken. Die Kräuter mit dem Öl, der Orangenschale, dem Knoblauch, 1 TL Salz und ½ TL Pfeffer in einer Schüssel mischen. Die Tomatensoße 30 Minuten bis 2 Stunden bei Zimmertemperatur ziehen lassen, je nachdem, wie intensiv das Öl den Geschmack der Kräuter und Gewürze annehmen soll.

2 Die Pasta nach Packungsanweisung in Salzwasser kochen. Abgießen, gut abtropfen lassen und in eine große Pastaschüssel füllen. Die Soße auf die Linguine geben und beides gut miteinander vermischen. Zum Servieren mit Parmesan bestreuen. Nach Belieben geriebenen Parmesan dazu reichen.

TIPP: Tomatenschale ist schwer verdaulich. Deshalb ist es für viele Gerichte besser, die Tomaten vor dem Kochen zu häuten. Dazu den Stielansatz herausschneiden und die Tomaten unten kreuzweise einritzen. Die Tomaten 30 Sekunden in kochendes Wasser legen, herausheben und in eiskaltem Wasser abschrecken. Danach lässt sich die Haut mit einem kleinen spitzen Messer ganz leicht abziehen.

„Spaghetti? Neumodischer Kram!"

Nudeln gab es zwar vorher schon in Deutschland, aber die italienische Pasta, wie wir sie heute kennen und lieben, verbreitete sich erst mit der Ankunft der ersten italienischen Gastarbeiter ab 1955. Unsere Eltern oder Großeltern waren angesichts der neuen Kulinarik noch skeptisch – beim Espresso fragten sie: „Warum ist denn die Tasse so klein?"; in der exotisch anmutenden Pizzeria bestellten sie vorsichtshalber ein Schnitzel. Doch dann begriff Oma, wie praktisch Spaghetti sind, wenn man dem Enkel mal schnell etwas kochen will, und war restlos überzeugt.

KOHLROULADEN:
URDEUTSCH ODER DOCH ORIENTALISCH?

Bei Kohlrouladen, in Süddeutschland auch Krautwickel genannt, denken wir sofort an unsere Großmütter, an die traditionelle deutsche Küche. Tatsächlich gibt es Kohlrouladen aber in vielen europäischen Ländern, von Schweden über Frankreich bis Rumänien – natürlich in unterschiedlichen Varianten. Streng genommen kann man sogar die *sarma* oder *dolma* genannten gefüllten Weinblätter der Balkan- und türkischen Küche dazurechnen. Sie alle haben nämlich einen gemeinsamen Ursprung, der weit zurückreicht: bis ins frühmittelalterliche Byzantinische Reich! Dort hatte man erstmals die Idee, Hackfleisch oder andere Füllungen in Gemüseblätter einzuwickeln und dann, zu hübschen Päckchen verschnürt, zu braten oder in schmackhafter Brühe zu schmoren. Viele der noch heute gebräuchlichen Kohlsorten wurden zunächst im Mittelmeerraum angebaut, waren aber auch rasch im nördlicheren Europa beliebt, weil sie einfach in jedem Klima wachsen – und das auch noch im Winter, wenn solch vitaminreiche Gemüse nicht gerade häufig sind. Seit dem Mittelalter kennt man hierzulande Kohlrouladen, die mit Weißkohlblättern zubereitet werden; ab dem 18. Jahrhundert wurde in Deutschland dann auch Wirsing kultiviert, heute die beliebteste Kohlsorte, wenn es um Kohlrouladen geht.

Obwohl man immer denkt, dass viele Menschen keinen Kohl mögen, antworteten vor einigen Jahren erstaunlich viele Deutsche mittleren Alters auf die Frage, welches Lieblingsessen sie am meisten mit ihren Großmüttern verbinden würden: „Kohlrouladen".

HAUPTGERICHTE

Kohlrouladen

FÜR 4 PERSONEN / ZUBEREITUNGSZEIT 40 MINUTEN (+ BACKZEIT)

1 Brötchen	frisch geriebene Muskatnuss	3 EL Schweineschmalz
1 kleine Zwiebel	1 Ei	4 Scheiben geräucherter magerer Speck
400 g Rinderhackfleisch	1 Kopf Weißkohl	1 EL Mehl
350 g Schweinehackfleisch	Kümmel	*Außerdem:*
Salz	200 g Wurzelwerk	Küchengarn
frisch gemahlener Pfeffer		

1 Für die Füllung das Brötchen in lauwarmem Wasser 20 Minuten einweichen, dann ausdrücken. Inzwischen die Zwiebel abziehen und fein hacken. Das ganze Hackfleisch sowie Brötchen, Zwiebel, Salz, Pfeffer, Muskat und Ei gut vermischen.

2 Den Kohl vom Strunk befreien. Die großen Blätter ablösen. Salzwasser aufkochen und die Blätter darin ziehen lassen, dann mit Wasser abspülen und abtropfen lassen.

3 Die Blätter und die Füllung in 4 Portionen aufteilen. Die Blätter pro Portion überlappend auslegen und mit Salz, Pfeffer und Kümmel bestreuen. Die Füllung darauf legen. Die Blätter zusammenrollen und mit Küchengarn zubinden.

4 Das Wurzelwerk waschen und klein schneiden. Das Schmalz in einem Topf erhitzen und das Wurzelwerk darin anbraten. Die Kohlrouladen dazugeben, den Speck darauf legen. Im Backofen 45 Minuten backen, dann herausnehmen. Das Mehl mit Wasser verrühren und den Bratensatz damit ablöschen. Die Soße zu den Rouladen reichen.

TIPP: Der beim Kochen entstehende Kohlgeruch ist nicht jedermanns Sache. Wenn man dem Kochwasser ein Stück Brot zugibt, wird der Geruch deutlich gemildert.

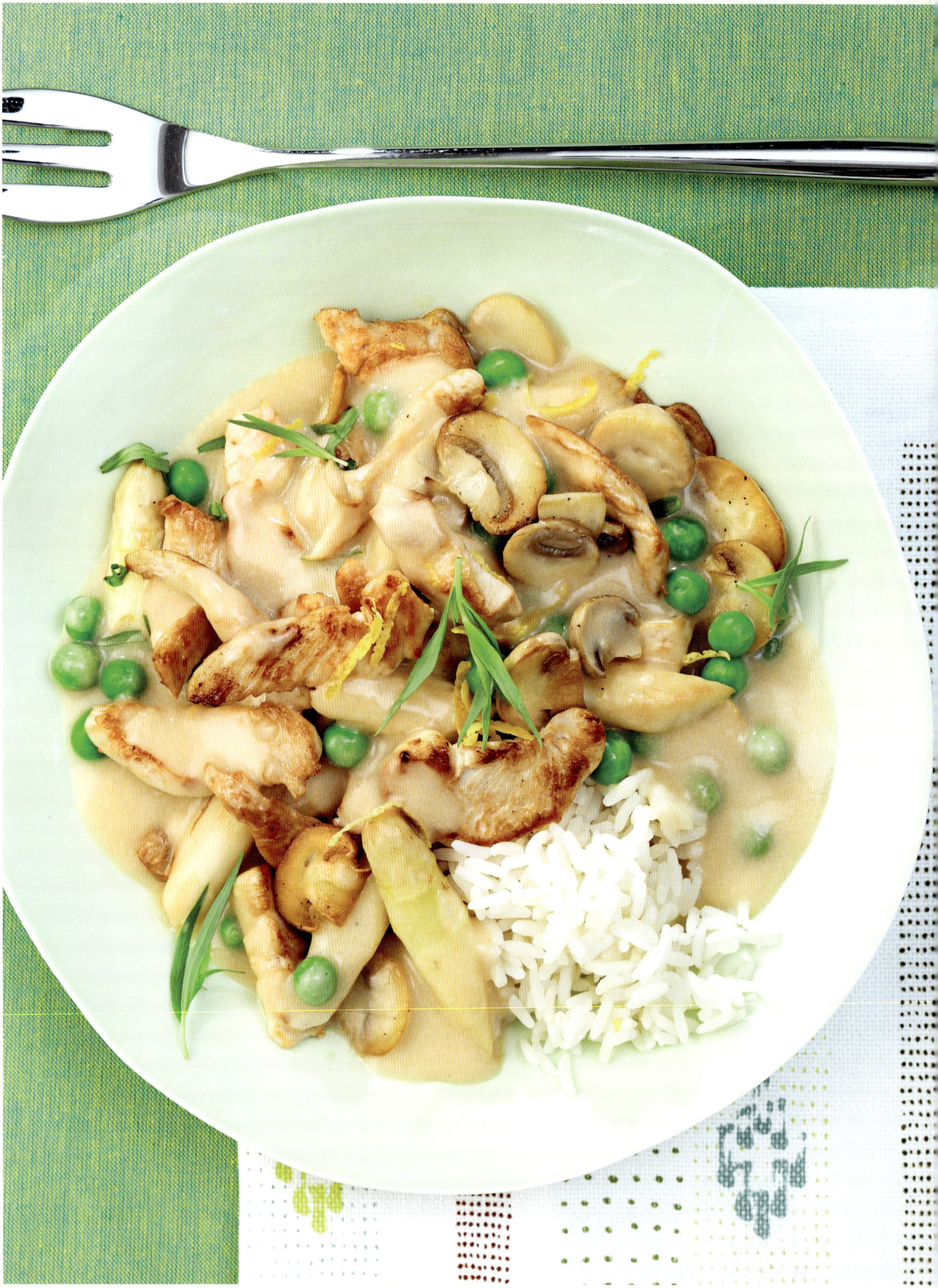

HAUPTGERICHTE

Hühnerfrikassee

FÜR 4 PERSONEN / ZUBEREITUNGSZEIT 20 MINUTEN

- 300 g Hähnchenbrustfilets
- 300 g Champignons
- 300 g weißer Spargel
- 1 EL Butter
- 150 g TK-Erbsen
- 1 EL Mehl
- 100 ml Geflügelbrühe oder -fond
- 100 ml trockener Weißwein
- 150 g Sahne
- Salz
- frisch gemahlener Pfeffer
- abgeriebene Schale von ½ unbehandelten Zitrone
- 2 Stängel Estragon

1 Die Hähnchenbrustfilets trocken tupfen und quer in feine Streifen schneiden.

2 Die Champignons putzen und in dünne Scheiben schneiden. Den Spargel schälen, von den holzigen Enden befreien und in 3–4 cm lange Stücke schneiden.

3 Die Butter in einer Pfanne erhitzen und die Hähnchenstreifen darin bei starker Hitze etwa 1 Minute anbraten. Pilze, Spargelstücke und gefrorene Erbsen dazugeben; etwa 3 Minuten mitbraten, bis alle Flüssigkeit verdampft ist.

4 Das Mehl auf Hähnchenstreifen und Gemüse streuen und kurz anschwitzen. Brühe oder Fond sowie den Wein und die Sahne unter Rühren dazugießen; aufkochen lassen. Das Frikassee mit Salz, Pfeffer und Zitronenschale würzen und offen bei mittlerer Hitze etwa 4 Minuten köcheln lassen.

5 Inzwischen den Estragon waschen und trocken schütteln. Die Blätter abzupfen und grob hacken. Das Frikassee nochmals abschmecken. Mit dem Estragon bestreuen und mit Reis servieren.

TIPP: Außerhalb der Spargelzeit kann der Spargel durch abgetropfte Spargelstücke aus Glas oder Dose ersetzt werden. Diese am Ende von Schritt 4 unter das Frikassee mischen.

SZEGED ODER SZÉKELY?

Mit der Stadt Szeged hat dieses Gulasch gar nichts zu tun: Szeged liegt zwar in Ungarn, wo Gulaschgerichte bekanntlich herkommen (*gulyas* = Kuhhirte). Dass es vielerorts „Szegediner Gulasch" heißt, ist aber wohl auf ein Missverständnis zurückzuführen, dem einst ein Wirt in Wien aufsaß: Er bezeichnete ein Gericht als „Szegediner Gulasch", das in Ungarn „Székely-Gulasch" hieß – wirklich leicht zu verwechseln. „Székely" heißt zum einen eine ungarische Volksgruppe, zum anderen der Dichter Jószef Székely (1825–1895). Ob das Gulasch nach dem Volk oder nach dem Dichter benannt wurde, lässt sich nicht sagen. Aber in Deutschland wird es sowieso immer „Szegediner Gulasch" heißen …

Szegediner Gulasch

FÜR 4 PERSONEN / ZUBEREITUNGSZEIT 15 MINUTEN (+ SCHMORZEIT)

- 20 g Butterschmalz
- 2 Zwiebeln, in Würfel geschnitten
- 1 kg Sauerkraut, abgespült
- 750 g mageres Gulasch vom Schwein
- Salz
- schwarzer Pfeffer
- 2 EL Mehl
- 3 EL edelsüßes Paprikapulver, mehr zum Bestreuen
- ¼ TL rosenscharfes Paprikapulver
- 1 TL Kümmelsamen
- 800 g Kartoffeln, gekocht
- 4 TL saure Sahne
- 1 EL gehackte Petersilie

1 In einem großen Topf 10 g Butterschmalz erhitzen. Die Zwiebelwürfel darin glasig werden lassen. Das Sauerkraut zufügen und unter Rühren 5 Minuten mitdünsten. 100 ml Wasser angießen und das Sauerkraut zugedeckt etwa 10 Minuten köcheln lassen, dabei gelegentlich umrühren.

2 Die Fleischwürfel rundum mit Salz und Pfeffer würzen. Das restliche Butterschmalz (10 g) in einer Pfanne erhitzen, das Fleisch darin rundum scharf anbraten. Mehl, Paprikapulver und Kümmel darüberstreuen und alles gut verrühren.

3 Das Fleisch zum Sauerkraut geben und untermischen. Das Gulasch zugedeckt 1 Stunde schmoren lassen, falls nötig, etwas Wasser zufügen.

4 Das Gulasch mit den Kartoffeln auf vorgewärmten Tellern anrichten. Je 1 TL saure Sahne daraufgeben, mit Petersilie und etwas edelsüßem Paprikapulver bestreuen. Sofort servieren.

TIPP: Wandeln Sie das Gericht in einen Sauerkraut-Lachs-Topf um. Dafür das Kraut 20 Minuten köcheln; mit Kümmel und Paprikapulver würzen. Inzwischen 500 g Lachsfilet in Würfel schneiden, die Würfel salzen, pfeffern und auf das Kraut legen. Zugedeckt in etwa 5 Minuten gar ziehen lassen. Nach Belieben können Sie noch eine in Streifen geschnittene rote Paprikaschote zum Sauerkraut geben und mitköcheln lassen.

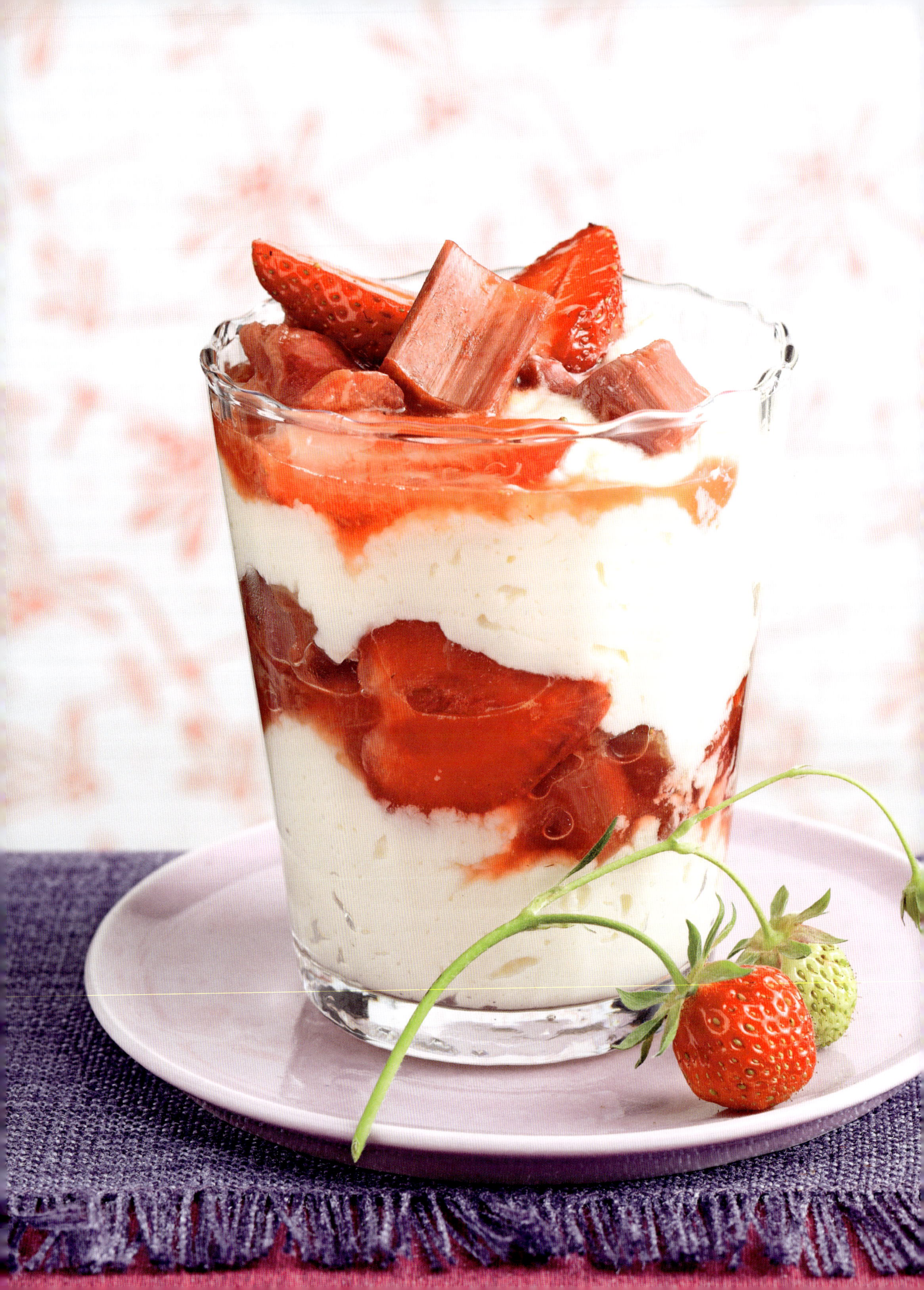

Süßspeisen

In der Erinnerung waren die Omas für Süßspeisen immer zu haben! Die gab es auch manchmal als Hauptgericht: Kaiserschmarrn, Milchreis, Ofenschlupfer ... Sogar aus Brotresten hat Oma noch köstliche Arme Ritter gezaubert, und ihre Rote Grütze war einfach die beste. Da nehmen wir gerne einen Nachschlag!

SÜSSSPEISEN

Heiße Klößchen in Beerensoße

FÜR 4 PERSONEN / ZUBEREITUNGSZEIT 40 MINUTEN

1 kg gemischte weiche Beeren, z. B. Erdbeeren, Brombeeren, Heidelbeeren, Himbeeren oder Stachelbeeren, frisch oder aufgetaute TK-Ware
1 EL Zucker

Für die Klößchen:
250 g Weißmehl
3 TL Backpulver
1 Prise Salz
1 EL Zucker
25 g Butter
1 Ei, leicht verquirlt

75 ml fettarme Milch
Zum Servieren:
4 EL Joghurteis oder Naturjoghurt

1 Die Beeren verlesen, falls nötig vorsichtig waschen und noch feucht in eine große, tiefe Pfanne oder einen großen Topf geben, den Zucker zufügen und umrühren. Mit Deckel bei milder Hitze 15 Minuten köcheln lassen, bis das Obst zusammengefallen und zu einer dicken Soße verkocht ist; dabei häufig umrühren oder den Topf rütteln, damit nichts anhängt.

2 In der Zwischenzeit das Mehl und das Backpulver für die Klößchen in eine Rührschüssel geben und Salz und Zucker untermischen. Die Butter in Würfel schneiden, zufügen und alles zu einer krümeligen Masse verarbeiten, dann rasch Ei und Milch zufügen und zu einem Teig verrühren. Den Teig halbieren und aus jeder Hälfte mit den Händen acht walnussgroße Klößchen formen.

3 Sobald die Beeren zu einer dicken Soße verkocht sind, die Klößchen in möglichst großem Abstand voneinander in den Topf legen. Den Deckel auflegen und das Ganze 8 Minuten köcheln lassen, dann die Klößchen wenden und nochmals 8 Minuten mit Deckel köcheln lassen.

4 Pro Person vier Klößchen mit etwas Soße und je 1 EL Eis oder Naturjoghurt servieren.

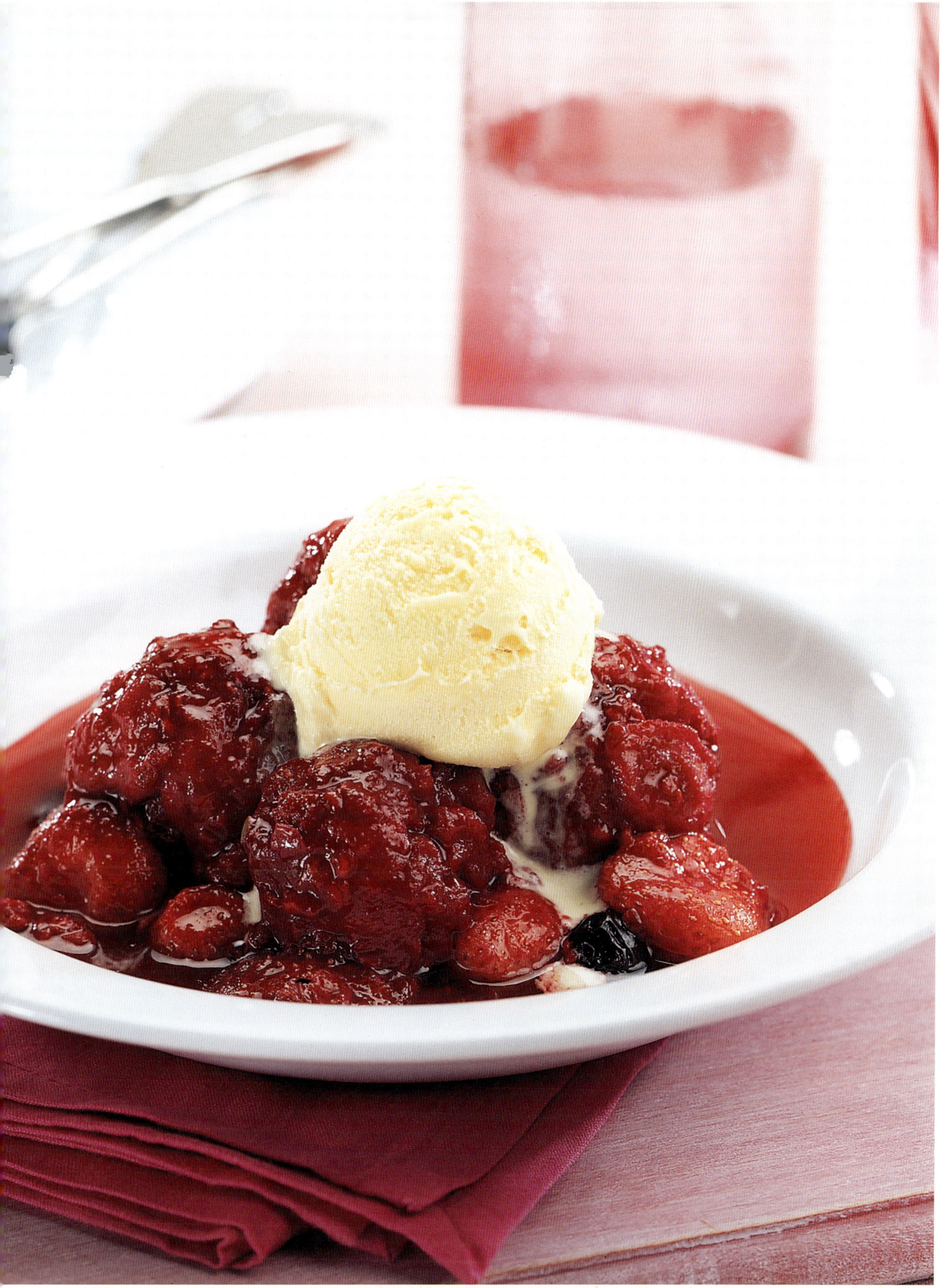

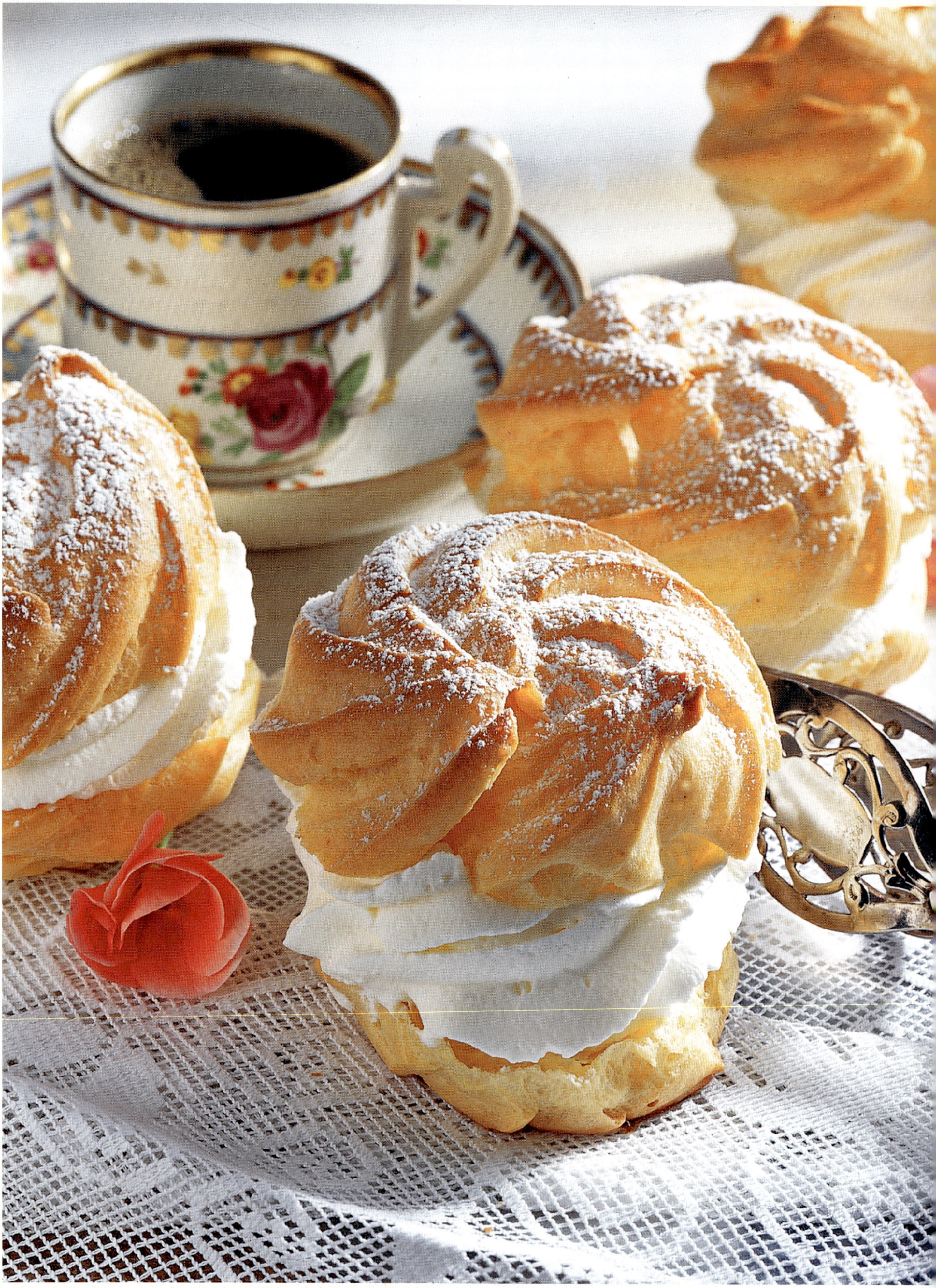

SÜSSSPEISEN

Windbeutel mit Sahne

FÜR 12–16 STÜCK / ZUBEREITUNGSZEIT 30 MINUTEN (+ BACKZEIT)

½ unbehandelte Zitrone	4 große Eier	1 Eigelb
250 ml Wasser oder Milch	1 Msp. Bourbonvanille	250 g Schlagsahne
Salz, 75 g Butter	1 Msp. Backpulver	2 TL Vanillezucker
125 g Mehl	1 Prise Zucker	Puderzucker

1 Die Zitrone waschen, abtrocknen und die Schale fein abreiben. Aus Wasser, Salz, Butter, Mehl und Eiern einen Brandteig zubereiten. Zum Schluss Bourbonvanille, Backpulver, Zitronenschale und Zucker zugeben.

2 Ein Backblech befeuchten und mit Backpapier auslegen. Den Teig in einen Spritzbeutel mit großer Sterntülle einfüllen und tischtennisballgroße Häufchen auf das Blech spritzen.

3 Das Eigelb mit wenig Schlagsahne verrühren und die Windbeutel damit einpinseln. Etwa 40 Minuten backen, bis sie goldbraun sind. Die Windbeutel erkalten lassen, dann in der Mitte waagrecht durchschneiden.

4 Die Schlagsahne steif schlagen, dabei den Vanillezucker dazugeben. Die Sahne in die aufgeschnittenen Windbeutel füllen, diese zusammensetzen und mit Puderzucker bestreuen.

DIE WINDBEUTELGRÄFIN VON RUHPOLDING

Windbeutel sind ein klassisches Gebäck, das es in den verschiedensten Größen von der Eifel bis nach Frankreich gibt. Allen gemeinsam ist, dass sie aus Brandteig bestehen und mit viel Sahne gefüllt sind. So einen Brandteig, bei dem man die Backzutaten im heißen Topf verrührt („abbrennt"), hatten auch viele unserer Großmütter im Repertoire. Oft durfte man staunend an der Ofentür beobachten, wie die auf das Blech gespritzten Teigfladen im heißen Ofen im Nu zu fluffigen Teigbällen aufgingen. So machte es auch 1949 eine gewisse Frau von Somnitz, die ein Café im bayerischen Ruhpolding übernommen hatte. Sie gab jedoch viel zu große Teigfladen auf ihr Backblech, was zu riesengroßen Windbeuteln führte. Die Riesenwindbeutel der „Windbeutelgräfin" wurden allmählich zur Institution, die Gäste aus nah und fern anlockte. 1983 folgte ein weiterer Coup: Zum 100. Todestag von Richard Wagner erfand das Café den „Lohengrin"-Windbeutel, der mit einem dekorativen Schwanenhals aus Pappe dekoriert ist. Die 13 cm hohen Lohengrin-Ungetüme gibt es mit frischen Früchten, Eis und Likör, aber auch mit Räucherlachs. Sie sind durchnummeriert, weshalb man heute berichten kann, dass Schauspieler Klausjürgen Wussow einst das zweimillionste Exemplar vertilgt hat. Nach Hause mitnehmen lohnt sich nicht, weil so ein Windbeutel schnell pappig schmeckt.

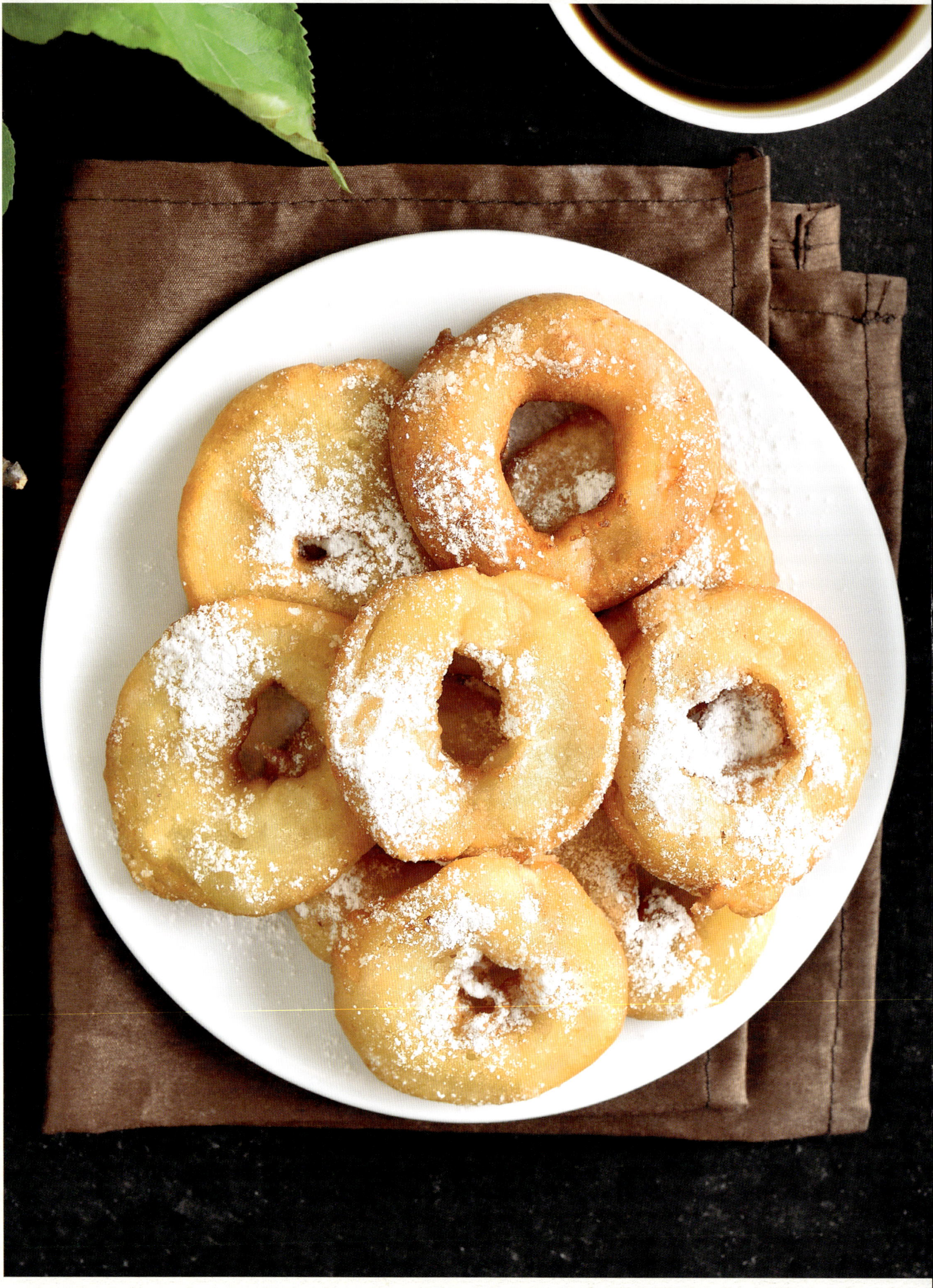

Apfelringe mit Zimt

FÜR 2 PERSONEN / ZUBEREITUNGSZEIT 25 MINUTEN

Maisöl (zum Frittieren)
1 kleines Ei
Salz
6 EL Mineralwasser mit Kohlensäure
4 EL Mehl
1 TL gemahlener Zimt
2 EL Zucker
2 große, knackige Tafeläpfel (z. B. Cox Orange)
Puderzucker

1 Einen großen, tiefen Topf oder eine Fritteuse mit Öl halb füllen und erhitzen. Das Ei in eine Schüssel schlagen. Eine Prise Salz zugeben und das Ei schaumig rühren. Erst das Mineralwasser, dann das Mehl unterschlagen. Der Teig braucht nicht glatt zu sein.

2 Zimt und Zucker auf einer kleinen Untertasse mischen und beiseitestellen. Die Äpfel schälen, mit einem Kernausstecher entkernen und in 5 mm dicke Ringe schneiden.

3 Ein paar Tropfen Teig ins Öl geben; wenn die Tropfen sofort zischen, ist es heiß genug. Mit einer Gabel die Apfelringe in den Teig tauchen und portionsweise 1–2 Minuten im heißen Öl backen, bis sie goldbraun sind und der Teig Blasen bildet. Jeweils nach der Hälfte der Frittierzeit die Ringe mit einem Schaumlöffel wenden.

4 Die Apfelringe auf Küchenpapier kurz abtropfen lassen und in dem Zimtzucker wenden. Mit Puderzucker bestäuben und sofort servieren.

SÜSSSPEISEN

Dunkle Schokoladencreme mit Schoko-Sahnehaube

FÜR 6 PERSONEN / ZUBEREITUNGSZEIT 10 MINUTEN (+20 MIN. KÜHLZEIT)

200 g Bitterschokolade (70 % Kakaoanteil)	500 g Vanillepudding (aus dem Kühlregal)	30 g weiße Schokolade, fein gerieben
1 EL Weinbrand	125 g Sahne	

1 Sechs Glasschälchen oder Gläser im Tiefkühlgerät kühlen. Die Schokolade in Stückchen brechen und in eine Metallschüssel geben. Die Schüssel auf einen Topf mit köchelndem Wasser setzen und die Bitterschokolade unter Rühren in etwa 3 Minuten schmelzen lassen. Die Schüssel vom Herd nehmen und die flüssige Schokolade glatt rühren; den Weinbrand unterrühren.

2 Den Pudding mit einem Schneebesen nach und nach unter die Schokolade rühren – diese wird dabei wieder fest und glänzend.

3 Die Mischung mit einem Löffel in die gekühlten Gefäße füllen. Für etwa 20 Minuten ins Tiefkühlgerät stellen, bis die Creme fest ist.

4 Die Sahne in eine Schüssel geben und steif schlagen. Die weiße Schokolade unterziehen und die Mischung bis zur Verwendung kalt stellen. Die dunkle Schokoladencreme mit der weißen Creme garnieren und sofort servieren.

TIPP: Statt mit der Sahnemischung können Sie die Schokoladencreme mit je einem Tupfen Mascarpone garnieren (mit oder ohne weiße Schokolade).
Anstelle von 200 g nur 150 g Schokolade schmelzen lassen. Den Weinbrand weglassen und stattdessen die abgeriebene Schale von 1 unbehandelten Orange und 2 EL Orangensaft unter die geschmolzene Schokolade mischen. Diese Creme ist leichter und weicher.

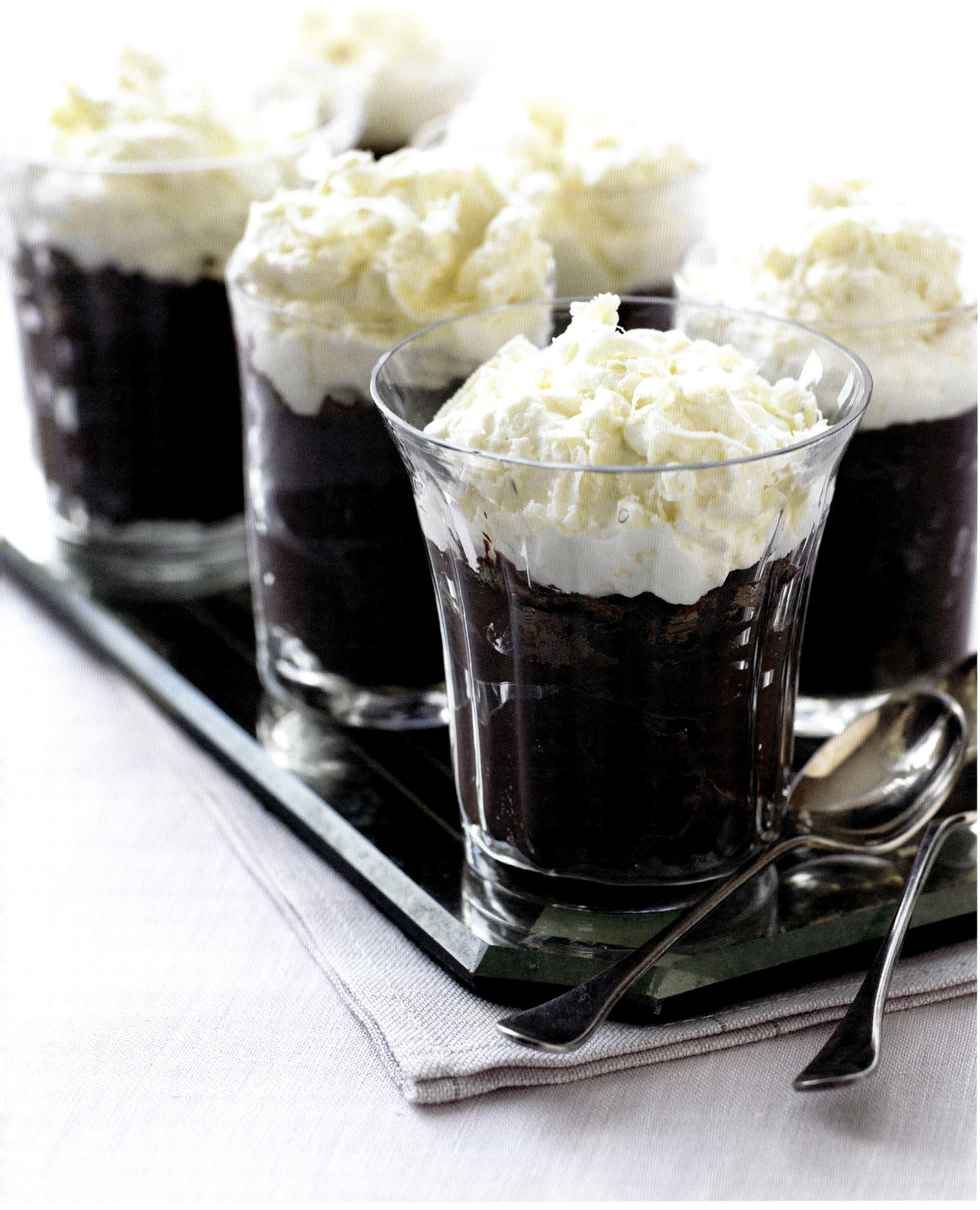

SÜSSSPEISEN

Salzburger Nockerln

FÜR 5 NOCKERLN / ZUBEREITUNGSZEIT 20 MINUTEN

4 Eier	100 g Zucker	40 g Butter
1 unbehandelte Zitrone	2 Päckchen Vanillezucker	Puderzucker (zum Bestreuen)
2 Eiweiß	30 g Mehl	

1 Die Eier trennen. Die Zitrone waschen, abtrocknen und die Schale abreiben. Die 6 Eiweiße steif schlagen, nach und nach den Zucker einrieseln lassen. Dann die Eigelbe, den Vanillezucker, die Zitronenschale und das Mehl behutsam unterheben.

2 In einer Pfanne die Butter schmelzen; aus dem Teig 5 runde Nockerln formen und in die Pfanne geben. Bei schwacher Hitze backen. Passen nicht alle in eine Pfanne, nacheinander backen.

3 Die Nockerln mit einem Pfannenwender wenden. Die Pfanne in den Backofen stellen und die Nockerln bei 175 °C von der anderen Seite backen. Im Innern sollen sie noch leicht cremig sein.

4 Die Salzburger Nockerln auf einer Platte anrichten und mit Puderzucker bestreuen. Sofort servieren. Dazu passt hervorragend eine Vanille- oder Schokoladensoße.

DREI BERGE AUS EISCHNEE

1938 schrieb der österreichische Komponist Fred Raymond die Operette „Saison in Salzburg", die später mehrmals verfilmt wurde. Am populärsten ist die Version von 1961 mit Peter Alexander, der auch das bekannteste Lied daraus sang. Bestimmt haben Sie es gleich im Ohr – die erste Strophe klingt fast wie eine Zusammenfassung dieses Kochbuchs:

In Wien ist bekanntlich das Schnitzel zuhaus / In Leipzig, ja da gibt's Allerlei / Aus München, jo, sakradeibidei, do führt ma das Kindl aus / Und in Nürnberg erfand man das Ei / Aus Frankfurt da komma die Würstchen her / Und in Königsberg schätzt man die Klopse so sehr / Und Rödersheim am Rhein hat seinen joldenen Wein / Aber was is das alles gegen / Salzburger Nockerl, Salzburger Nockerl / Süß wie die Liebe und zart wie ein Kuss!

Zart sind sie tatsächlich, die Nockerln: Aus steifem Eischnee, Vanillezucker und Mehl formt man traditionsgemäß in einer Auflaufform meist drei Hügel, die angeblich an die drei Hausberge Salzburgs erinnern sollen, und backt sie bei starker Hitze im Ofen. Dieses Gebilde fällt natürlich nach dem Backen schnell in sich zusammen, weshalb es sofort verzehrt werden sollte. Das Rezept für die fragile Köstlichkeit soll im frühen 17. Jahrhundert von Salome Alt, der Geliebten des damaligen Salzburger Fürsterzbischofs Wolfgang Dietrich von Reitenau, erdacht worden sein. Steifgeschlagenes Eiweiß setzte man allerdings erst nach 1700 überhaupt in der Küche ein, und der Backofen wurde auch erst Anfang des 19. Jahrhunderts erfunden. Eventuell wurden die Nockerln früher aber auch in der Pfanne gebacken.

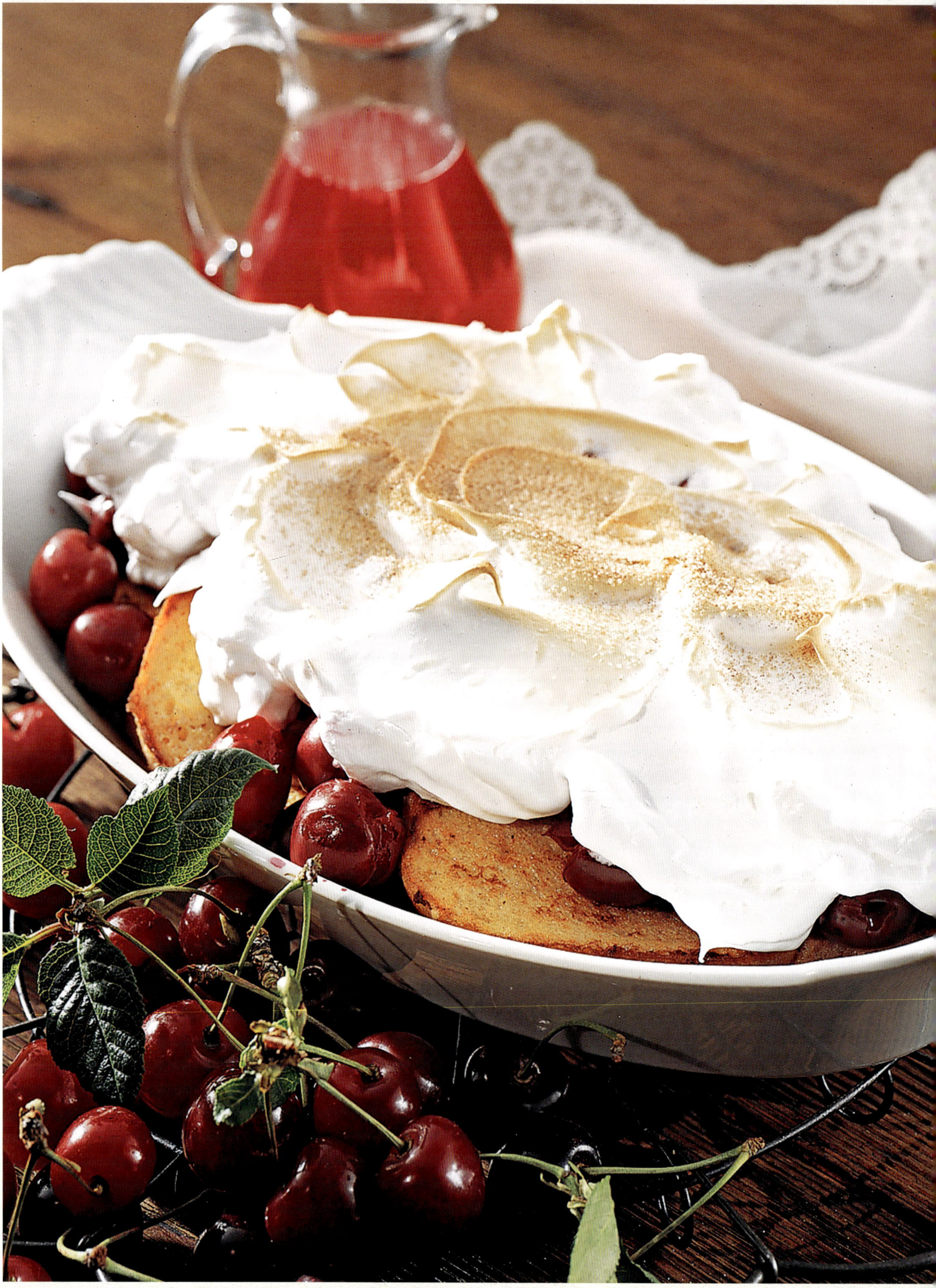

Arme Ritter

FÜR 4 PERSONEN / ZUBEREITUNGSZEIT 30 MINUTEN

500 g Sauerkirschen (frisch oder aus dem Glas)	1 Prise Salz	1 EL Zucker
300 ml Wasser	8 Scheiben Weißbrot oder 4 Brötchen (vom Vortag), in Scheiben geschnitten	1 TL Zimt
5 Eier		500 ml Kirschsaft (nach Belieben)
250 ml Milch	3 EL Butter	

1 Frische Kirschen waschen, von den Stielen befreien, entkernen und mit dem Wasser aufkochen. Abtropfen lassen, dabei den Saft auffangen. Kirschen aus dem Glas abtropfen lassen, den Saft auffangen.

2 Die Eier trennen. Die Eigelbe mit Milch und Salz verrühren. Die Brotscheiben oder Brötchen darin 15 Minuten einweichen. Dann abtropfen lassen.

3 In einer Pfanne 2 EL Butter erhitzen und das Brot oder die Brötchenscheiben darin von allen Seiten goldbraun braten. Die Eiweiße steif schlagen. Eine Auflaufform mit der restlichen Butter einfetten. Die Brotscheiben hineinlegen. Die Kirschen darauf verteilen und mit dem Eischnee bedecken.

4 Zucker und Zimt mischen und über den Eischnee streuen. Den Backofengrill vorheizen und die Armen Ritter 2–3 Minuten grillen. Nach Belieben den Kirschsaft dazu servieren.

TIPP: Eine andere Variante besteht darin, das Brot in der Milch-Eigelb-Masse einzuweichen und in der Pfanne zu braten, wie oben beschrieben. 2 EL Zucker darüberstreuen und Brot oder Brötchen wenden. So schmilzt der Zucker und karamellisiert.

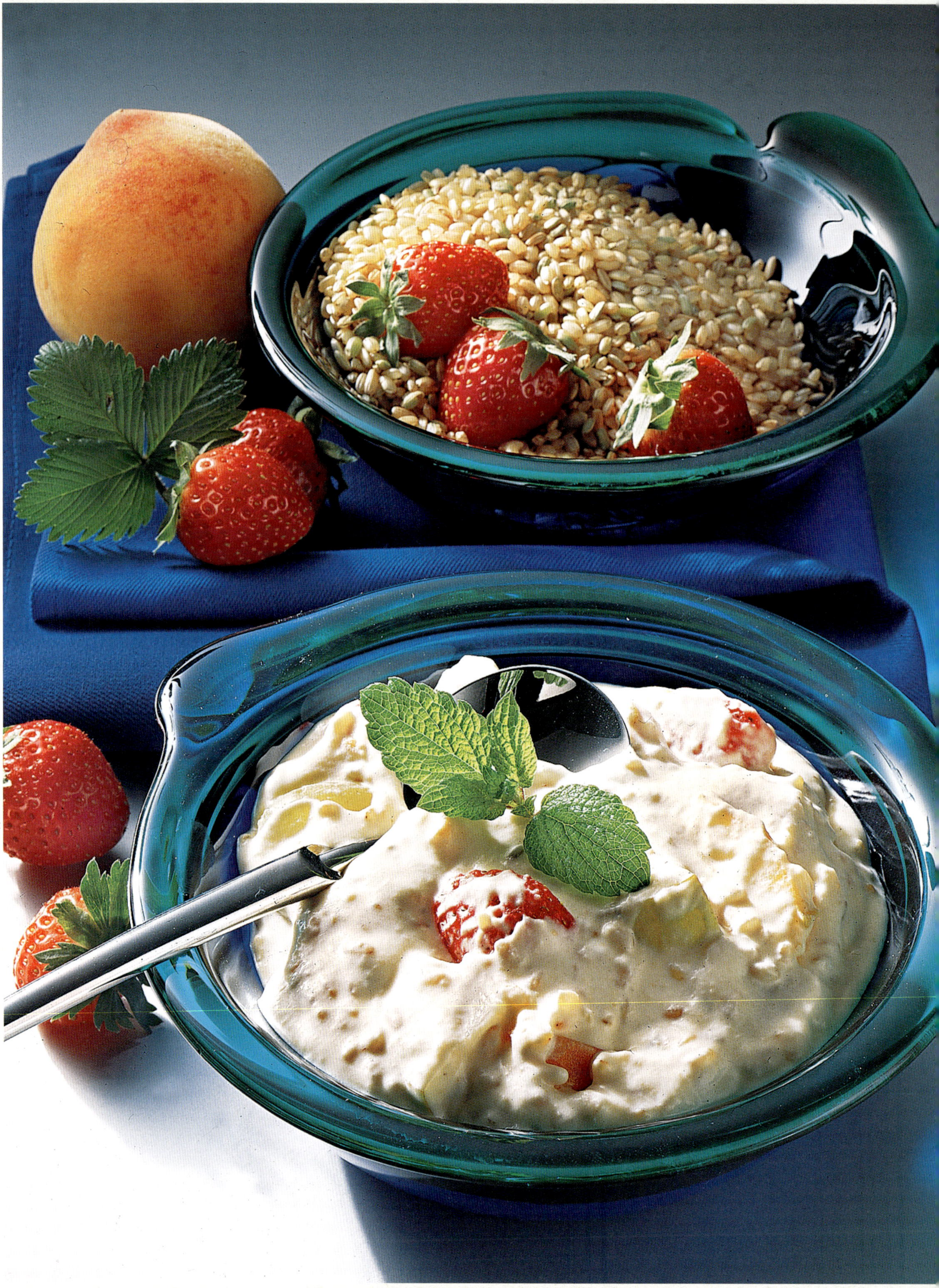

SÜSSSPEISEN

Milchreis mit Obst

FÜR 4 PERSONEN / ZUBEREITUNGSZEIT 15 MINUTEN (+ GARZEIT)

- 1 unbehandelte Zitrone
- 120 g Naturrundkornreis
- 1–2 EL Zuckerrohrgranulat (oder brauner Zucker)
- 750 ml Milch
- 1 Prise Salz
- 400 g gemischtes Obst (z. B. Erdbeeren, Pfirsiche und Aprikosen)
- knapp 125 ml heller Fruchtsaft (z. B. Apfel- oder Orangensaft)
- 150 g Schlagsahne

1 Die Zitrone waschen, abtrocknen und 1 TL Schale abreiben. Den Reis mit Zuckerrohrgranulat, Milch, Salz und Zitronenschale aufkochen und zugedeckt bei geringer Hitze in etwa 40 Minuten weich garen, dann etwas abkühlen lassen.

2 Das Obst waschen oder schälen und in Stücke schneiden. Den Milchreis mit Fruchtsaft und den Obststücken verrühren. Die Sahne steif schlagen und unter den Milchreis ziehen. Den Milchreis sofort servieren, solange er noch locker und sahnig ist.

TIPP: Sie können auch Früchte aus der Dose, beispielsweise Schattenmorellen oder Ananas, verwenden. Die Früchte abtropfen lassen, den Saft auffangen. Die Früchte klein schneiden und mit etwas Saft in den Milchreis rühren.
Für die beliebte Süßspeise nimmt man Rundkornreis, dessen Körner fast so dick wie lang sind. Sie enthalten viel Stärke, die sie beim Kochen abgeben. So wird der Reis klebrig, was ihn ideal für Milchreis und andere Süßspeisen macht.

SÜSSSPEISEN

Rote Grütze

FÜR 6 PERSONEN / ZUBEREITUNGSZEIT 30 MINUTEN

250 g Sauerkirschen	100 g Himbeeren	150 g Zucker
100 g süße Kirschen	100 g Brombeeren	250 g Schlagsahne
250 g Rote Johannisbeeren	100 g Speisestärke	

1 Die Sauer- und Süßkirschen von den Stielen sowie Kernen befreien und waschen. Die Johannisbeeren abzupfen und waschen. Die Himbeeren und die Brombeeren verlesen. Die Brombeeren bei Bedarf waschen.

2 Die Süßkirschen, Himbeeren und Brombeeren in eine Schüssel geben. Die Sauerkirschen und Johannisbeeren in etwa 1 Liter Wasser aufkochen und so lange kochen lassen, bis sie weich sind.

3 Den Saft durch ein Sieb abgießen und auffangen. Die Beeren durch ein Haarsieb streichen. Den aufgefangenen Saft aufkochen lassen. Die Speisestärke mit etwas Wasser verquirlen und unter ständigem Rühren mit dem Schneebesen in den Saft rühren.

4 Wenn die Masse fest zu werden beginnt, 120 g Zucker hinzufügen. Die Grütze in die Schüssel mit den Früchten füllen, umrühren und kalt werden lassen. Die Sahne halb steif schlagen. Den restlichen Zucker über die Grütze streuen. Mit der Sahne servieren.

OMAS BEERENSTRÄUCHER

In vielen Kindheitserinnerungen spielt der Garten der Großeltern eine tragende Rolle. Hier verbrachte man schöne Sommertage und half bei der Ernte der Beeren. Und das waren viele! Mit den Erdbeeren im Mai und Juni ging es los; es folgten Sauerkirschen, Johannisbeeren und Himbeeren sowie draußen im Wald später Blau- und Brombeeren. Aus all diesen Früchten wurde nicht nur Marmelade gekocht, sondern besonders in Norddeutschland auch Rote Grütze. Mindestens vier Beerensorten sollte sie enthalten – je nach Jahreszeit und Mischung schmeckt sie immer etwas anders, aber immer nach Sommer!

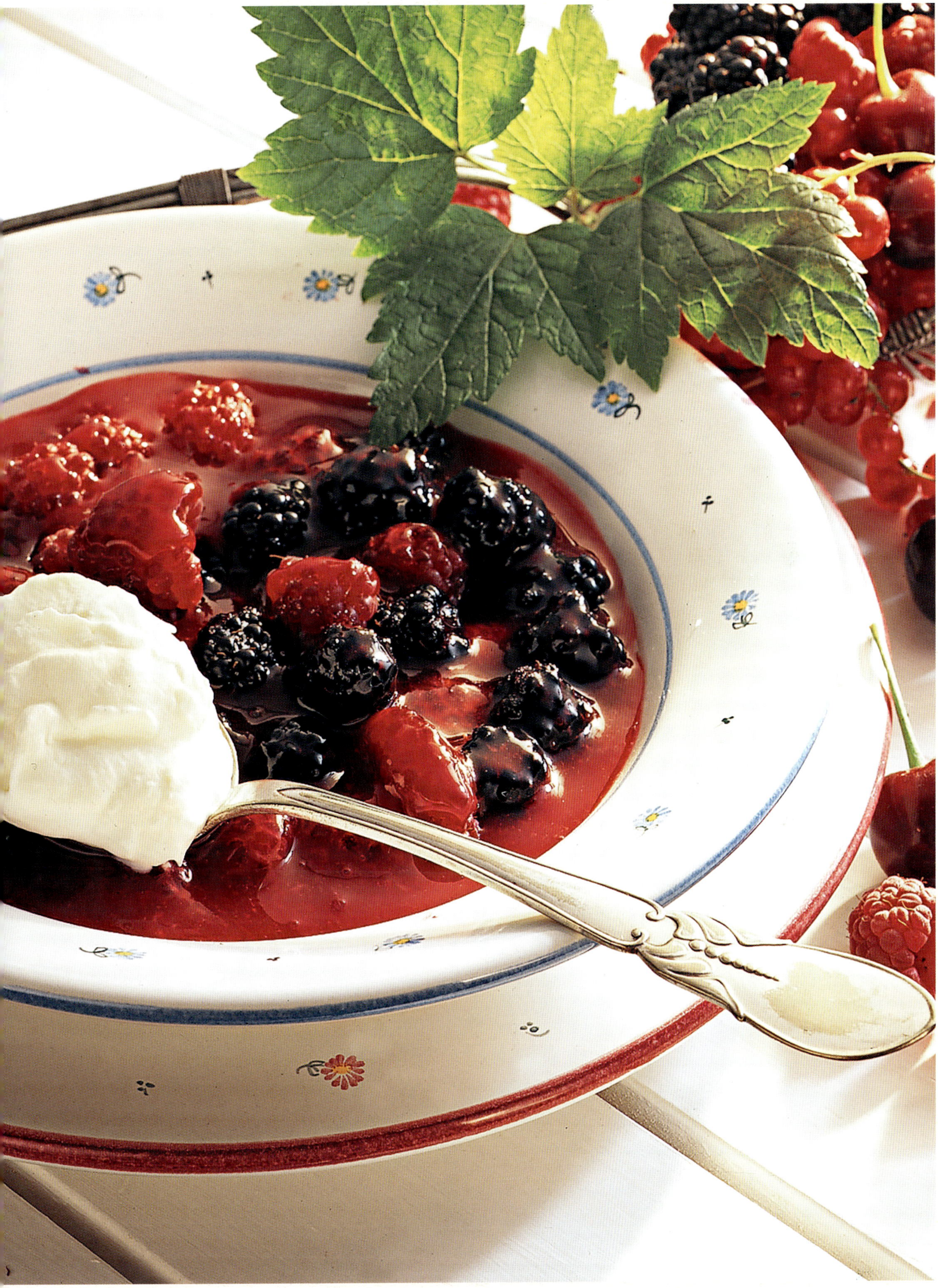

SÜSSSPEISEN

Pfannkuchen

FÜR 12 PFANNKUCHEN / ZUBEREITUNGSZEIT 10 MINUTEN (+ BRATZEIT)

3 Eier	300 g Mehl	2 EL Zucker
500 ml Milch	100 g Fett (Margarine oder	Schokostreusel, frische
1 Prise Salz	Schweineschmalz)	Beeren (nach Belieben)

1 Eine Platte im Backofen bei niedriger Hitze anwärmen. Die Eier trennen. Die Eigelbe, die Milch und das Salz gut mischen. Dann das Mehl zufügen und alles zu einem glatten Teig verrühren. Die Eiweiße steif schlagen und vorsichtig unter den Teig ziehen.

2 Etwas Fett in einer Pfannkuchenpfanne oder einer mittelgroßen Pfanne erhitzen und 4 EL vom Teig hineingießen. Durch Kippen der Pfanne den Teig gleichmäßig verteilen. Bei mittlerer bis starker Hitze braten, bis der Rand beginnt, Farbe anzunehmen. Mit einem Pfannenwender oder mithilfe eines Deckels wenden und die zweite Seite ebenso braten.

3 Dann den fertigen Pfannkuchen auf die angewärmte Platte legen, mit Zucker bestreuen und im Backofen warm stellen. Die restlichen Pfannkuchen auf die gleiche Weise zubereiten.

4 Die warmen Pfannkuchen servieren und nach Geschmack mit Schokostreuseln und frischen Früchten wie z. B. Erdbeeren und Blaubeeren dekorieren.

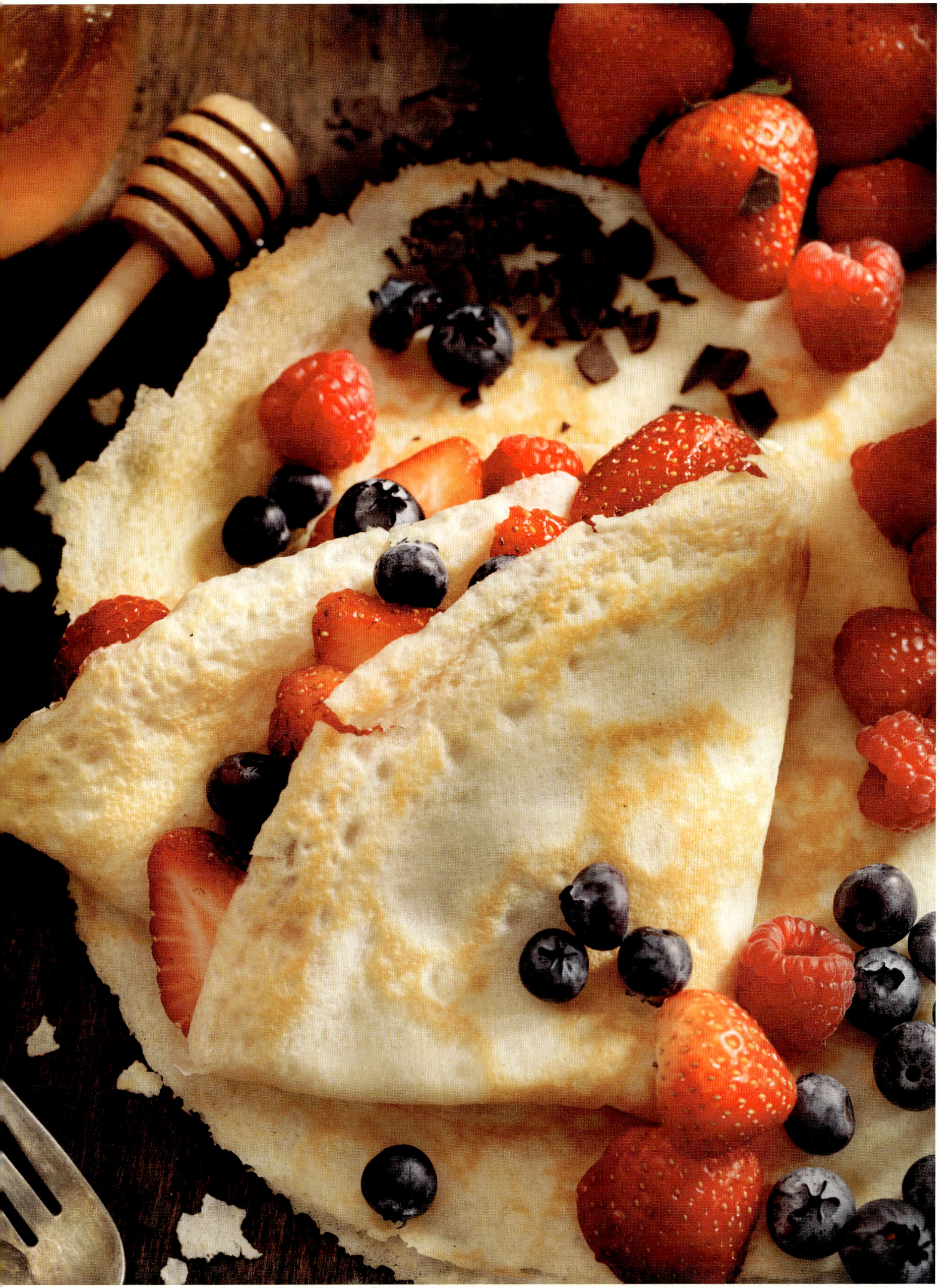

ÖSTERREICH – LAND DER KNÖDEL

Wer in Österreich Urlaub macht, hat danach meist etwas zugenommen. Ein Grund: die knödel-lastige Küche. Semmelknödel, Speckknödel, Spinatknödel … und dann auch noch die süßen Knödel! So fluffig aus Kartoffel- oder Quarkteig, mit Zucker bestäubt und mit einer Marille (Aprikose) oder Zwetschge in der Mitte – einfach herrlich. „Wer keinen Knödel isst, hat den ganzen Tag Hunger" sagt man in Österreich. Fruchtknödel gelangten wohl im 18. Jahrhundert aus Böhmen ins Land. Doch vielleicht gab es sie schon viel länger: Im Schlamm des Mondsees fand man einen 5000 Jahre alten Knödelrest, der Kirschkerne enthielt …

SÜSSSPEISEN

Zwetschgenknödel

FÜR CA. 16 KNÖDEL / ZUBEREITUNGSZEIT 50 MINUTEN

1 unbehandelte Zitrone	2 kleine Eier	3 l Wasser
500 g Magerquark	Salz	75 g Butter
etwa 400 g Zwetschgen	150 g Mehl, plus etwas	4 EL Semmelbrösel
etwa 150 g Zucker	Mehl zum Bestreuen	Puderzucker

1 Die Zitrone waschen, trocken tupfen und etwa die Hälfte der Schale abreiben. Den Magerquark etwa 15 Minuten abtropfen lassen.

2 Die Zwetschgen waschen, trocknen lassen, an einer Seite aufschneiden und vom Stein befreien. 1 gehäuften TL Zucker in jede Zwetschge geben.

3 Den Quark in eine Schüssel geben, die Eier, Salz, 1 TL Zitronenschale und das Mehl zufügen. Alles zu einem weichen Teig verrühren. Die Hände mit Mehl bestäuben und den Teig zu Knödeln formen, dabei in die Mitte jedes Knödels eine Zwetschge legen.

4 In einem großen und breiten Topf etwa 3 l Salzwasser aufkochen. Die Knödel hineingeben und bei schwacher Hitze etwa 15 Minuten köcheln lassen.

5 Die Butter erhitzen und die Semmelbrösel darin goldgelb braten. Die Knödel mit einem Schaumlöffel aus dem Wasser heben und auf Tellern verteilen. Mit den Semmelbröseln bestreuen. Dazu Puderzucker servieren.

TIPP: Das „Süßen" der Zwetschgen wird erleichtert, wenn man in jede entkernte Frucht ein Stück Würfelzucker hineinlegt.

SÜSSSPEISEN

Zürcher Geschnetzeltes

FÜR 4 PERSONEN / ZUBEREITUNGSZEIT 25 MINUTEN

800 g Kalbfleisch (Oberschale), in ½ cm dicke Streifen geschnitten
Salz
frisch gemahlener Pfeffer
4 Schalotten
4 EL Öl
1 EL Butter
125 ml trockener Weißwein
500 g Sahne
½ Bund Petersilie
1 TL abgeriebene Schale von einer unbehandelten Zitrone

1 Die Fleischstreifen mit Salz und Pfeffer würzen. Die Schalotten schälen und in kleine Würfel schneiden.

2 In einer großen schweren Pfanne 2 EL Öl erhitzen. Die Hälfte der Fleischstreifen darin bei starker Hitze unter Rühren 3–4 Minuten braten. Mit einem Schaumlöffel aus der Pfanne heben und warm halten. Die zweite Fleischportion genauso braten und zur ersten Fleischportion geben.

3 Die Butter in der Pfanne zerlassen und die Schalottenwürfel darin glasig dünsten. Den Wein dazugießen und bei starker Hitze fast ganz einkochen lassen. Die Sahne dazugeben, alles aufkochen und die Soße bei starker Hitze in 5–7 Minuten cremig einkochen lassen.

4 Das gebratene Fleisch mit dem Bratensaft in die Soße geben und 2–3 Minuten ziehen (nicht mehr köcheln) lassen.

5 Das Zürcher Geschnetzelte mit Salz und Pfeffer abschmecken. Die Petersilie waschen, Blättchen abzupfen und hacken. Die Petersilienblättchen mit der abgeriebenen Zitronenschale unter das Gericht mischen. Dazu serviert man ganz klassisch Schweizer Rösti (siehe dazu Seite 102/103). Alternativ passt lockerer Langkornreis gut dazu.

TIPP: Oft wird Zürcher Geschnetzeltes mit Champignons zubereitet. Dafür einfach 400 g abgetropfte Champignonscheiben (Glas) mit nur 600 g angebratenen Kalbfleischstreifen in die Soße geben.

Das Rezept zur fruchtigen Tomatencremesuppe finden Sie im Buch auf Seite 20, das Rezept für den cremigen Milchreis mit Obst auf Seite 202.

Wohlfühl- SOMMER-MENÜ

Den Hauptgang unseres Menüs bildet zartes Zürcher Geschnetzeltes, serviert in einer köstlichen Weißwein-Sahne-Soße. Umrahmt wird es von einer fruchtigen Tomatencremesuppe und einem herrlich cremigen Milchreis mit frischen Beeren der Saison.

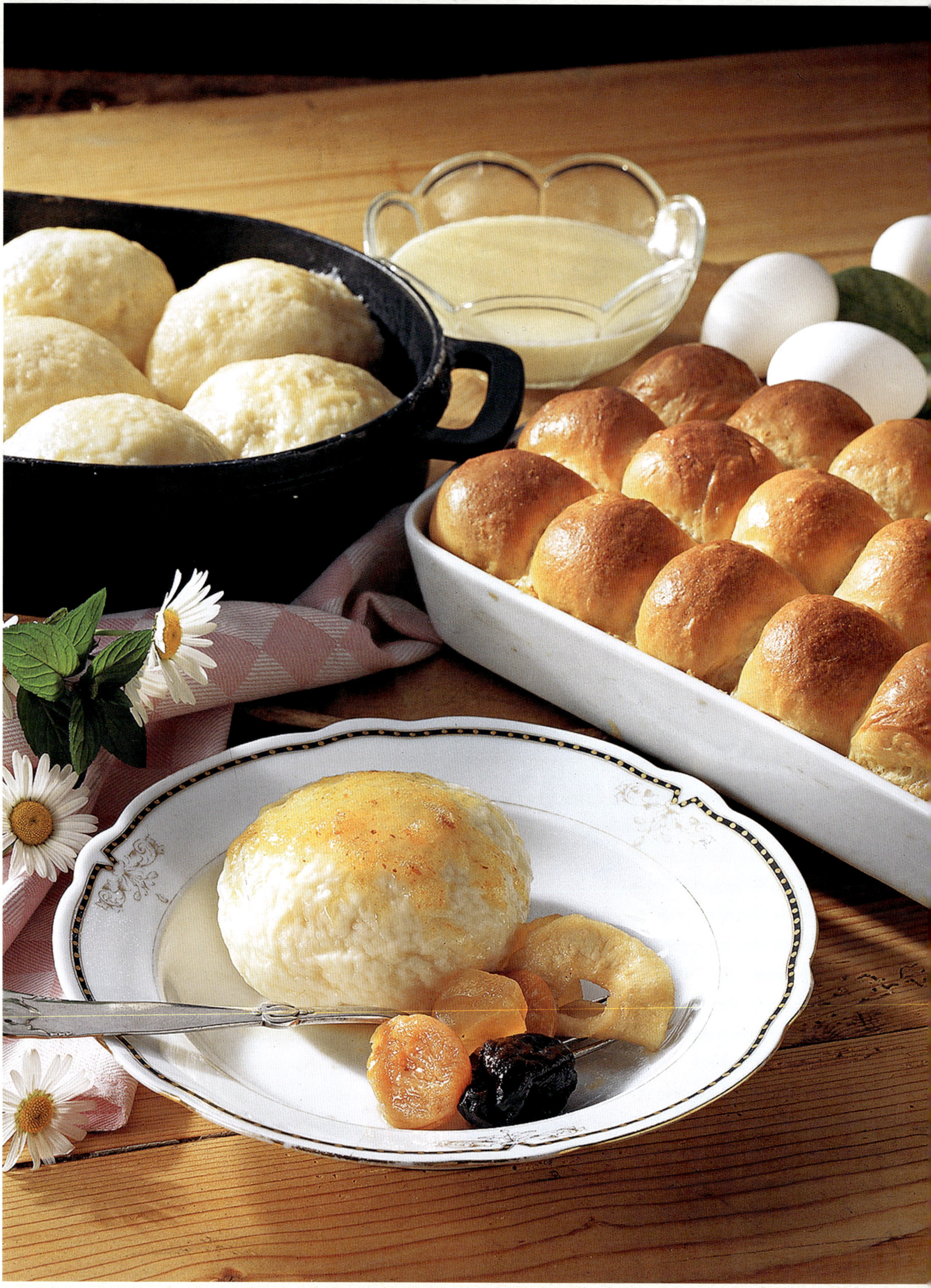

Rohrnudeln

FÜR 16 ROHRNUDELN / ZUBEREITUNGSZEIT 30 MINUTEN (+ BACKZEIT)

Für die Rohrnudeln:	100 g weiche Butter	*Für die Pflaumen:*
500 g Mehl	Salz	100 g Zucker
250 ml lauwarme Milch	*Für die Soße:*	4 EL Wasser
2 EL Zucker	1 EL Butter	1 kleine Zimtstange
30 g frische Hefe	250 ml Milch	500 g Pflaumen
1 Ei	1 EL Honig	

1 Das Mehl in eine Schüssel geben und in die Mitte eine Mulde drücken. Die lauwarme Milch, Zucker und Hefe verrühren. Die Hefemilch in die Mulde gießen und mit etwas Mehl bedecken. Kurz ruhen lassen. Wenn das Mehl an der Oberfläche rissig wird, das Ei, 80 g Butter und 1 Prise Salz zufügen und alles zu einem matt glänzenden Teig kneten. Anschließend zugedeckt an einem warmen Ort etwas gehen lassen.

2 Den Backofen auf 200 °C vorheizen. Aus dem Teig 16 Kugeln formen und diese nochmals gehen lassen. Inzwischen eine große Auflaufform mit der restlichen Butter (20 g) einfetten. Die Rohrnudeln hineingeben.

3 Für die Soße die Butter, die Milch und den Honig mischen und erhitzen. Davon 1 EL beiseitestellen, den Rest über die Rohrnudeln gießen. Die Rohrnudeln etwa 40 Minuten backen, bis sie goldbraun sind. Anschließend mit der restlichen Soße bepinseln und nochmals für 1 Minute im Backofen lassen.

4 Für die Pflaumen den Zucker, das Wasser und die Zimtstange aufkochen. Die Pflaumen waschen, von den Steinen befreien und im Zuckerwasser einmal aufkochen. Die Pflaumen kurz herausnehmen, den Saft etwas einkochen, dann die Früchte wieder dazugeben. Die Pflaumen sofort mit den warmen Rohrnudeln servieren.

TIPP: Im Gegensatz zu Rohrnudeln werden Dampfnudeln (im Bild im Topf und auf dem Teller zu sehen) auf dem Herd im Topf zubereitet. Dafür die Teigkugeln in einem Topf mit Milch und Butterflocken bei leichter Hitze etwa eine halbe Stunde dampfen. Darauf achten, dass der Topf gut schließt. Der Deckel darf zwischendurch nicht angehoben werden.

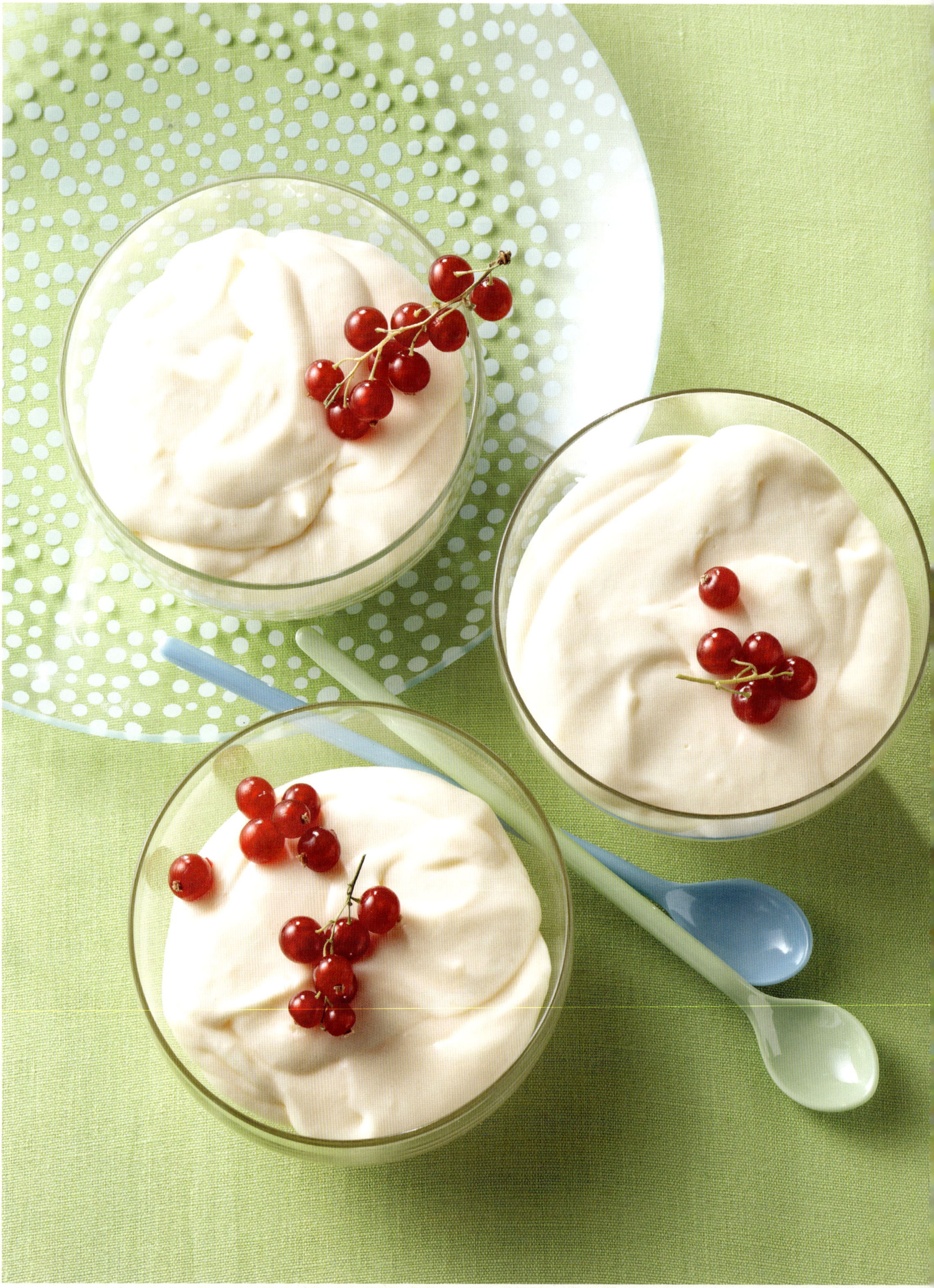

SÜSSSPEISEN

Bayerische Creme mit Holunderblütensirup

FÜR 4 PERSONEN / ZUBEREITUNGSZEIT 20 MINUTEN (+ KÜHLZEIT)

3 Blatt Gelatine	1 Päckchen Vanillezucker	250 g Sahne
3 Eigelb	60 ml Holunderblütensirup	*Zum Garnieren:*
35 g Zucker	50 ml Weißwein	Johannisbeeren

1 Die Gelatine nach Packungsangabe in kaltem Wasser einweichen. Die Eigelbe mit dem Zucker, dem Vanillezucker und dem Holunderblütensirup in einer Rührschüssel mit dem Handrührgerät in 3 Minuten schaumig schlagen.

2 Den Wein in einem kleinen Topf erhitzen. Die Gelatine ausdrücken und im heißen Wein auflösen. Etwas abkühlen lassen. Die Sahne steif schlagen.

3 Zuerst etwas Sahne unter die aufgelöste Gelatine rühren, dann diese Mischung unter die Eigelbcreme rühren und die restliche Sahne unterheben.

4 Die Creme in vier Schälchen füllen und für mindestens 1 Stunde in den Kühlschrank stellen, bis sie fest ist. Mit Johannisbeerrispen garnieren und servieren.

TIPP: Wenn Sie die Creme auf Teller stürzen möchten, verwenden Sie 4 Blatt Gelatine und füllen die Creme in Portionsförmchen. Vor dem Servieren die Formen kurz in heißes Wasser tauchen, die Cremeportionen mit einer Messerspitze vom Förmchenrand lösen und auf Dessertteller stürzen.

ROSENSTOCK, HOLLERBLÜH

Holunder, auch Holler genannt, steht für eine typische Kindheitserinnerung: Anfang Juni, wenn die Holundersträucher duftig-weiß blühten, sammelte man die Blütendolden in einem Korb. Sie wurden dann entweder köstlich süß in Teig ausgebacken oder zu Sirup, Kompott und Marmelade verarbeitet. Anfang August folgten die Holunderbeeren, die roh ungenießbar sind, aber, nachdem man sie erhitzt hat, zu Saft verarbeitet werden können – ein altes Hausmittel bei Erkältung.

Blüten für den Eigenbedarf pflücken darf jeder. Man sollte nur frische, trockene Blüten nehmen, die möglichst nicht neben einer vielbefahrenen Straße wachsen. Mit Zitronen und Weißwein angesetzt, wird daraus ein toller Sirup, der nicht nur Getränke, sondern auch Desserts verfeinert.

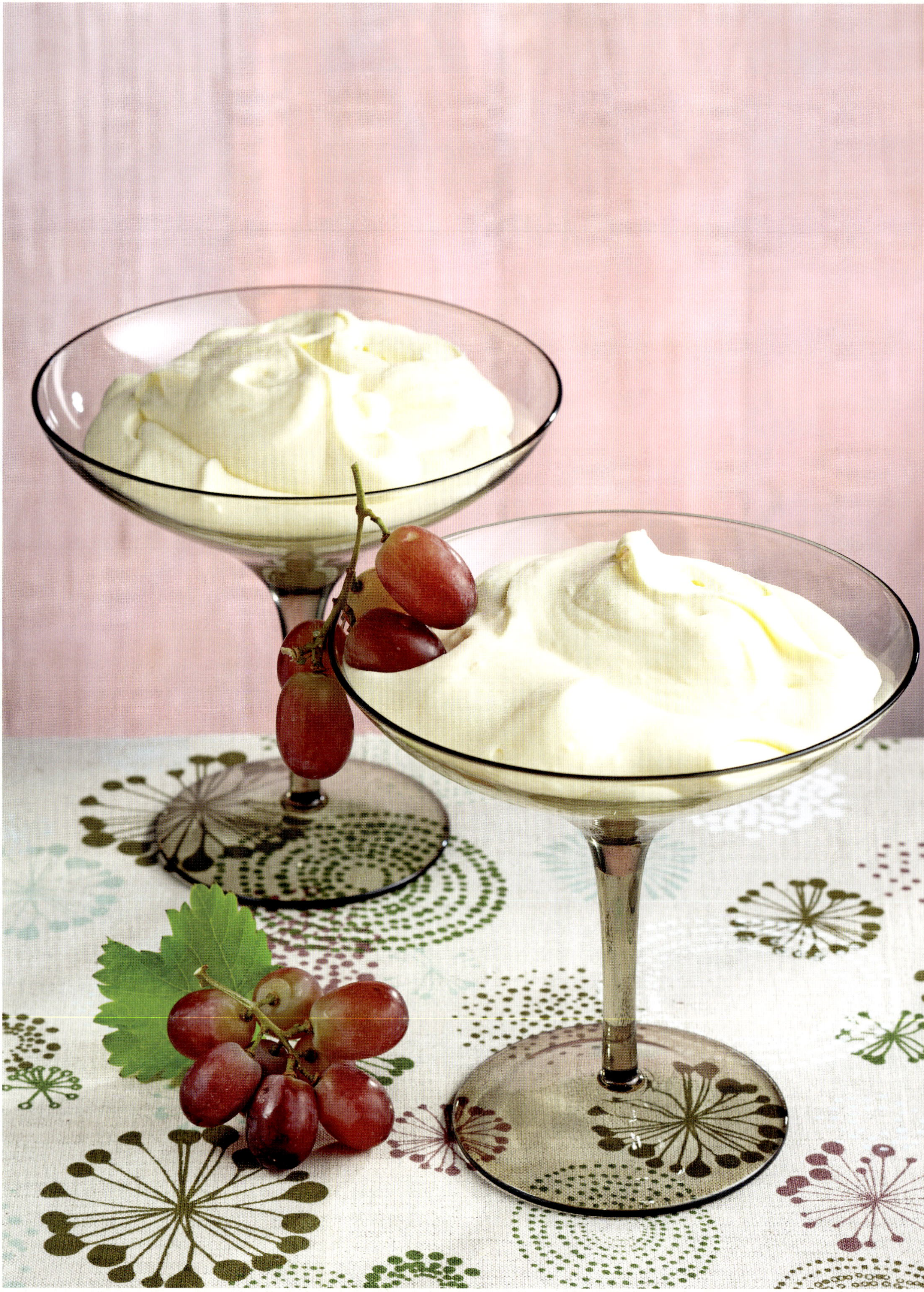

Weißweincreme

FÜR 4 PERSONEN / ZUBEREITUNGSZEIT 15 MINUTEN (+ KÜHLZEIT)

200 ml Weißwein (z. B. Muskateller)	4 Eigelb	200 g Sahne
2 EL Zitronensaft	70 g Zucker	etwa 200 g Weintrauben
	15 g Instant-Gelatine	

1 Den Weißwein und den Zitronensaft leicht erwärmen. Die Eigelbe mit dem Zucker in eine Metallschüssel geben und über dem heißen Wasserbad mit den Quirlen des Handrührgeräts in etwa 2 Minuten cremig rühren, dabei die Weinmischung nach und nach zugießen. Etwa 3 Minuten weiterschlagen, bis ein fester Schaum entstanden ist.

2 Anschließend die Instant-Gelatine in den Weinschaum rieseln lassen; 1 Minute weiterschlagen. Die Schüssel vom Wasserbad nehmen und den Weinschaum 5 Minuten abkühlen lassen.

3 Die Sahne steif schlagen und in 2–3 Portionen unter den Weinschaum heben.

4 Die Weincreme in vier Gläser (z. B. Sektschalen oder bauchige Weingläser) füllen und mit Frischhaltefolie verschließen. Bis zum Servieren möglichst für 2 Stunden in den Kühlschrank stellen.

5 Die Weintrauben waschen, abzupfen und trocken tupfen. Die Creme vor dem Servieren mit den Trauben garnieren.

TIPP: Der Weißwein kann sehr gut durch hellen oder roten Traubensaft, aber auch durch Apfelsaft ersetzt werden. Wenn Weintrauben gerade keine Saison haben, macht sich auch eine Garnitur mit Rosinen gut. Diese ganz nach Belieben vorher in etwas Weinbrand einlegen.

SÜSSSPEISEN

Orangencreme mit Pistazien

FÜR 2 PERSONEN / ZUBEREITUNGSZEIT 25 MINUTEN (+ KÜHLZEIT)

3 unbehandelte Orangen	1 Ei	100 g Sahne
¼ TL Agar-Agar	30 g Rohrohrzucker	2 EL Pistazienkerne

1 Die Orangen heiß waschen und trocken tupfen. Den Saft von 2 Orangen auspressen und in einem kleinen Topf bei mittlerer Hitze erwärmen. Das Agar-Agar unterrühren, die Mischung nach Packungsangabe 2–3 Minuten köcheln und anschließend abkühlen lassen.

2 Das Ei trennen. Das Eigelb mit dem Zucker schaumig schlagen. Das abgekühlte Orangengelee unter die Eigelbcreme rühren. Die Sahne steif schlagen; das Eiweiß ebenfalls steif schlagen. Sahne und Eischnee unter die Orangenmasse ziehen.

3 Von der dritten Orange die Hälfte der Schale abreiben, dann die Orange dick schälen und das Fruchtfleisch quer in Scheiben schneiden. Die Scheiben halbieren.

4 Abwechselnd die Orangencreme mit den Orangenscheiben in zwei hohe Dessertgläser schichten und für etwa 4 Stunden in den Kühlschrank stellen.

5 Die Pistazien fein hacken. Die Orangencreme mit der Orangenschale und den Pistazien bestreuen.

TIPP: Statt Agar-Agar können Sie auch Gelatine nehmen. Dafür 1–2 Blatt Gelatine einweichen, ausdrücken und im heißen Orangensaft auflösen.

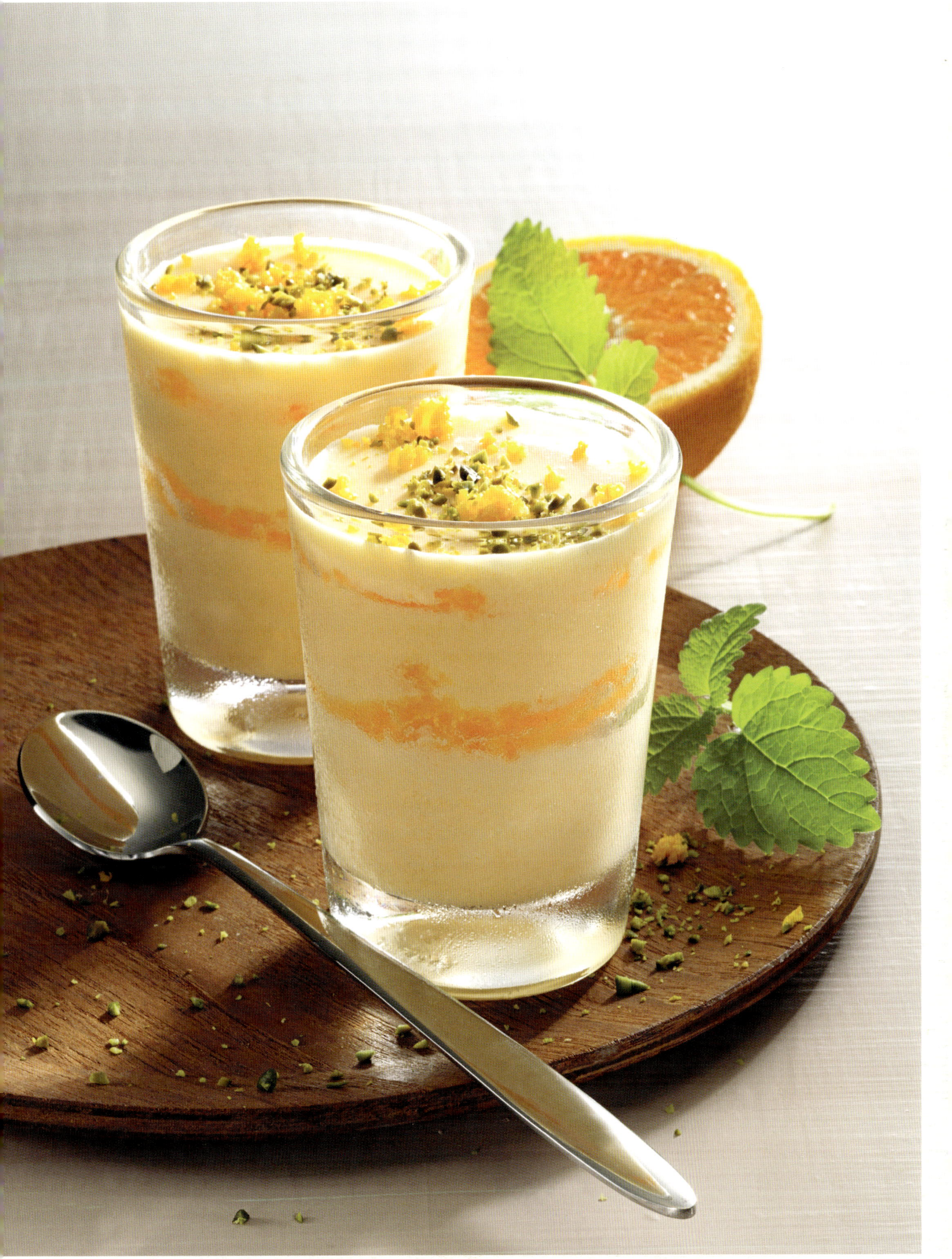

SÜSSSPEISEN

KUCHENTEIGE –
perfekte Basis für süße Kreationen

Teige wie Mürbe- oder Hefeteig und Massen wie die Biskuitmasse bilden die Basis vieler Kuchen und Torten. Jeder dieser Grundteige kann nach Geschmack und Vorlieben durch verschiedene Füllungen und Beläge ergänzt werden. Ob fruchtig, nussig, schokoladig oder cremig – die Möglichkeiten sind nahezu unbegrenzt.

MÜRBETEIG

Er eignet sich z. B. für Tarte- oder Tarteletteböden und für Plätzchen. Für den Vorrat den Teig zu einer Kugel formen, diese zu einem Fladen drücken und in einen Gefrierbeutel packen; fest verschließen und einfrieren. Vor der weiteren Verwendung auftauen, aber nicht zu weich werden lassen, und nach Rezept weiterverarbeiten.

Für den TK-Vorrat kann man alternativ die Form mit dem Teig auskleiden, den Teig mit einer Gabel einstechen, die Form samt Teig in einen großen Gefrierbeutel geben und einfrieren. Zum Fertigstellen die Form aus dem Tiefkühlgerät nehmen, den gefrorenen Teigboden nach Rezept belegen und backen.

Grundrezept für etwa 400 g Teig oder 1 Tarteform (26 cm ⌀):
250 g Mehl, 75 g Zucker, 1 Prise Salz und ½ TL abgeriebene Zitronenschale in einer Schüssel mischen. 125 g kalte Butter in Stückchen schneiden und mit einem Messer unter die Mehlmischung hacken, dann 1 Ei hinzufügen und alles zu einem glatten Mürbeteig kneten. Den Teig auf der bemehlten Arbeitsfläche auf Formgröße (plus Rand, je nach Rezept) ausrollen. Die Form auskleiden, mit Frischhaltefolie bedecken und bis zur weiteren Verwendung in den Kühlschrank stellen.

SÜSSER HEFETEIG

Hefeteig kann man entweder spontan zubereiten, oder man plant am Vortag ein paar Minuten Arbeitszeit für die Teigzubereitung ein. Bis zum Backen kann der Teig dann im Kühlschrank in Ruhe gehen. Je länger, desto besser – bei langer Gehzeit wird der Teig besonders feinporig und locker.

Für den TK-Vorrat den Hefeteig nicht gehen lassen, sondern auf der bemehlten Arbeitsfläche flach drücken, in einen Gefrierbeutel geben und einfrieren. So hält er sich bis zu 6 Monate. Vor der Weiterverarbeitung den Teig entweder langsam im Kühlschrank oder zugedeckt in einer Schüssel bei Raumtemperatur auftauen lassen, nochmals durchkneten, gehen lassen und nach Rezept fertigstellen.

Grundrezept für etwa 750 g Teig oder 1 Backblech:
150 ml Milch erwärmen, 100 g Butter (in Stückchen) hinzufügen und darin zerlassen. 400 g Mehl, 1 Päckchen Trockenhefe, 50 g Zucker, 1 Päckchen Vanillezucker, 1 Prise Salz in einer Rührschüssel mischen. 1 Ei und die Milch-Butter dazugeben; alles mit den Knethaken des Handrührgeräts verrühren, bis ein glatter Teig entstanden ist. Den Teig in 2 Portionen einfrieren oder im Kühlschrank über Nacht oder sofort bei Raumtemperatur in 20–30 Minuten zugedeckt gehen lassen, bis er sich etwa verdoppelt hat. Anschließend ausrollen und nach Rezept weiterverfahren.

Mit den richtigen Zutaten lässt sich ein Kuchenteig schnell und unkompliziert zubereiten.

BISKUITMASSE

Die fettfreie Biskuitmasse sollte sofort nach der Zubereitung gebacken werden, damit sie nicht zusammenfällt. Für den Vorrat bietet es sich deshalb an, den gebackenen Biskuit einzufrieren, so ist ein feiner Tortenboden stets griffbereit. In vielen Rezepten werden für die Biskuitmasse die Eier getrennt, die Eiweiße steif geschlagen, die Eigelbe mit Zucker schaumig geschlagen und unter Eischnee und Mehl gehoben.

Noch schneller geht es, wenn Sie die ganzen Eier und den Zucker mit den Quirlen des Handrührgeräts oder in der Küchenmaschine in 5–8 Minuten zu einer dicken cremigen Masse schlagen, wie im folgenden Grundrezept beschrieben.

Grundrezept für 1 Obsttortenboden (28 cm ⌀):
3 Eier mit 75 g Zucker und 1 Prise Salz dick cremig schlagen. ½ TL abgeriebene Zitronenschale und 1 Päckchen Vanillezucker unterrühren. 80 g Mehl und 20 g Speisestärke mischen, auf die Eiercreme sieben und locker unterheben. Die Masse in die gefettete und mit Mehl oder Semmelbröseln ausgestreute Form füllen, glatt streichen und im 180 °C heißen Ofen (Mitte) 12–15 Minuten backen.

RÜHRTEIG

Für einen klassischen Rührteig (z. B. für Marmorkuchen) sollten alle Zutaten Raumtemperatur haben. Der Teig sollte nach der Zubereitung sofort gebacken werden, damit das Backpulver seine Wirkung nicht verliert. Daher ist es sinnvoll, für den Vorrat einen Rührkuchen zu backen und nach Belieben in Portionen geschnitten einzufrieren.

Grundrezept für 1 Kastenform (25 cm lang):
250 g weiche Butter oder Margarine mit 200 g Zucker und 1 Prise Salz etwa 10 Minuten lang mit den Quirlen des Handrührgeräts schaumig schlagen. Nacheinander 4 Eier einzeln dazugeben und jeweils etwa 30 Sekunden unterrühren. 500 g Mehl mit 1 Päckchen Backpulver mischen und mit 125 ml Milch unterrühren, bis der Teig schwer reißend von den Quirlen fällt. In die gefettete Form füllen und den Kuchen im 180 °C heißen Ofen (Mitte) 55–60 Minuten backen.

Noch schneller ist der Teig gerührt, wenn alle Zutaten mit den Quirlen des Handrührgeräts in 2 Minuten zu einer glatten Masse verarbeitet werden. Diese auf ein Backblech streichen und 25–30 Minuten im 180 °C heißen Ofen (Mitte) backen.

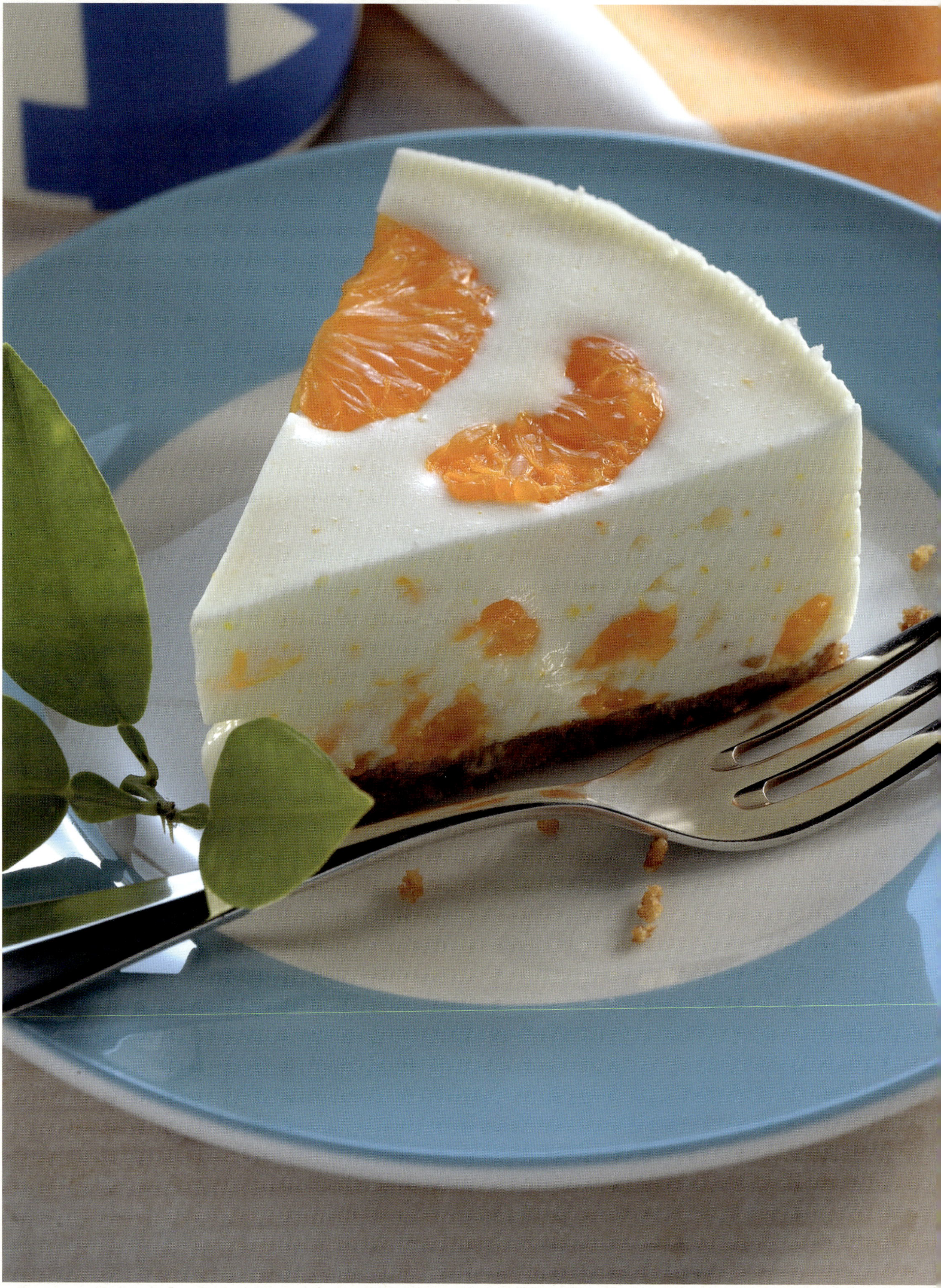

SÜSSSPEISEN

Kalte Mandarinen-Joghurt-Torte

FÜR 8 STÜCKE / ZUBEREITUNGSZEIT 40 MINUTEN (+ KÜHLZEIT)

100 g Vollkorn-Butterkekse
60 g Butter
1 TL unbehandelte abgeriebene Zitronenschale
3 EL Zitronensaft
1 Dose Mandarinen (etwa 300 g)
6 Blatt weiße Gelatine
500 g fettarmer Joghurt
75 g Puderzucker
1 Msp. gemahlener Zimt
1 TL abgeriebene unbehandelte Orangenschale
1 EL Orangenlikör
200 g Sahne
1 Päckchen Vanillezucker
Außerdem:
Backpapier

1 Den Boden einer Springform (20 cm ⌀) mit Backpapier belegen. Die Kekse portionsweise im Blitzhacker fein zerkrümeln.

2 Die Butter in einem Topf zerlassen. Kekskrümel, Zitronenschale und 2 EL Zitronensaft zufügen. Zu einer bröseligen Masse verrühren, diese auf den Boden der Springform drücken. 30 Minuten kalt stellen.

3 Die Mandarinen in einem Sieb gut abtropfen lassen, den Saft dabei auffangen. Die Gelatine in kaltem Wasser einweichen.

4 Für den Belag Joghurt, Puderzucker, Zimt, Orangenschale und 4 EL vom aufgefangenen Mandarinensaft gut verrühren.

5 Den Orangenlikör mit 1 EL Zitronensaft aufkochen, die Gelatine ausdrücken und darin auflösen. Unter die Joghurtmasse rühren; 10 Minuten kalt stellen. Inzwischen die Sahne mit Vanillezucker steif schlagen.

6 Drei Viertel der Mandarinenstückchen, dann die Sahne unter die Joghurtmasse ziehen. Die Joghurtcreme auf den Keksboden streichen. Die restlichen Mandarinen als Dekoration darauflegen. Mindestens 6 Stunden kalt stellen. Vorsichtig aus der Form lösen. In Stücke schneiden.

TIPP: Die Torte am besten mit einem in warmes Wasser getauchten Messer in Stücke schneiden. Sehr gut geht es auch mit einem elektrischen Messer.

Ein Pfannkuchen für Sisi

Einen „Schmarren", den kannte man in Österreich und Bayern schon seit dem 16. Jahrhundert. Er bezeichnete zum einen eine in Fett ausgebackene Mehl-Eierspeise, zum anderen etwas Unsinniges („So ein Schmarrn!"). Wie die Käsespätzle (siehe S. 140) war auch der Schmarren wohl zunächst eine satt machende Speise für Bauern, Waldarbeiter und Hirten: Demnach wurde der dicke Pfannkuchen deshalb in Stücke gerissen, damit sich jeder ganz einfach aus der Pfanne bedienen konnte.

Erst viel später eroberte der Schmarren auch die bürgerliche und sogar die höfische Küche und wurde dabei zum Kaiserschmarren. Wie das genau passierte, dazu gibt es zahlreiche Legenden. Ob auch nur eine davon stimmt, weiß man nicht. Fest steht nur, dass sie alle mit Kaiser Franz Joseph I. (1830–1916) und seiner berühmten Ehefrau Elisabeth, genannt Sisi, zu tun haben. Vielleicht wurde der Pfannkuchen ursprünglich für Sisi kreiert und „Kaiserinschmarren" getauft. Da Sisi aber bekanntlich sehr auf ihre Linie achtete, musste ihr Gatte das neue Dessert aufessen („Geben's mir den Schmarrn halt her!") und war restlos begeistert. Von nun an hieß es also „Kaiserschmarren".

Oder war es im Gegenteil so, dass dem Hofkoch der Pfannkuchen aus Versehen zerriss und vom Kaiser („So ein Schmarrn!") zurückgewiesen wurde? Oder hieß das Gericht eigentlich „Kaserschmarrn", abgeleitet vom Kaser, also dem Käsemacher, dem Senn auf der Hütte? Ein solcher Senn könnte dem Kaiser bei einem Jagdausflug einen Kaserschmarrn vorgesetzt haben, und als der Kaiser begeistert war, wurde das Gericht kurzerhand umbenannt. Wie es nun wirklich war – das wird wohl immer im Dunkeln bleiben!

SÜSSSPEISEN

Kaiserschmarrn

FÜR 4 PERSONEN / ZUBEREITUNGSZEIT 25 MINUTEN

- 250 g Mehl
- 50 g Zucker
- ½ Päckchen Vanillezucker
- ½ TL abgeriebene unbehandelte Zitronenschale
- 1 Prise Salz
- 3 Eier
- 200 ml Milch
- 50 g Butter
- 2 EL (Rum-)Rosinen
- 50 g Mandelblättchen
- Puderzucker zum Bestreuen

1 Mehl, Zucker, Vanillezucker, Zitronenschale und Salz in eine Rührschüssel geben und mischen. Die Eier und die Milch hinzufügen; alles mit den Quirlen des Handrührgeräts zu einem glatten, dickflüssigen Teig verrühren.

2 Inzwischen die Butter in einer großen Pfanne erhitzen. Den Teig hineingießen und die (Rum-)Rosinen gleichmäßig darauf verteilen.

3 Den Teig bei mittlerer Hitze backen, bis die Unterseite fest und hell gebräunt ist, dann mit einem Kochlöffel teilen, die Stücke wenden und mit zwei Gabeln zerreißen.

4 Den Schmarrn unter gelegentlichem vorsichtigem Wenden weiterbraten, bis er gar und gebräunt ist. Inzwischen in einer zweiten Pfanne die Mandelblättchen ohne Fett goldgelb rösten.

5 Den Schmarrn in der Pfanne mit den Mandelblättchen und dick mit Puderzucker bestreuen.

SÜSSSPEISEN

Ofenschlupfer

FÜR 4 PERSONEN / ZUBEREITUNGSZEIT 20 MINUTEN

5 Brötchen vom Vortag
750 ml Milch
125 g Schlagsahne
5 Eier
4 EL Zucker
3 Äpfel
Fett für die Form
50 g gemahlene Mandeln
60 g Rosinen
60 g Butter

1 Die Brötchen in Scheiben schneiden und in eine Schüssel geben. Milch, Sahne, Eier und 2 EL Zucker verrühren und über die Brötchen gießen.

2 Die Äpfel waschen und schälen. Dann halbieren, vom Kerngehäuse befreien und in Schnitze schneiden. Eine Auflaufform einfetten. Den Backofen auf 175 °C vorheizen.

3 Eine Schicht Brötchen hineinlegen, dann eine Schicht Apfelschnitze darauf legen und mit Mandeln und Rosinen bestreuen. So weiter verfahren, bis alle Zutaten verbraucht sind. Obenauf soll eine Schicht Brötchen sein. Butterflöckchen darauf verteilen. Im Backofen (Mitte) 45–50 Minuten backen. Abschließend mit dem restlichen Zucker bestreuen und servieren.

TIPP: Für einen überbackenen Ofenschlupfer jeweils 6 Brötchen und Äpfel zubereiten wie oben beschrieben. Zuerst die Brötchen, dann die Äpfel in eine Springform füllen. Etwa 200 ml Milch, 5 Eier, 200 g Zucker und 500 g Schlagsahne verrühren und über die Äpfel gießen. Bei 160 °C etwa 1½ Stunden backen.

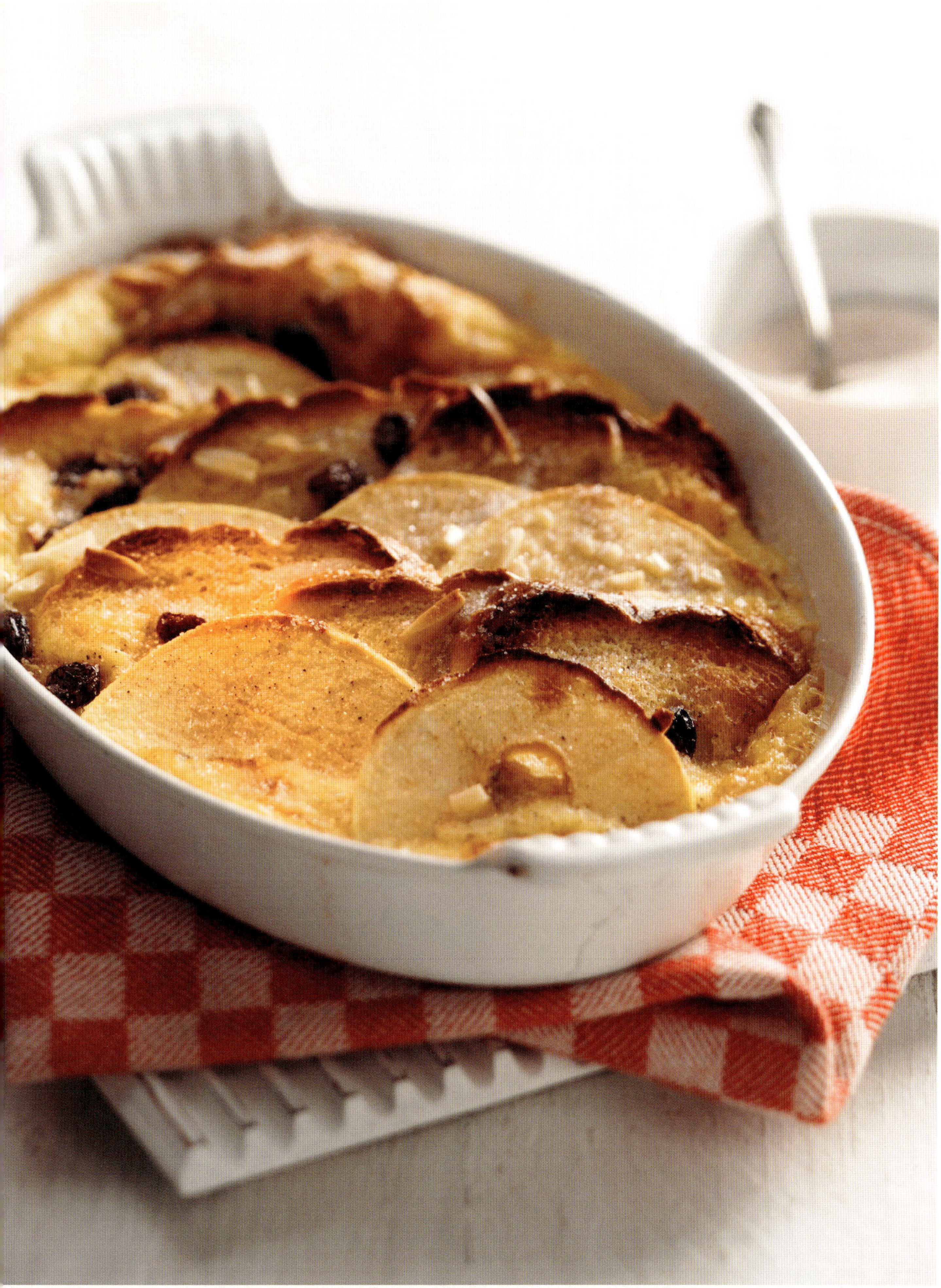

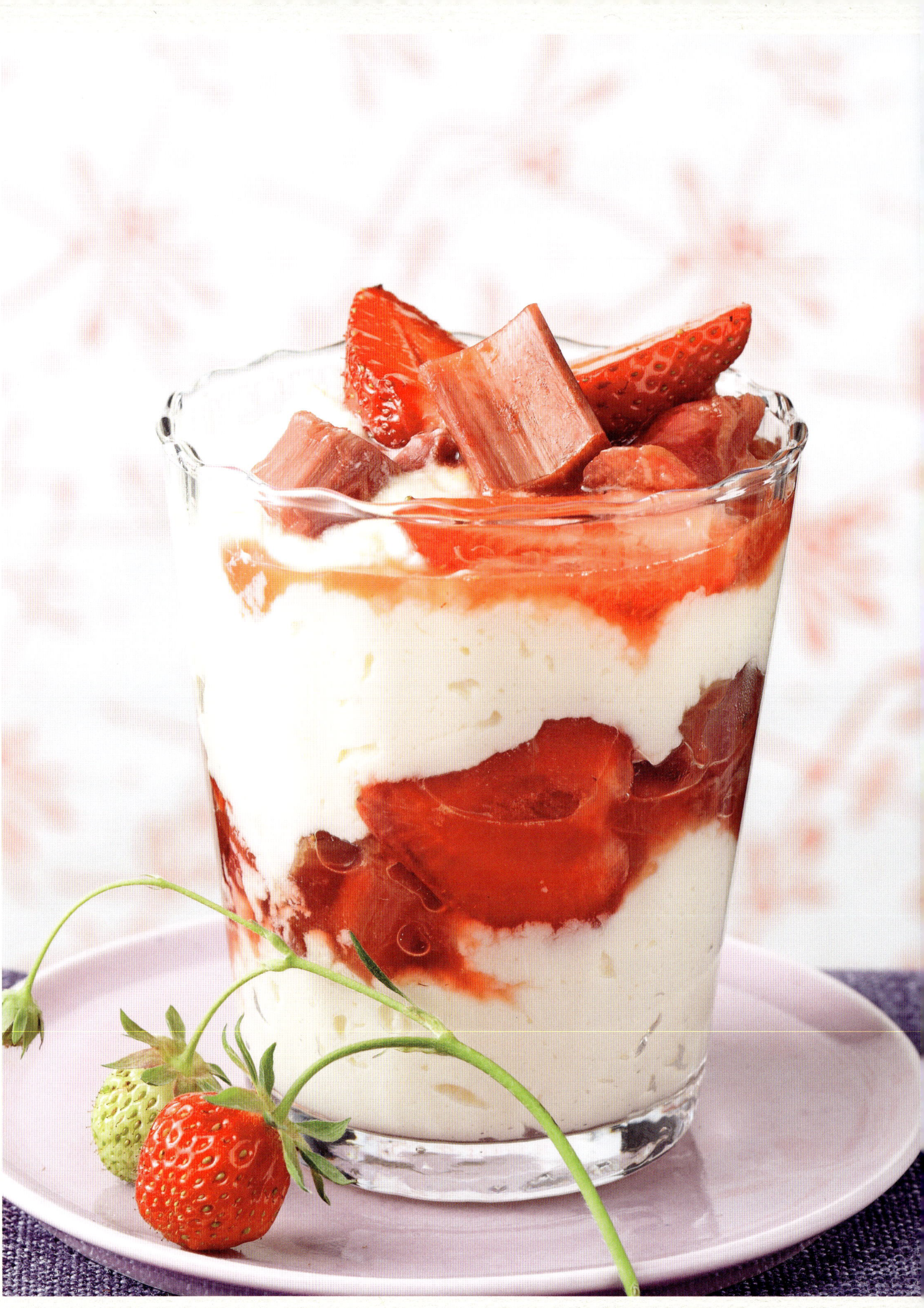

SÜSSSPEISEN

Rhabarber-Erdbeer-Dessert

FÜR 4 PERSONEN / ZUBEREITUNGSZEIT 25 MINUTEN

- 400 g Rhabarber
- 1 Saftorange
- 4 EL Zucker
- 1 erbsengroßes Stück Tonkabohne oder
- 1 Msp. gemahlene Vanille
- 300 g Erdbeeren
- 250 ml Milch
- ½ Päckchen Vanillepuddingpulver
- 250 g Sahnequark

1 Den Rhabarber waschen, putzen und in 2 cm lange Stücke schneiden. Die Orange auspressen; es sollen etwa 100 ml Saft entstehen. Die Rhabarberstücke mit 2 EL Zucker und dem Orangensaft in einen Topf geben.

2 Die Tonkabohne dazureiben oder die Vanille dazugeben. Alles aufkochen lassen und den Rhabarber 4–5 Minuten zugedeckt dünsten.

3 Inzwischen die Erdbeeren abbrausen und putzen. Je nach Größe halbieren oder vierteln. Den Rhabarber vom Herd nehmen, die Erdbeeren untermischen und alles abkühlen lassen.

4 Inzwischen für den Pudding 2 EL Milch in eine Tasse geben und die restliche Milch in einem kleinen Topf aufkochen lassen.

5 Das Puddingpulver in der kalten Milch auflösen und den restlichen Zucker (2 EL) untermischen. Diese Mischung in die kochende Milch rühren; einmal aufkochen lassen, bis der Pudding andickt.

6 Den Pudding auf dem kalten Wasserbad unter Rühren abkühlen lassen. Den Sahnequark darunterschlagen und den Vanillequark bis zum Servieren in den Kühlschrank stellen.

7 Das Rhabarber-Erdbeer-Dessert mit dem Vanillequark in Gläser oder Schälchen schichten. Die obere Schicht sollte Kompott sein.

TIPP: Anstelle der Erdbeeren können Sie Himbeeren nehmen und das Vanillepuddingpulver durch Puddingpulver mit Mandel- oder Sahnegeschmack ersetzen.

SÜSSSPEISEN

Bananensplit

FÜR 4 PERSONEN / ZUBEREITUNGSZEIT 25 MINUTEN

1 Vanilleschote
1 EL Kakaopulver
250 ml Milch
1 Eigelb
1 EL Zucker
1 gehäufter TL Mehl
400 g Schlagsahne
4 reife, feste Bananen
400 g Vanilleeis
2 EL Schokoladenstreusel

1 Die Vanilleschote längs aufschneiden und das Mark herauskratzen. Das Kakaopulver mit 3 EL Milch glatt rühren. Die restliche Milch in einem Topf mit dem Vanillemark und der Kakaomilch bis knapp unter den Siedepunkt erhitzen.

2 Das Eigelb mit Zucker in einem zweiten Topf ohne Hitze zu einer schaumigen Creme aufschlagen. Das Mehl daruntermischen. Den heißen Kakao unter ständigem Schlagen langsam dazugießen. Die Kakaomischung erhitzen, bis die Soße dickflüssig ist. Den Topf von der Kochstelle nehmen und die Soße rühren, bis sie kalt ist.

3 Die Sahne steif schlagen. Ein Drittel unter die Schokoladensoße ziehen, den Rest in einen Spritzbeutel füllen.

4 Die Bananen schälen, längs halbieren und auf Dessertteller legen. Mit der Soße überziehen. Das Eis neben den Bananen anrichten und das Bananensplit mit der Sahne und den Schokoladenstreuseln garnieren.

MILCHBARS, EISDIELEN UND ROCK 'N' ROLL

Obwohl der Bananensplit-Eisbecher auch schon 120 Jahre alt ist (ein Amerikaner soll ihn 1904 erfunden haben), ist er kein Dessert, das schon unsere Großmütter zubereitet haben. Trotzdem denkt vielleicht der ein oder andere mit nostalgischen Gefühlen an diese kalte Köstlichkeit, ist doch deren Geschichte in Deutschland eng verbunden mit der Kultur der 1950er- und -60er-Jahre. Milchbars gelangten zu Beginn der 1950er-Jahre aus den USA nach Deutschland und wurden von der Jugend begeistert angenommen. Nach den kargen Kriegs- und Nachkriegsjahren wollte man das Leben genießen, zwischen Barhockern und schickem pastellfarbenem Dekor Milchshakes trinken und vor allem amerikanische Musik aus der Musikbox hören. Erst mit dem Siegeszug des elektrischen Kühl- und Eisschranks konnte man damals überhaupt Speiseeis und Milchshakes herstellen. Da sie unter 21 in Kneipen keinen Zutritt hatten, war die alkoholfreie Milchbar einer der wenigen Orte, an denen Jugendliche sich treffen konnten. So eine typische Milchbar gibt es übrigens in Kommern in der Eifel zu besichtigen – sie wurde im Original-50er-Jahre-Zustand in das dortige Freilichtmuseum versetzt.

In den 1960er-Jahren wurden Milchbars von italienischen Eisdielen abgelöst. Auch dort, im „Venezia" oder „Cortina", traf sich die Jugend und verspeiste Schokobecher, Spaghetti-Eis oder eben Bananensplit. Obwohl es auch vor dem Zweiten Weltkrieg schon Bananen in Deutschland gegeben hatte, wurden sie zu jener Zeit erst so richtig populär und erschwinglich. Die längs halbierte („split") Banane mit Eis, Schokosoße und Sahne, oft serviert auf einem länglichen Teller, ist auch heute nicht von den Speisekarten der Eisdielen wegzudenken.

SÜSSSPEISEN

Schwarzwälder-Kirsch-Trifle

FÜR 4 PERSONEN / ZUBEREITUNGSZEIT 15 MINUTEN

1 Päckchen Vanille-puddingpulver	1 Glas Sauerkirschen (Abtropfgewicht 540 g)	2 EL Kirschwasser (nach Belieben)
500 ml Milch	1 EL Speisestärke	2 EL Raspelschokolade
5 EL Zucker	8 Schoko-Cookies	
100 g Sahne		

1 Den Pudding mit der Milch und 3 EL Zucker nach Packungsangabe zubereiten. In eine Schüssel umfüllen und ein Stück Frischhaltefolie direkt darauflegen (so entsteht keine Haut). Abkühlen lassen, dabei zwischendurch die Sahne unterrühren.

2 Währenddessen die Kirschen in einem Sieb abtropfen lassen, den Saft dabei auffangen. In einem Topf 200 ml Kirschsaft mit 2 EL Zucker erhitzen.

3 Die Speisestärke mit etwas kaltem Saft glatt rühren. In den kochenden Saft geben und kurz aufkochen lassen, bis die Flüssigkeit andickt. Die Kirschen untermischen; das Kirschragout kalt stellen.

4 Die Böden von vier Gläsern mit der Hälfte des Puddings bedecken. Die Cookies grob zerbrechen, die Hälfte der Keksstückchen auf den Pudding geben und nach Belieben mit Kirschwasser beträufeln.

5 Das Kirschragout (bis auf 4 EL) und den restlichen Pudding auf die Keksschichten verteilen. Die übrigen Keksstücke daraufstreuen und die Portionen mit Kirschragout und Schokoraspeln garnieren.

TIPP: Wenn es noch schneller gehen soll, statt Pudding zu kochen eine Creme aus 250 g Magerquark oder Joghurt, 1 EL Sahne oder Milch, 1 EL Vanillezucker und 50 g Zucker rühren und wie beschrieben mit den Kirschen und Cookies in Gläser schichten.

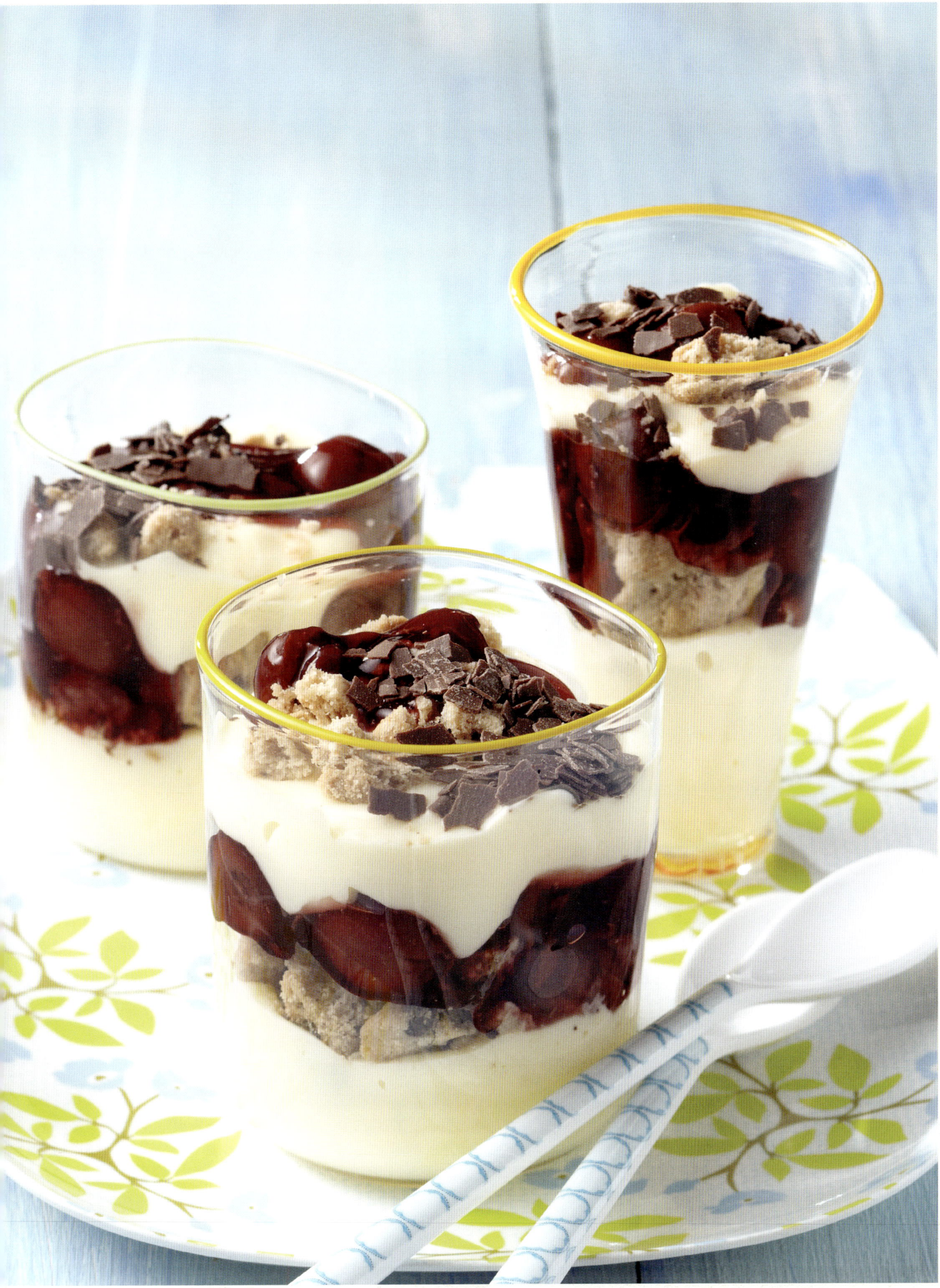

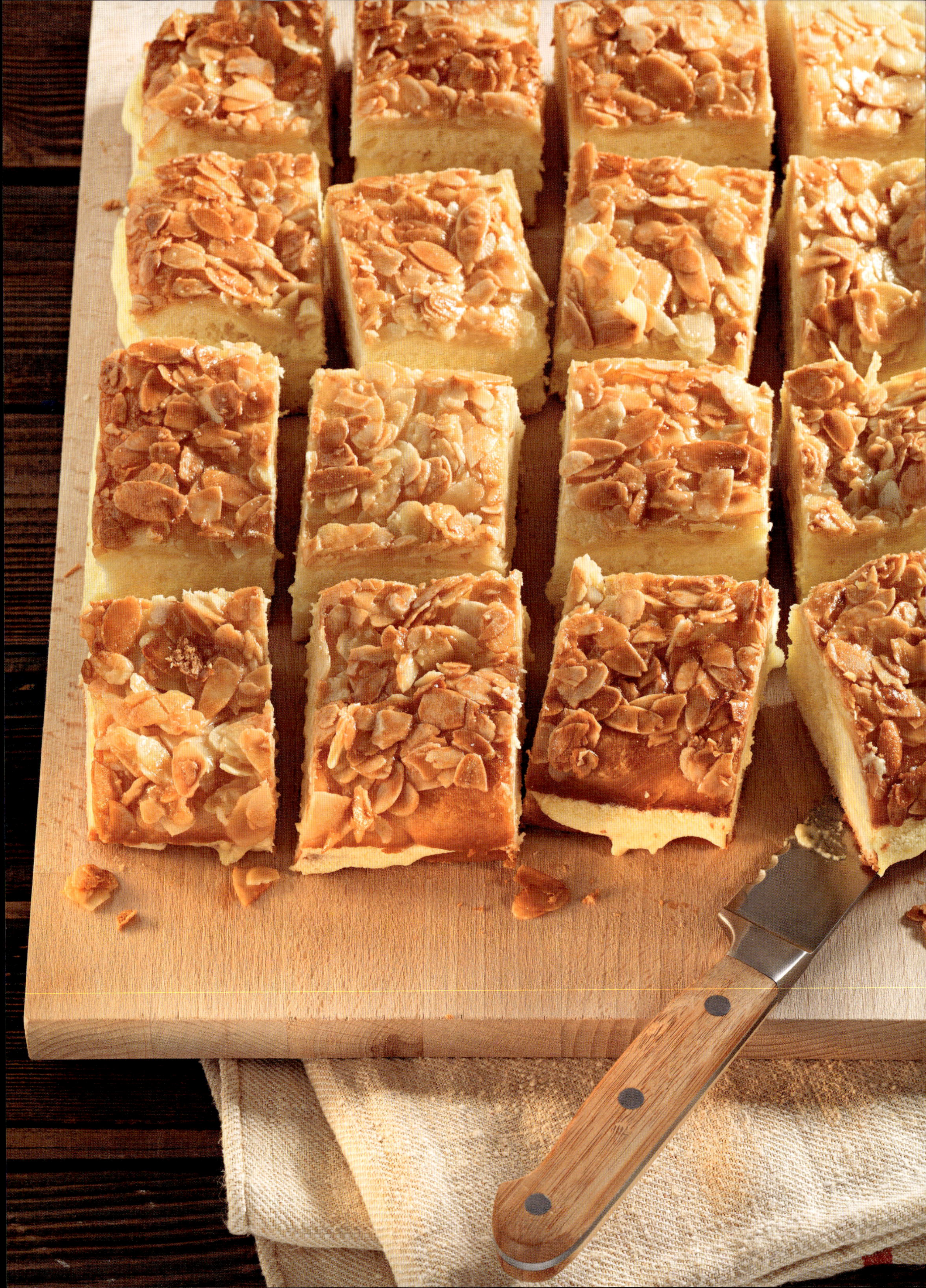

Backwerk

Wenn es um Gebäck geht, kommen wir an den Wienern und ihren Mehlspeisen einfach nicht vorbei! Aber auch bei Obstkuchen, Christstollen oder Rosinenbrötchen waren unsere Omas sehr versiert. Ob zur festlichen Kaffeetafel, zu Ostern, in der Weihnachtszeit oder einfach für einen Sonntag, an dem man noch Äpfel übrig hat: Die besten Kuchenrezepte sind hier versammelt!

BACKWERK

Saftiger Schokoladenkuchen

FÜR ETWA 16 STÜCKE / ZUBEREITUNGSZEIT 20 MINUTEN (+ BACKZEIT)

- 125 g verzehrfertige Trockenpflaumen, ohne Steine
- 100 ml Pflaumen- oder Traubensaft
- 125 g Butter, gewürfelt
- 150 g Bitterschokolade mit 70 % Kakaoanteil, grob gehackt
- 500 g Zucker
- 450 g Mehl
- 1 TL Backpulver
- 75 g Kakaopulver
- 1 Ei und 2 Eiweiß, leicht verquirlt
- Puderzucker oder Kakaopulver, gesiebt (zum Bestäuben)

1 Den Backofen auf 160 °C vorheizen. Eine quadratische Kuchenform mit Backpapier auslegen.

2 Die Pflaumen pürieren. Bei Bedarf 1 EL heißes Wasser zufügen, damit das Püree geschmeidig wird. Das Püree in eine hitzebeständige Schüssel geben. Saft, Butter, Schokolade, Zucker und 250 ml kochendes Wasser einrühren. Die Schüssel auf einem Gestell über einen Topf mit köchelndem Wasser stellen, sie darf nicht im Wasser stehen.

3 Die Schokoladenmasse häufig umrühren, bis die Schokolade geschmolzen ist, dann 2–3 Minuten abkühlen lassen, bis der Inhalt lauwarm ist.

4 Mehl, Backpulver und Kakao in eine große Schüssel sieben und in die Mitte eine Mulde drücken. Die Schokoladenmischung hineingießen, dann das Ei und die Eiweiße hinzufügen und alles zu einem geschmeidigen Teig schlagen.

5 Den Teig in die Form füllen und glatt streichen. Etwa 1¼ Stunden backen. Der Kuchen ist gar, wenn man ein Holzstäbchen hineinsteckt und an diesem beim Herausziehen kein Teig mehr klebt.

6 Den Kuchen in der Form auf einem Kuchengitter 15 Minuten abkühlen lassen, dann aus der Form nehmen und auf das Gitter stürzen. Mit Puderzucker oder Kakaopulver bestäuben.

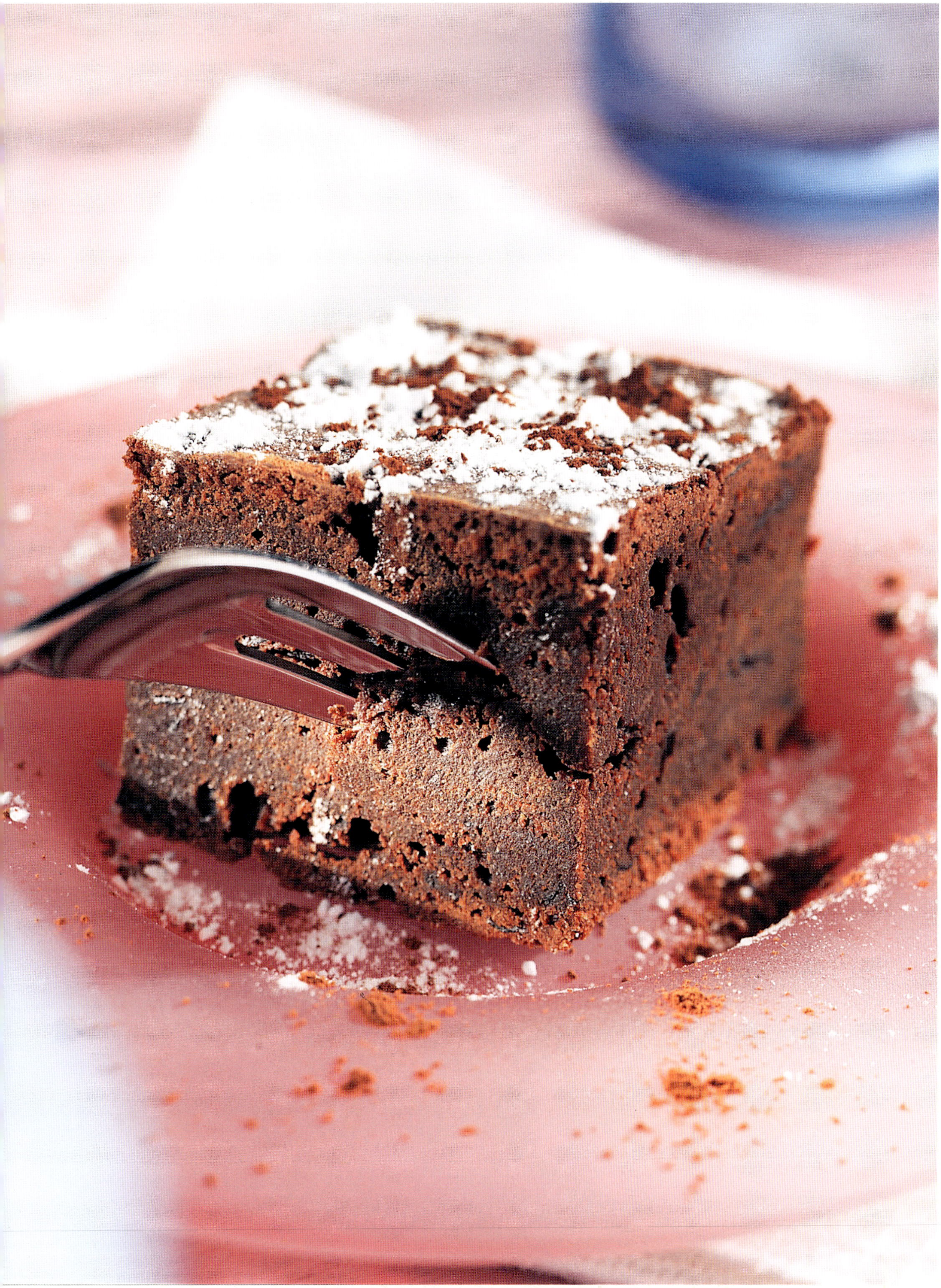

Schwarzwälder Kirschtorte

FÜR 1 SPRINGFORM, ⌀ 26 CM / ZUBEREITUNGSZEIT 60 MINUTEN (+ BACKZEIT)

Für den Biskuitteig:
7 Eier
250 g Zucker
150 g Mehl
50 g Speisestärke
50 g Kakaopulver
60 g Butter, zerlassen
Für die Füllung:
700 g Sauerkirschen, geputzt und entsteint
(oder 1 Glas entsteinte Sauerkirschen, etwa 450 g)
1 Msp. gemahlene Nelken
1 Zimtstange
2 Blatt weiße Gelatine, eingeweicht und ausgedrückt
3–4 EL Kirschwasser oder Kirschsaft
1 l Schlagsahne
1 Päckchen Vanillezucker
2 Päckchen Sahnesteif
Blockschokolade (zum Garnieren)

1 Für den Teig Eier und Zucker in einer Schüssel über einem warmen Wasserbad lauwarm aufschlagen. Aus dem Wasserbad nehmen und die Masse weitere 8 Minuten cremig schlagen.

2 Den Backofen auf 190 °C vorheizen. Das Mehl, die Speisestärke und das Kakaopulver auf die Eimasse sieben und untermischen. Zum Schluss die zerlassene Butter langsam einrühren.

3 Die Form mit Backpapier auslegen. Den Teig einfüllen, glatt streichen, dann 30–35 Minuten backen. Den Biskuit erkalten lassen, anschließend in drei Böden gleicher Dicke schneiden.

4 Für die Füllung frische Kirschen in 200 ml Wasser aufkochen und dann abkühlen lassen. In ein Sieb geben, dabei den Saft auffangen. Kirschen aus dem Glas genauso absehen. Den Saft mit den Nelken und der Zimtstange erhitzen. Nach einigen Minuten die Zimtstange entfernen. Die ausgedrückte Gelatine in dem noch warmen Saft auflösen.

5 Den unteren Biskuitboden mit Kirschwasser oder -saft beträufeln und mit der Hälfte der Kirschmasse bestreichen. Die Hälfte der Kirschen daraufgeben. Die Sahne mit Vanillezucker und Sahnesteif steif schlagen. Ein Viertel der Sahne auf die Kirschen streichen. Darauf den zweiten Biskuitboden legen. Mit Kirschwasser bzw. -saft beträufeln, mit der restlichen Kirschmasse bestreichen, mit den übrigen Kirschen belegen (einige beiseitelegen) und mit dem zweiten Viertel Sahne bestreichen.

6 Den letzten Boden darauflegen. Ebenfalls mit Kirschwasser oder -saft beträufeln. Mit der restlichen Sahne die Torte rundherum bestreichen. Einen kleinen Rest in eine Spritztüte geben. Blockschokolade über die Torte raspeln. Dann die Torte mit der Sahne aus der Spritztüte und den beiseitegelegten Kirschen verzieren.

SCHWARZWÄLDER KIRSCHTORTE IN AFRIKA

Über den Ursprung der Schwarzwälder Kirschtorte ist man sich nicht einig. Die beiden gängigsten Theorien verorten ihn bei Konditoren in Bonn-Bad Godesberg oder aber in Tübingen – beides nicht unbedingt im Schwarzwald gelegen! Zwei Dinge verbinden die Torte aber durchaus mit dem Schwarzwald: Die Farbgebung aus Weiß (Sahne), Rot (Kirschen) und Dunkelbraun (Schokolade), die an die Schwarzwälder Trachten mit den roten Bollenhüten denken lässt, und die reichliche Verwendung von Kirschwasser, das traditionell aus den guten Schwarzwälder Kirschen hergestellt wird. Seit den 1930er-Jahren ist die „beschwipste" Torte bekannt und hat seither ihren Siegeszug um die ganze Welt angetreten. In den USA begeht man sogar einen „National Black Forest Cake Day" am 28. März. Vielerorts wird das Originalrezept aber leicht abgewandelt: In Indien verzichtet man auf den Alkohol, und der schwedischen „Schwarzwaldtårta" sind sogar die Kirschen abhanden gekommen … Streng nach Rezept bekommt man die Torte aber in einem Land, das man zunächst so gar nicht mit den dunklen Tannen des Schwarzwaldes in Verbindung bringt: im afrikanischen Wüstenstaat Namibia. Aufgrund der deutschen Kolonialvergangenheit (zwischen 1884 und 1915 stand Namibia unter deutscher Herrschaft) werden dort noch viele deutsche Traditionen gepflegt. Daher ist es noch heute möglich, im Restaurant „Thüringer Hof" in der Hauptstadt Windhoek Kartoffelklöße zu bestellen oder eben eine üppige Schwarzwälder Kirschtorte zu essen, zum Beispiel im Café Anton im Küstenort Swakopmund.

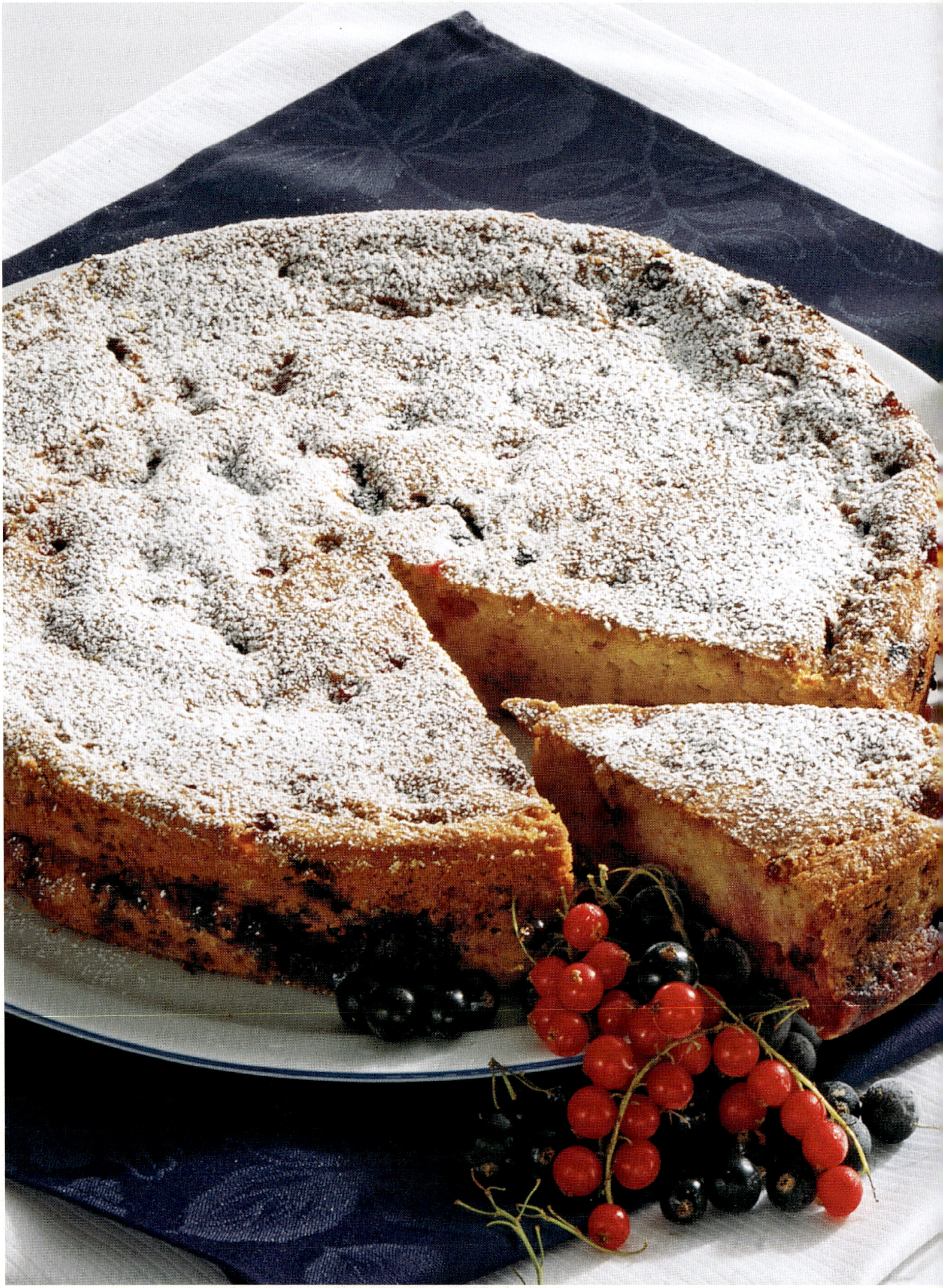

Grießkuchen mit Johannisbeeren

FÜR 1 SPRINGFORM, ⌀ 26 CM / ZUBEREITUNGSZEIT 40 MINUTEN (+ BACKZEIT)

375 ml Milch	½ unbehandelte Zitrone	Fett (für die Form)
1 Prise Salz	50 g weiche Butter	Puderzucker (zum Bestäuben)
100 g Weizenvollkorngrieß	125 g Zuckerrohrgranulat	
3 Eier	1 TL gemahlene Vanille	
750 g Rote und Schwarze Johannisbeeren gemischt	300 g Magerquark	
	50 g Weizenvollkornmehl	
	1 TL Backpulver	

1 Die Milch mit dem Salz zum Kochen bringen. Den Grieß zugeben, aufkochen und den Topf von der Kochstelle nehmen. Den Grießbrei unter häufigem Rühren 10 Minuten quellen, dann abkühlen lassen.

2 Die Eier trennen. Die Johannisbeeren von den Stielen streifen, verlesen und waschen. Die Zitrone gründlich waschen, abtrocknen und die Schale der halben Zitrone abreiben, anschließend die ganze Zitrone auspressen.

3 Für den Teig Butter, Zucker, Vanille, Zitronenschale und -saft schaumig rühren. Die Eigelbe nacheinander unterrühren. Den Grießbrei und den Quark esslöffelweise untermischen.

4 Die Eiweiße steif schlagen. Zuerst die Beeren, dann den Eischnee auf den Teig geben. Mehl und Backpulver mischen und darübersieben. Alles unterheben.

5 Die Form einfetten. Den Teig einfüllen, glatt streichen und auf die mittlere Schiene des kalten Backofens stellen. Bei 180 °C etwa 1¼ Stunden backen, den Kuchen 10 Minuten abkühlen lassen, anschließend aus der Form lösen und mit Puderzucker bestäuben.

KUCHEN ODER TORTE?

Im Gegensatz zum einfachen Kuchen ist eine Torte laut DUDEN ein „feiner, meist aus mehreren Schichten bestehender, mit Creme o. Ä. gefüllter oder mit Obst belegter und in verschiedener Weise verzierter Kuchen von meist kreisrunder Form". Legt man die ersten dieser Kriterien zugrunde, ist die Donauwelle eindeutig eine Torte – nur eine kreisrunde Form, die hat sie nicht, denn sie wird auf dem Blech gebacken. Also doch ein Kuchen? Wir finden: Völlig egal – auf den Geschmack und die schönen Wellen obendrauf kommt es an! Und beides können – anders als bei anderen Torten – auch Normalbegabte beim Backen sehr gut hinbekommen.

BACKWERK

Donauwelle

Für 1 tiefes Backblech / Zubereitungszeit 40 Minuten (+ Backzeit)

Für den Rührteig:
- 200 g weiche Butter
- 200 g Zucker
- 1 Prise Salz
- 5 Eier
- 1 Glas Sauerkirschen (Abtropfgewicht 350 g)
- 300 g Mehl
- 2 TL Backpulver
- 3 EL Kakaopulver
- 1 EL brauner Rum

Für Creme und Glasur:
- 1 Päckchen Vanillepuddingpulver
- 40 g Zucker
- 500 ml Milch
- 150 g weiche Butter
- 3 EL Puderzucker
- 300 g dunkle Schokoladenglasur

Außerdem:
Butter für das Backblech
Kakaopulver zum Bestäuben

1 Für den Teig die Butter mit Zucker und Salz in einer Schüssel cremig schlagen. Die Eier einzeln unterrühren, bis die Masse schaumig ist. Die Kirschen in einem Sieb abtropfen lassen. Das Backblech mit Butter fetten. Den Backofen auf 180 °C vorheizen.

2 Das Mehl mit dem Backpulver mischen und unter die schaumige Masse rühren. Die Hälfte des Teigs auf das Blech streichen. Das Kakaopulver und den Rum unter den restlichen Teig in der Schüssel rühren.

3 Den dunklen Teig auf den hellen Teig streichen, dann die Kirschen gleichmäßig auf dem Teig verteilen. Den Kuchen 35 Minuten im heißen Ofen (Mitte) backen, anschließend in der Form abkühlen lassen.

4 Das Puddingpulver mit dem Zucker und 6 EL Milch verquirlen. Restliche Milch zum Kochen bringen, das angerührte Pulver einrühren; einmal aufkochen lassen. Den Pudding abkühlen lassen, dabei gelegentlich umrühren, damit sich keine Haut bildet.

5 Die Butter mit dem Puderzucker cremig schlagen und esslöffelweise unter den abgekühlten Pudding rühren. Die Creme gleichmäßig auf den Kuchen streichen. Den Kuchen 30 Minuten kühl stellen.

6 Die Schokoladenglasur nach Packungsangabe erwärmen, anschließend über die Buttercreme gießen und glatt streichen, ohne sie mit der Creme zu vermischen. Mit einem Tortenkamm oder einer Gabel wellenförmige Linien durch die Glasur ziehen. Die Glasur fest werden lassen und den Kuchen mit Kakao bestäuben.

BACKWERK

Hefezopf

FÜR 15–20 SCHEIBEN / ZUBEREITUNGSZEIT 30 MINUTEN (+ GEH- UND BACKZEIT)

- 500 g Mehl
- 250 ml Milch
- 80 g Zucker
- 1 Würfel frische Hefe (42 g)
- 80 g Butter
- 1 Prise Salz
- 1 Ei
- abgeriebene Schale von 1 unbehandelten Zitrone
- 50 g Sultaninen, eingeweicht
- 50 g Mandelstifte
- zerlassene Butter (zum Bepinseln und für die Form)
- 1 Eigelb (zum Bepinseln)
- 50 g gehackte Mandeln

1 Das Mehl in eine Schüssel geben. In die Mitte eine Mulde drücken. In einem Topf 2 EL Milch erwarmen, dann 1 TL Zucker zufügen. Die Hefe hineinbröckeln und glatt rühren.

2 Die Hefemischung in die Mulde geben und mit etwas Mehl bestreuen. Den Vorteig zugedeckt etwa 20 Minuten an einem warmen Ort ruhen lassen, bis die Mehldecke rissig wird. Dann die restliche Milch, den übrigen Zucker, die Butter, das Salz und das Ei hinzufügen und alles zu einem glatten Teig verarbeiten. Den Teig anschließend nochmals 10 Minuten kräftig durchkneten, bis er sich von der Schüssel löst. Zugedeckt 30 Minuten gehen lassen.

3 Den Backofen auf 200 °C vorheizen. Die Zitronenschale mit den abgetropften Sultaninen und den Mandelstiften in den Hefeteig einarbeiten. Aus dem Teig drei Rollen gleicher Länge formen und zu einem Zopf flechten. Die Enden zusammendrücken, mit zerlassener Butter bepinseln und nach unten umschlagen.

4 Den Zopf nochmals 20 Minuten gehen lassen. Mit Eigelb bepinseln und mit den gehackten Mandeln bestreuen. Ein Backblech mit Butter einfetten und den Zopf etwa 1 Stunde backen. Wird er zu schnell dunkel, mit Aluminiumfolie bedecken.

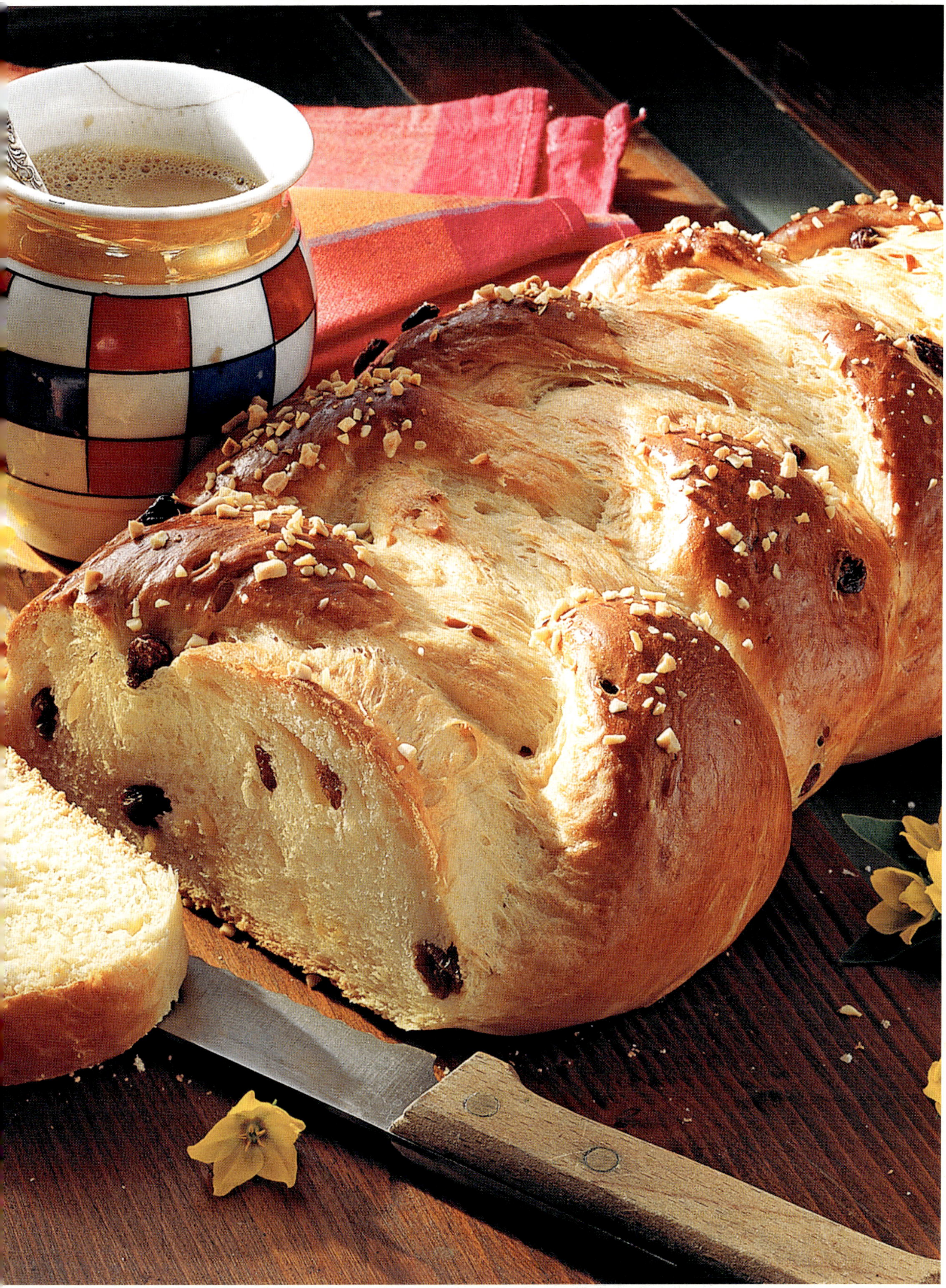

BACKWERK

BROT BACKEN –
wie in alten Zeiten

Ein frisches, verführerisch duftendes Brot mit knuspriger Kruste direkt aus dem Backofen – wer kann da widerstehen? Mit ein wenig Butter bestrichen, wird es zum wahren Gaumenschmaus. Dabei ist das Brotbacken gar nicht so schwierig, wie man denken könnte, und es werden nur wenige Zutaten benötigt.

WEIZENBROT

275 ml Milch
20 g Hefe
500 g Weizenmehl
50 g Butter
3 Msp. Salz
1 Ei
Fett für die Form

■ 125 ml Milch lauwarm erhitzen und die Hefe darin auflösen. 4 EL Mehl unterrühren und den Vorteig zugedeckt an einem warmen Ort 20 Minuten gehen lassen.
■ Das restliche Mehl, die restliche Milch, Butter und Salz in eine Schüssel geben. Den Vorteig zufügen. Alles zu einem glatten Teig kneten.
■ Eine Kastenform einfetten, den Teig einfüllen. Zugedeckt an einem warmen Ort mindestens 35 Minuten gehen lassen. Das Ei verquirlen und das Brot damit einpinseln. Bei 180 °C etwa 45 Minuten backen.

KÜMMELBROT

100 g Sauerteig
1 l Buttermilch (oder Magermilch bzw. Wasser)
2½ kg Roggenmehl
Salz
Kümmel
Fett für die Form

■ Fertigen Sauerteig kaufen oder vom Hefeteig des Landbrots (siehe S. 251) 100 g mit etwa 50 g Mehl verkneten, bis ein fester Teig entstanden ist. Dann in ein Baumwollsäckchen einfüllen. Mindestens 5 Tage trocken aufhängen, bis ein Sauerteig entstanden ist.
■ Am Vortag den Sauerteig mit ½ l lauwarmer Buttermilch auflösen. 200 g Mehl untermischen und 4 Stunden stehen lassen.
■ Den kräftig gegorenen Teig mit der Hälfte des restlichen Mehls und der restlichen Milch zu einem mittelfesten Teig verrühren. Über Nacht zugedeckt an einem warmen Ort stehen lassen.
■ Am nächsten Tag mit dem restlichen Mehl, Salz und Kümmel verkneten, bis ein fester Teig entstanden ist.
■ Den Teig halbieren und zwei runde oder längliche Brote formen. Zugedeckt an einem warmen Ort gehen lassen, bis sich Risse gebildet haben. Backen wie im Rezept Landbrot beschrieben.

ALTDEUTSCHES OSTERBROT

375 ml lauwarme Milch
50 g Hefe
100 g Zucker
150 g Mandeln
½ TL Safran
2 EL Rum
175 g Butter
1 kg Weizenmehl
3 Eigelb
2 Eier
1 TL Salz
130 g Sultaninen

■ Aus 3 EL Milch, der Hefe und 2 TL Zucker einen Vorteig zubereiten.
■ Die Haut der Mandeln abziehen. Etwa 30 Mandeln beiseite legen. Die restlichen mahlen. Safran und Rum mischen. Die Butter zerlassen.
■ Den Vorteig mit Mehl, 2 Eigelben, den Eiern, restlichem Zucker, restlicher Milch, Butter, Salz, 100 g Sultaninen und gemahlenen Mandeln verkneten. 30 Minuten zugedeckt gehen lassen. Ein Viertel des Teiges zu zwei Rollen formen.
■ Den restlichen Teig zu einem Brot formen. Die Rollen darüber legen. Mit dem letzten Eigelb bestreichen. Mit den restlichen Mandeln und Sultaninen verzieren. Bei 180 °C 45 Minuten backen.

Ein schön aufgegangener Teig ist die Voraussetzung für ein herrlich duftendes Brot, wie es schon seit Generationen gebacken wird.

LANDBROT

850 g Weizenmehl
350 g Roggenmehl
½ l lauwarmes Wasser
25 g Hefe
1 TL Salz
Fett für die Form

■ Weizen- und Roggenmehl mischen. Im Wasser Hefe und Salz auflösen. In die Mitte des Mehls eine Vertiefung drücken. Die Hefemischung hineingeben. 15 Minuten gehen lassen.
■ Dann den Teig kneten, eine Kugel formen und dünn mit Mehl bestäuben. Zugedeckt an einem warmen Ort 3 Stunden gehen lassen. So lange kneten, schlagen und walken, bis die Kugel so groß wie vor dem Gehen ist. Eine Backform einfetten. Das Brot hineingeben. 3 Stunden gehen lassen.
■ Den Backofen auf 250 °C vorheizen. Das Brot oben mehrfach einschneiden. Zuerst 15 Minuten bei 250 °C, dann bei 150 °C weitere 45 Minuten backen.

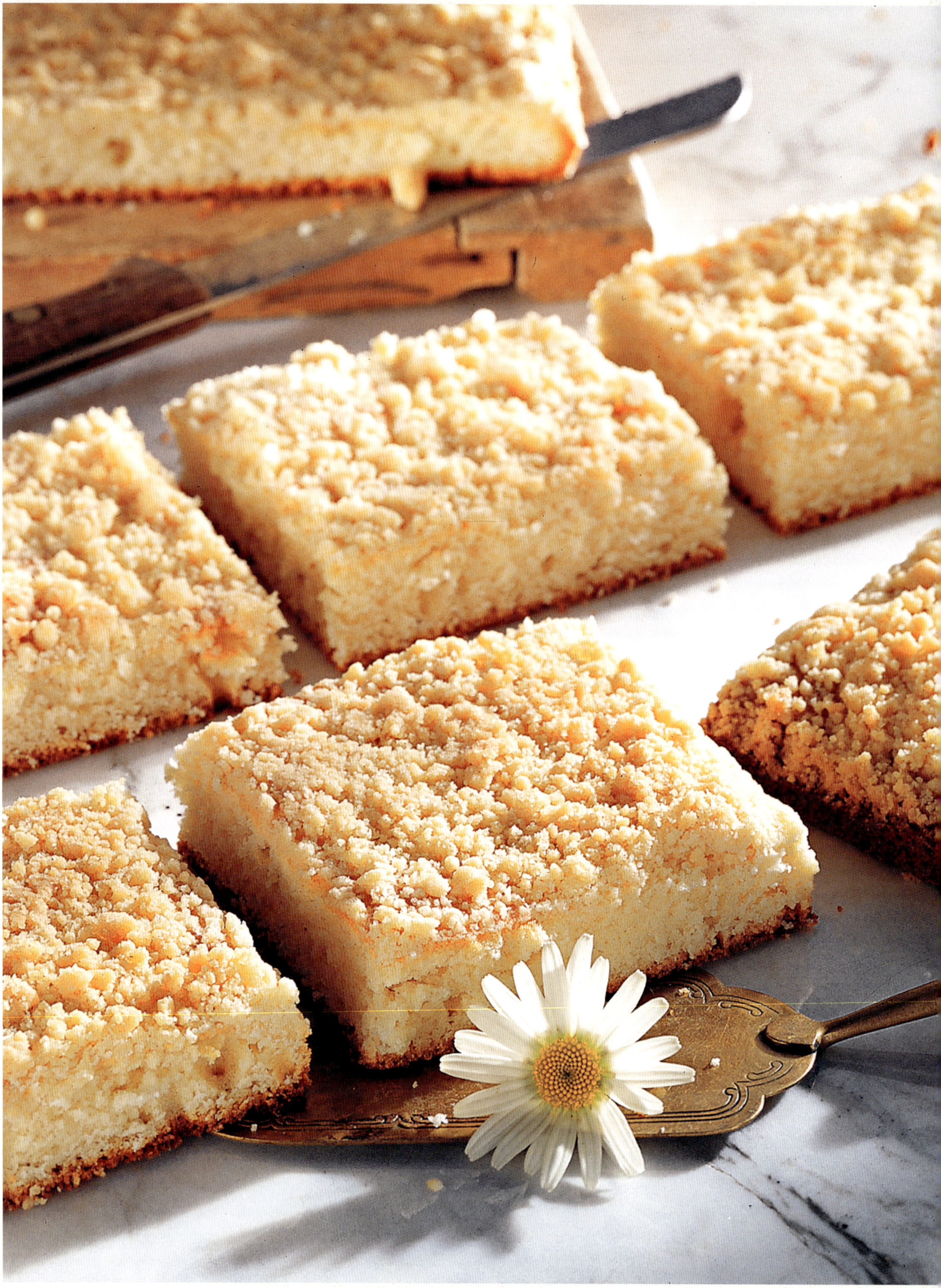

Streuselkuchen

FÜR 1 BACKBLECH / ZUBEREITUNGSZEIT 20 MINUTEN (+ BACKZEIT)

Für den Teig:
- 2 Eier
- 100 g Butter
- 125 g Zucker
- 250 ml Milch
- 400 g Mehl
- 1 Päckchen Backpulver
- Fett (für das Backblech)

Für die Streusel:
- 50 g weiche Butter
- 100 g Mehl
- 50 g Zucker

1 Den Backofen auf 200 °C vorheizen.

2 Die Eier, die Butter und den Zucker in einer Schüssel schaumig rühren. Die Milch dazugießen. Das Mehl und das Backpulver vermischen und unterrühren. Alle Zutaten schnell zu einem glatten Teig verarbeiten.

3 Das Backblech einfetten oder mit Backpapier auslegen. Den Teig auf dem Blech glatt streichen.

4 Für die Streusel die Butter, das Mehl und den Zucker in einer Schüssel verrühren, bis sich Streusel gebildet haben. Bei Bedarf mit den Fingern zerkrümeln. Die Streusel gleichmäßig auf dem Teig verteilen. Den Teig im Backofen etwa 25 Minuten backen.

TIPP: Echter Vanillezucker ist teuer. Man kann ihn aber ganz leicht selbst zubereiten. Dazu ein gut verschließbares Glas mit 500 g feinem Zucker füllen. Drei Vanilleschoten längs aufschlitzen und das Mark herauskratzen. Die Schotenhälften und das Mark unter den Zucker mischen, das Glas verschließen und eine Woche warten, bis der Zucker das Vanillearoma aufgenommen hat. Bereits verwendete, ausgekratzte Vanilleschoten kann man auch in den Vanillezucker stecken.

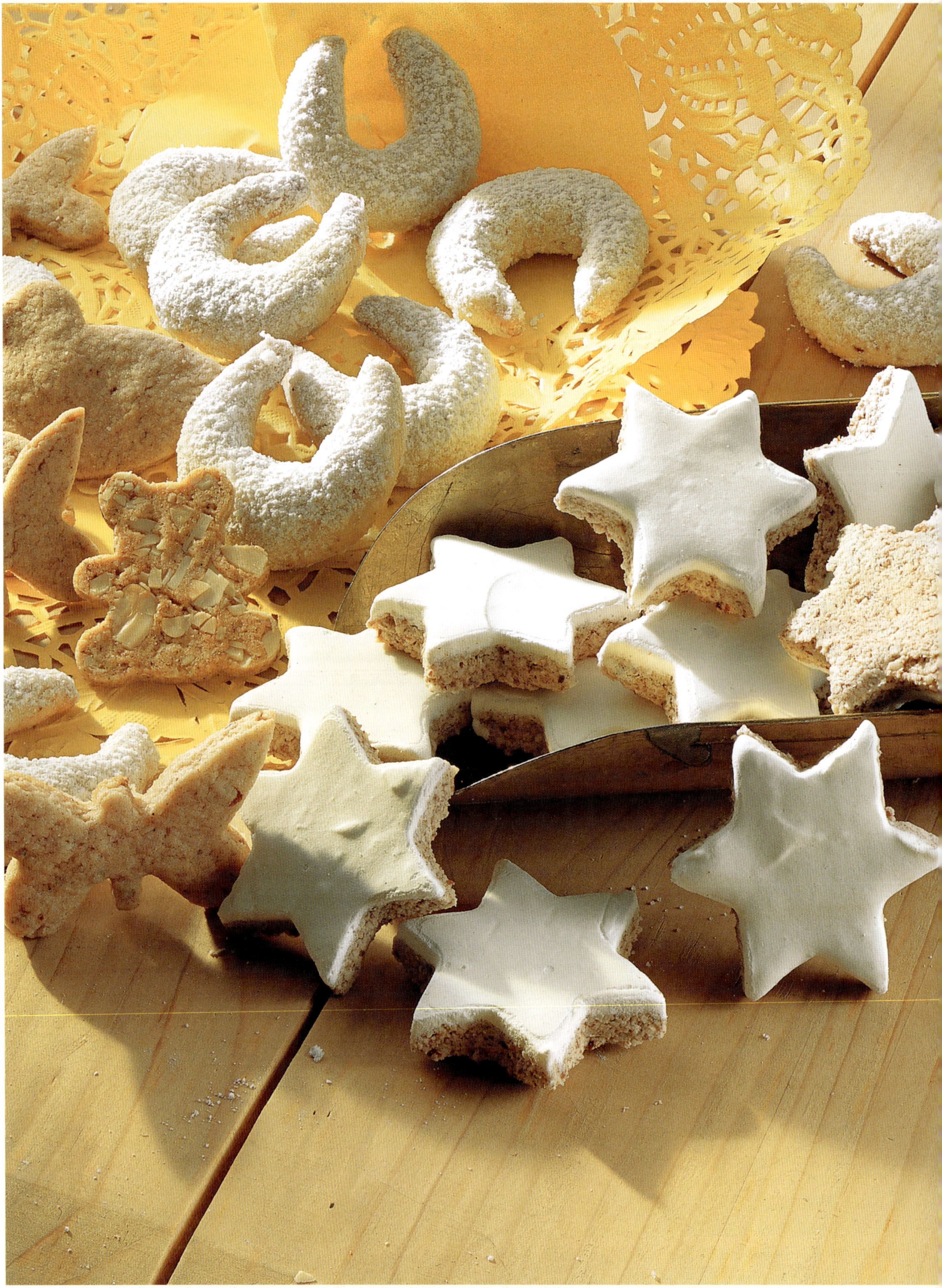

Weihnachtsplätzchen

SPEKULATIUS

250 g Weizenmehl
1 Msp. Backpulver
125 g Zucker
1 Päckchen Vanillezucker
½ Fläschchen Rumaroma
1 gut gehäufter TL Zimt
je ½ gestrichener TL Nelkenpulver und Kardamom
1 Msp. gemahlene Muskatblüte
1 Ei
75 g Butter
75 g gemahlene Mandeln
etwa 50 g Mandelblättchen (für die Arbeitsfläche)

■ Das Mehl und das Backpulver mischen und auf die Arbeitsfläche geben. In die Mitte eine Mulde drücken.
■ Zucker, Vanillezucker, Rumaroma, Gewürze und Ei in die Mulde geben und mit etwas Mehl zu einer zähflüssigen Masse verarbeiten.
■ Die Butter in Stücken und die gemahlenen Mandeln dazugeben. Von der Mitte aus alle Zutaten schnell zu einem glatten Teig verkneten. Sollte er kleben, eine Zeit lang kühl stellen. Den Backofen auf 190 °C vorheizen.
■ Die Arbeitsfläche mit Mandelblättchen bestreuen, den Teig etwa 3–4 mm dick darauf ausrollen. Mit Förmchen ausstechen oder Spekulatiusmodel mit Mehl bestreuen und den Teig in die Vertiefungen drücken.
■ Ein Backblech mit Backpapier auslegen und die Spekulatius darauflegen. Etwa 10 Minuten im Ofen backen.

ZIMTSTERNE

150 g Puderzucker
250 g ungeschälte oder gemahlene Mandeln
2 Eiweiß
1 TL Zimt

■ Den Puderzucker durch ein Sieb streichen. Die ungeschälten Mandeln in der Mandelmühle mahlen.
■ Die Eiweiße mit dem Rührgerät steif schlagen. Dann den Puderzucker esslöffelweise dazugeben. Davon 3 EL für den Überzug beiseitestellen.
■ Die Mandeln mit dem Zimt mischen und vorsichtig unter die Eiweißmischung heben. Den Teig ungefähr 30 Minuten ruhen lassen. Den Backofen auf 150 °C vorheizen.
■ Den Teig zwischen Klarsichtfolie etwa 1 cm dick ausrollen. Die obere Folie entfernen und kleine Sterne ausstechen.
■ Ein Backblech mit Backpapier auslegen. Die Sterne darauflegen, mit der restlichen Eiweißmasse bestreichen und etwa 40 Minuten backen.

VANILLEKIPFERL

140 g Butter
70 g ganze oder gemahlene Haselnusskerne
50 g Puderzucker
210 g Mehl
Mehl zum Formen
3 Päckchen Vanillezucker und 2 EL Puderzucker zum Wenden

■ Die Butter bei Zimmertemperatur weich werden lassen. Die ganzen Haselnusskerne in der Mandelmühle fein mahlen. Die Butter, den Puderzucker, die Haselnüsse und das Mehl erst mit dem Rührgerät verrühren, dann mit der Hand kneten. Den Teig in Klarsichtfolie wickeln und mindestens 1 Stunde, am besten aber über Nacht, kalt stellen.
■ Den Backofen auf 175 °C vorheizen. Vor der Weiterverarbeitung die Hände mit Mehl bestäuben. Den Teig zu einer fingerdicken Rolle formen und in ungefähr 5 cm lange Stücke schneiden. Daraus Hörnchen formen, dabei die Enden dünner auslaufen lassen.
■ Ein Backblech mit Backpapier auslegen und die Kipferl darauf 25 Minuten backen, die nächsten Bleche nur 20 Minuten. Vanille- und Puderzucker mischen und die noch heißen Kipferl darin wenden, dann erkalten lassen.

Kleine und grosse Dresdner Stollen

Wer an Christstollen denkt, denkt an Dresden. Und tatsächlich gibt es dort eine lange Stollentradition, die mindestens bis ins 17. Jahrhundert zurückreicht: 1648 erhielten die Dresdner Bäcker nämlich vom Kurfürsten ein Monopol zugesprochen, wonach nur sie den heimischen Striezelmarkt und den Hof mit Stollen beliefern durften, niemand Auswärtiges. Noch heute trägt der Dresdner Stollen das Siegel „Geschützte geografische Angabe", er darf also nur aus Dresden und Umgebung stammen, und die Zubereitung ist streng geregelt. Das hindert uns natürlich nicht daran, selbst einen zu backen!

Die brotähnlich eingeschlagene Form des Stollens und die Tatsache, dass er dick mit Puderzucker bestäubt wird, sollen angeblich an das in Windeln gewickelte Christuskind erinnern. Zu Anfang war er ein recht neutrales Hefegebäck, doch mit der wachsenden Verfügbarkeit von Zucker, Zitronat, Orangeat und orientalischen Gewürzen erhielt er nach und nach sein heutiges gehaltvolles Gewand. Der ideale Stollen wiegt zwei Kilo und sollte in einer Papp- oder Blechschachtel kühl gelagert werden. Einmal angeschnitten, hält er sich mindestens sechs Wochen. Der gleiche Opa, der gern Tomatenbrot aß (siehe S. 131), pflegte übrigens altbackene Stollenscheiben mit Butter zu bestreichen und mit Schwarzbrot zu belegen ...

Zur Erinnerung an einen Riesenstollen, der 1731 für die Truppen Augusts des Starken gebacken worden war, feiert Dresden jedes Jahr am 2. Advent ein Stollenfest, bei dem ein mehrere Tonnen schwerer Stollen mit einem 1,60 m langen Riesenmesser angeschnitten wird. Die einzelnen Portionen werden für einen guten Zweck verkauft.

Christstollen

FÜR 50 SCHEIBEN / ZUBEREITUNGSZEIT 45 MINUTEN (+ GEH- UND BACKZEIT)

- 250–375 g Sultaninen (nach Belieben)
- 125 g Korinthen
- 2 EL Rum oder Wasser
- 250 ml Milch
- 2 TL Zucker
- 2 Würfel Hefe
- 750 g Weizenmehl
- 125 g Zucker
- 1 Päckchen Vanillezucker
- etwas Salz
- 6 Tropfen Zitronenöl
- 6 Tropfen Bittermandelöl
- 1 Msp. gemahlener Kardamom
- 1 Msp. gemahlene Muskatblüte
- 250 g Butter, zerlassen, plus 75 g zerlassene Butter zum Bestreichen
- 100 g fein gewürfeltes Zitronat
- 100 g Mandeln, geschält und gemahlen
- Puderzucker (zum Bestäuben)

1 Die Sultaninen und die Korinthen waschen, in eine Schüssel geben und mit Rum oder Wasser übergießen. Dann 20 Minuten ziehen, anschließend in einem Sieb abtropfen lassen.

2 In 3 EL warme Milch 2 TL Zucker rühren. Die Hefe hineinbröckeln und auflösen. Alles 15 Minuten bei Zimmertemperatur stehen lassen.

3 Zwei Drittel des Mehls in eine Rührschüssel sieben, in die Mitte eine Mulde drücken und Zucker, Vanillezucker, Salz, Zitronen- und Bittermandelöl, Kardamom, Muskatblüte sowie die zerlassene Butter an den Rand des Mehls geben.

4 Die Hefemischung in die Mulde geben. Von der Mitte aus mit dem Mehl, der restlichen Milch und den übrigen Zutaten verrühren. Dann das restliche Drittel Mehl dazugeben. Den Teig so lange kneten, bis er glatt ist, und zum Schluss Sultaninen und Korinthen, Zitronat und Mandeln dazugeben.

5 Den Teig an einem warmen Ort so lange gehen lassen, bis er etwa doppelt so hoch ist. Dann gut durchkneten und zu einem Laib formen. Für die typische Stollenform den Laib ein wenig abseits der Mittelachse längs mit einem Holzstab eindrücken. Das größere Teigstück flach rollen und dann zu der durch den Holzstab geformten Vertiefung hin einschlagen.

6 Ein Blech mit Backpapier auslegen. Den Stollen darauflegen und an einem warmen Ort so lange gehen lassen, bis er sich sowohl in der Breite wie in der Höhe etwa um die Hälfte vergrößert hat. Den Ofen auf 250 °C vorheizen und den Stollen hineinschieben. Dann die Temperatur auf 160 °C reduzieren und den Stollen 45–55 Minuten backen.

7 Den warmen Stollen mit der zerlassenen Butter einpinseln und dick mit Puderzucker bestäuben.

Marmorkuchen

FÜR 1 KUCHENFORM, ⌀ 23 CM / ZUBEREITUNGSZEIT 40 MINUTEN (+ BACKZEIT)

300 g Mehl	1 Prise Salz	*Außerdem:*
1 TL Backpulver	4 Eier	Butter für die Form
100 g Bitterschokolade	4 EL Milch	200 g dunkle und
250 g weiche Butter	50 g gehackte Mandeln	100 g weiße
200 g Zucker	2 EL Kakao	Schokoladenglasur
1 Päckchen Vanillezucker	2 EL Rum	

1 Den Backofen auf 180 °C vorheizen. Eine Napfkuchenform gründlich fetten. Das Mehl mit dem Backpulver mischen. Die Schokolade fein reiben.

2 Die Butter in einer Schüssel mit den Quirlen des Handrührgeräts schaumig schlagen, dabei Zucker, Vanillezucker und Salz hinzufügen. Die Eier einzeln unterrühren.

3 Die Mehlmischung esslöffelweise unter die Butter-Eier-Masse rühren, dabei die Milch hinzufügen. Die Hälfte des Teigs in eine andere Schüssel füllen. Die Mandeln unter eine Teighälfte, Schokolade, Kakao und zuletzt Rum unter die zweite Teighälfte rühren.

4 Zuerst etwa die Hälfte des hellen Teigs in die Form füllen, darauf den dunklen Teig und dann den restlichen hellen Teig verteilen. Eine Gabel spiralenförmig durch die Teigschichten ziehen, damit eine Marmorierung entsteht.

5 Den Kuchen im heißen Backofen 45–50 Minuten backen. Wenn bei der Stäbchenprobe kein Teig mehr hängen bleibt, ist der Kuchen gar. Aus dem Backofen nehmen und etwa 10 Minuten in der Form abkühlen lassen. Den Kuchen aus der Form auf eine Platte stürzen.

6 Die dunkle und die weiße Glasur nach Packungsangabe schmelzen. Den Kuchen zuerst mit der dunklen Glasur überziehen. Etwas antrocknen lassen. Die weiße Glasur in eine Papierspritztüte füllen und in Linien auf die dunkle Glasur spritzen. Die Linien mit einem Holzstäbchen verziehen, damit ein hübsches Muster entsteht.

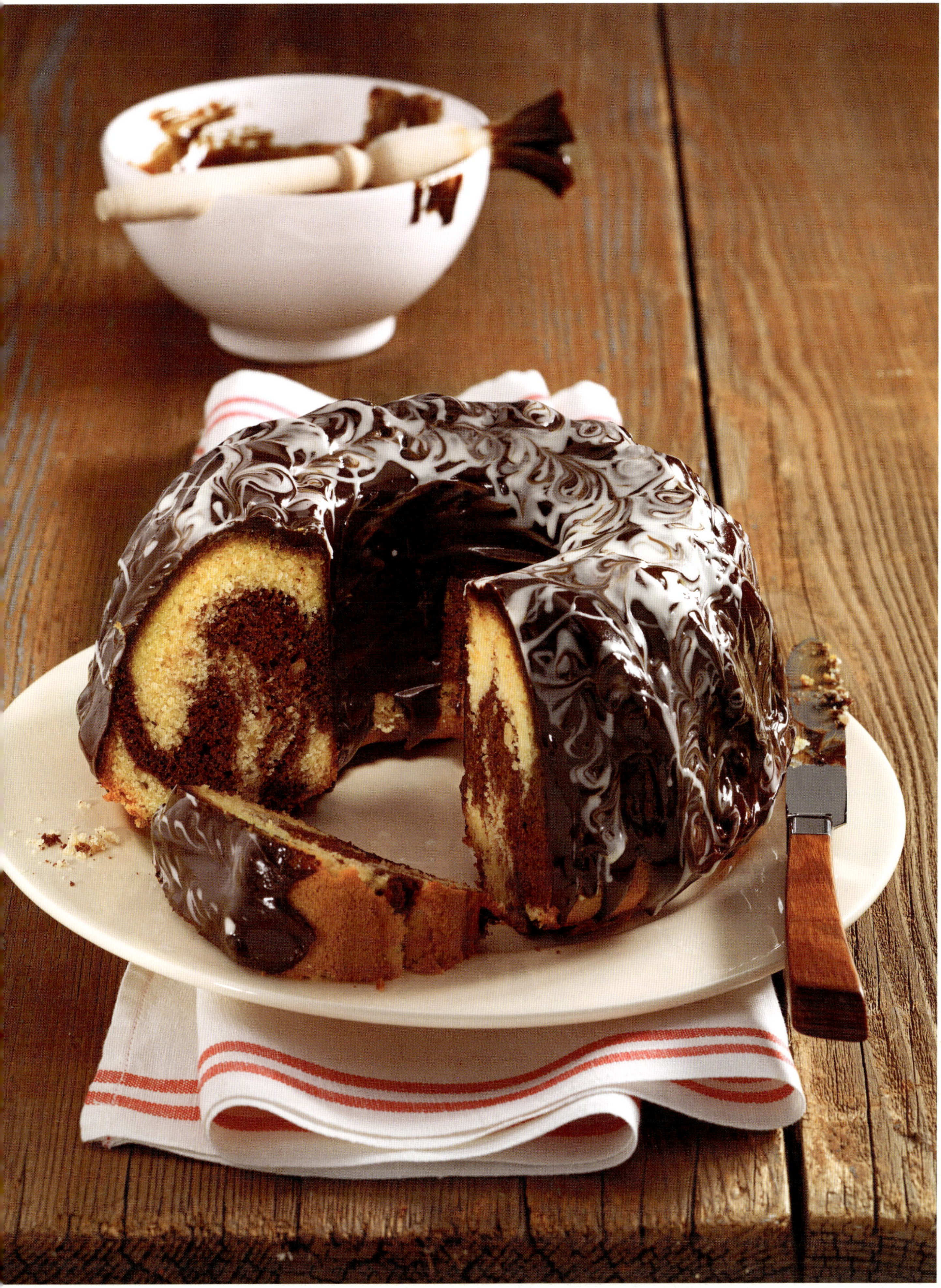

BACKWERK

Zwetschgenkuchen mit Streuseln

FÜR 1 BACKBLECH / ZUBEREITUNGSZEIT 40 MINUTEN (+GEH- UND BACKZEIT)

Für den Hefeteig:
500 g Mehl
1 Päckchen Trockenhefe (7 g)
60 g Zucker
1 Prise Salz
abgeriebene Schale von 1 unbehandelten Zitrone
200 ml Milch
75 g Butter
1 Ei
Für Streusel und Belag:
50 g Mehl
100 g gemahlene Haselnüsse
75 g Zucker
½ TL gemahlener Zimt
75 g kalte Butter
1,5 kg Zwetschgen
Außerdem:
Mehl zum Arbeiten
Butter für das Backblech

1 Für den Teig das Mehl mit der Trockenhefe, dem Zucker, dem Salz und der Zitronenschale in einer Schüssel mischen. Die Milch lauwarm erhitzen. Die Butter in Stücke schneiden und in der Milch zerlassen.

2 Die lauwarme Milch-Butter-Mischung und das Ei zur Mehlmischung geben; alles mit den Knethaken des Handrührgeräts zu einem glatten Teig verkneten. Von Hand oder mit dem Handrührgerät 5 Minuten weiterkneten. Den Teig zugedeckt bei Raumtemperatur etwa 1 Stunde gehen lassen, bis sich sein Volumen verdoppelt hat.

3 Für die Streusel Mehl, Nüsse, Zucker und Zimt mischen. Die Butter klein schneiden und zur Mehlmischung geben. Alles zwischen den Händen rasch zu Streuseln zerkrümeln. Die Streusel zugedeckt kühl stellen.

4 Ein tiefes Backblech fetten. Den Teig mit den Händen kräftig durchkneten und auf der bemehlten Arbeitsfläche auf Blechgröße ausrollen. Das Blech mit dem Teig belegen, dabei einen kleinen Rand formen. Den Teig nochmals zugedeckt 15 Minuten gehen lassen bzw. so lange, bis die Zwetschgen vorbereitet sind.

5 Inzwischen den Backofen auf 200 °C vorheizen. Die Zwetschgen waschen und trocken reiben. Die Früchte halbieren und die Steine herauslösen. Die Zwetschgen mit den Schnittflächen nach oben dachziegelartig nebeneinander in den Teig drücken. Die Streusel darauf verteilen und den Kuchen etwa 35 Minuten im heißen Ofen (Mitte) backen.
Auf dem Blech abkühlen lassen.

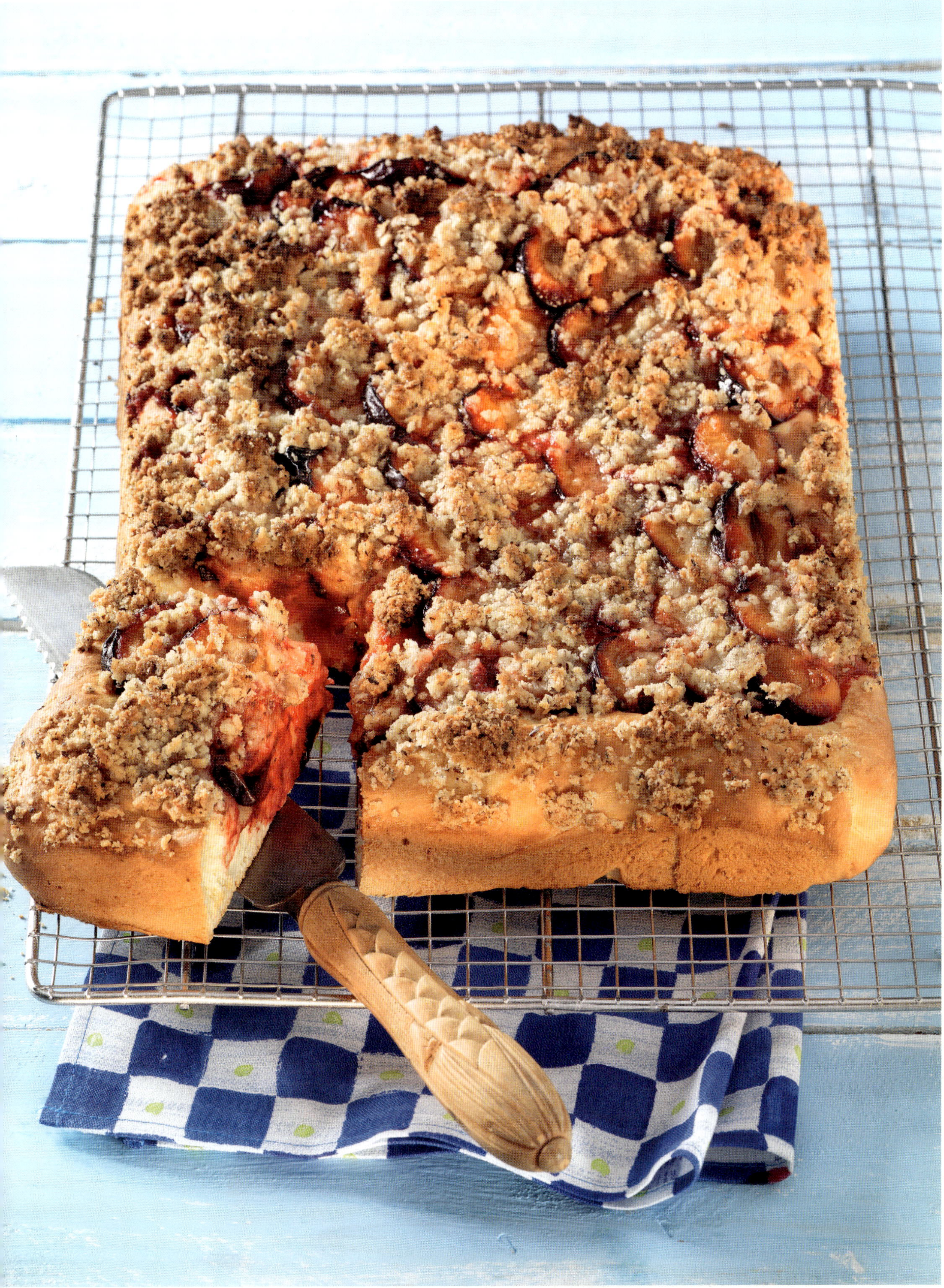

Mit Bienen besiegt

Im Jahr 1474 soll es sich zugetragen haben, dass die benachbarten Rheinufer-Gemeinden Linz und Andernach in einen Streit über den Rheinzoll gerieten. Wütende Linzer Bürger brachen deshalb frühmorgens auf, um die Andernacher im Schlaf zu überraschen. Dort machten sich zwei Andernacher Jungen gerade an den Bienenkörben zu schaffen, die an der Stadtmauer hingen. Als sie die Angreifer sahen, warfen sie ihnen rasch die Bienenkörbe entgegen. Die Linzer wurden arg zerstochen und mussten flüchten. Dieser Sieg wurde in Andernach mit einem leckeren Kuchen gefeiert, der von da an nur noch „Bienenstich" genannt wurde.

Bienenstich

FÜR 1 BACKBLECH / ZUBEREITUNGSZEIT 70 MINUTEN (+ GEH- UND BACKZEIT)

Für Hefeteig und Kruste:
- 500 g Mehl
- 1 Päckchen Trockenhefe (7 g)
- 160 g Zucker
- 1 Prise Salz
- abgeriebene Schale von 1 unbehandelten Zitrone
- 200 ml Milch
- 175 g Butter
- 1 Ei
- 50 g Sahne
- 2 EL Honig
- 200 g gehobelte Mandeln

Für die Füllung:
- 1 Päckchen Vanillepuddingpulver
- 500 ml Milch
- 50 g Zucker
- 200 g weiche Butter
- 50 g Puderzucker
- 1 Päckchen Vanillezucker

Außerdem:
- Mehl zum Arbeiten
- Butter für das Backblech

1 Für den Teig das Mehl mit der Trockenhefe, 60 g Zucker, dem Salz und der Zitronenschale in einer Schüssel mischen. Die Milch lauwarm erhitzen. 75 g Butter in Stücke schneiden und in der Milch zerlassen.

2 Die lauwarme Milch-Butter-Mischung und das Ei zur Mehlmischung geben; alles mit den Knethaken des Handrührgeräts zu einem glatten Teig verkneten. Von Hand oder mit dem Handrührer mindestens 5 Minuten weiterkneten. Den Teig zugedeckt bei Raumtemperatur etwa 1 Stunde gehen lassen, bis sich sein Volumen verdoppelt hat.

3 Für die Mandelkruste 100 g Butter, 100 g Zucker, die Sahne und den Honig in einen Topf geben und einmal aufkochen lassen; die Mandeln unterrühren. Die Masse etwa 15 Minuten abkühlen lassen.

4 Ein tiefes Backblech fetten. Den Backofen auf 200 °C vorheizen. Den Teig nochmals kräftig durchkneten, auf der bemehlten Arbeitsfläche auf Blechgröße ausrollen und aufs Backblech geben. Den Teig zugedeckt weitere 10 Minuten gehen lassen. Die lauwarme Mandelmasse auf den Teig streichen und den Kuchen etwa 30 Minuten im heißen Ofen (Mitte) backen. Auf dem Blech abkühlen lassen.

5 Für die Füllung das Puddingpulver mit 6 EL Milch und dem Zucker verquirlen. Die restliche Milch aufkochen. Das angerührte Puddingpulver unterrühren; einmal aufkochen lassen. Pudding etwas abkühlen lassen. Die Butter mit Puder- und Vanillezucker cremig rühren. Sobald Pudding und Butter eine ähnliche Temperatur haben, die Butter esslöffelweise unter den Pudding rühren.

6 Den Hefekuchen vierteln und jedes Viertel waagerecht halbieren. Die vier unteren Platten mit jeweils einem Viertel der Creme bestreichen. Die oberen Platten mit der Mandelkruste nochmals jeweils vierteln, auf den Pudding setzen und leicht andrücken. Den Bienenstich ganz durchschneiden, sodass sich 16 Stücke ergeben.

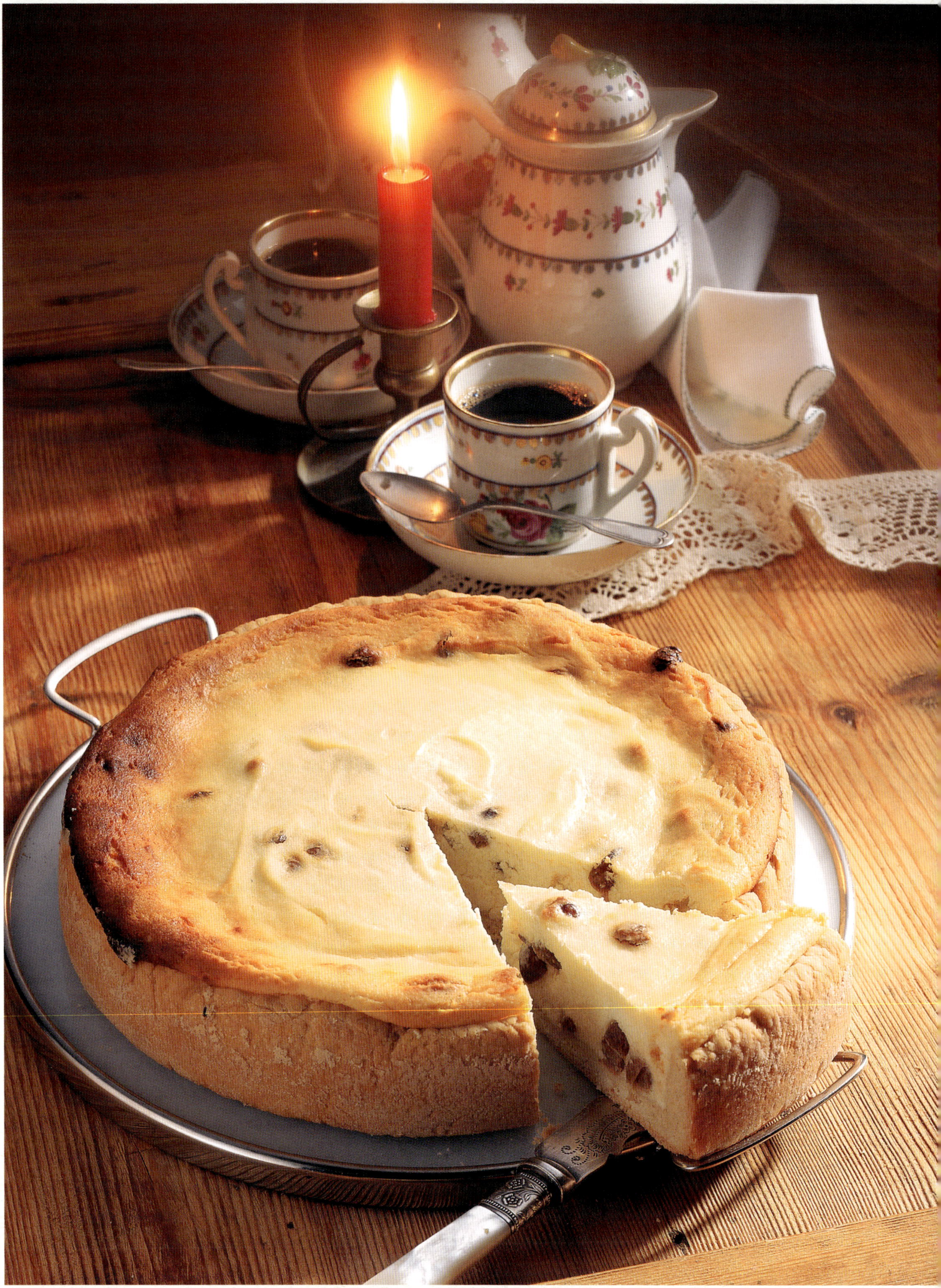

Käsekuchen mit Rosinen

FÜR 1 SPRINGFORM, ⌀ 26 CM / ZUBEREITUNGSZEIT 40 MINUTEN (+ GEH- UND BACKZEIT)

Für den Hefeteig:
50 g Butter
250 g Mehl
1 Prise Salz
½ Würfel Hefe
4 EL lauwarme Milch
1 Ei
50 g Zucker

Für den Belag:
1 Zitrone
1 Ei
750 g Magerquark
4 EL Schlagsahne
150 g saure Sahne
50 g Hartweizengrieß
200 g Zucker
100 g Sultaninen
1 Prise Salz

Außerdem:
Butter für die Form

1 Für den Teig die Butter schmelzen und lauwarm abkühlen lassen. Das Mehl in eine große Schüssel geben. In die Mitte eine Vertiefung drücken und das Salz auf den Rand streuen.

2 Die Hefe mit der Milch verrühren, in die Vertiefung gießen und mit etwas Mehl bestreuen. Etwa 20 Minuten zugedeckt gehen lassen, bis die Mehldecke Risse bekommt. Dann die Butter, das Ei und den Zucker zufügen.

3 Den Teig mit den Knethaken des elektrischen Handrührgeräts kräftig kneten, bis er sich von der Schüssel löst. Den ziemlich festen Teig zugedeckt an einem warmen Ort 1–2 Stunden gehen lassen.

4 Den Backofen auf 190 °C vorheizen. Die Springform ausfetten und ausmehlen. Den Teig ausrollen, Boden und Rand der Form damit auskleiden. Den Teig in der Form weitere 20 Minuten gehen lassen.

5 Inzwischen für den Belag die Zitrone sehr gründlich waschen, trocken reiben und die Hälfte der Schale fein abreiben. Das Ei trennen.

6 Quark, Schlagsahne, saure Sahne, Grieß, Zucker, Eigelb, Zitronenschale und Sultaninen in eine große Schüssel geben und zu einer glatten Creme verrühren. Das Eiweiß mit dem Salz steif schlagen und unter die Quarkmischung ziehen.

7 Die Quarkmasse in die Springform füllen und die Oberfläche glatt streichen. Den Kuchen etwa 40 Minuten backen, bis er oben goldgelb ist. Wird der Kuchen zu schnell braun, die Oberfläche mit Alufolie bedecken. Nach Ablauf der Backzeit den Kuchen noch 15 Minuten im Ofen ruhen lassen. Dann herausnehmen, vorsichtig aus der Form lösen und auf einem Kuchengitter auskühlen lassen.

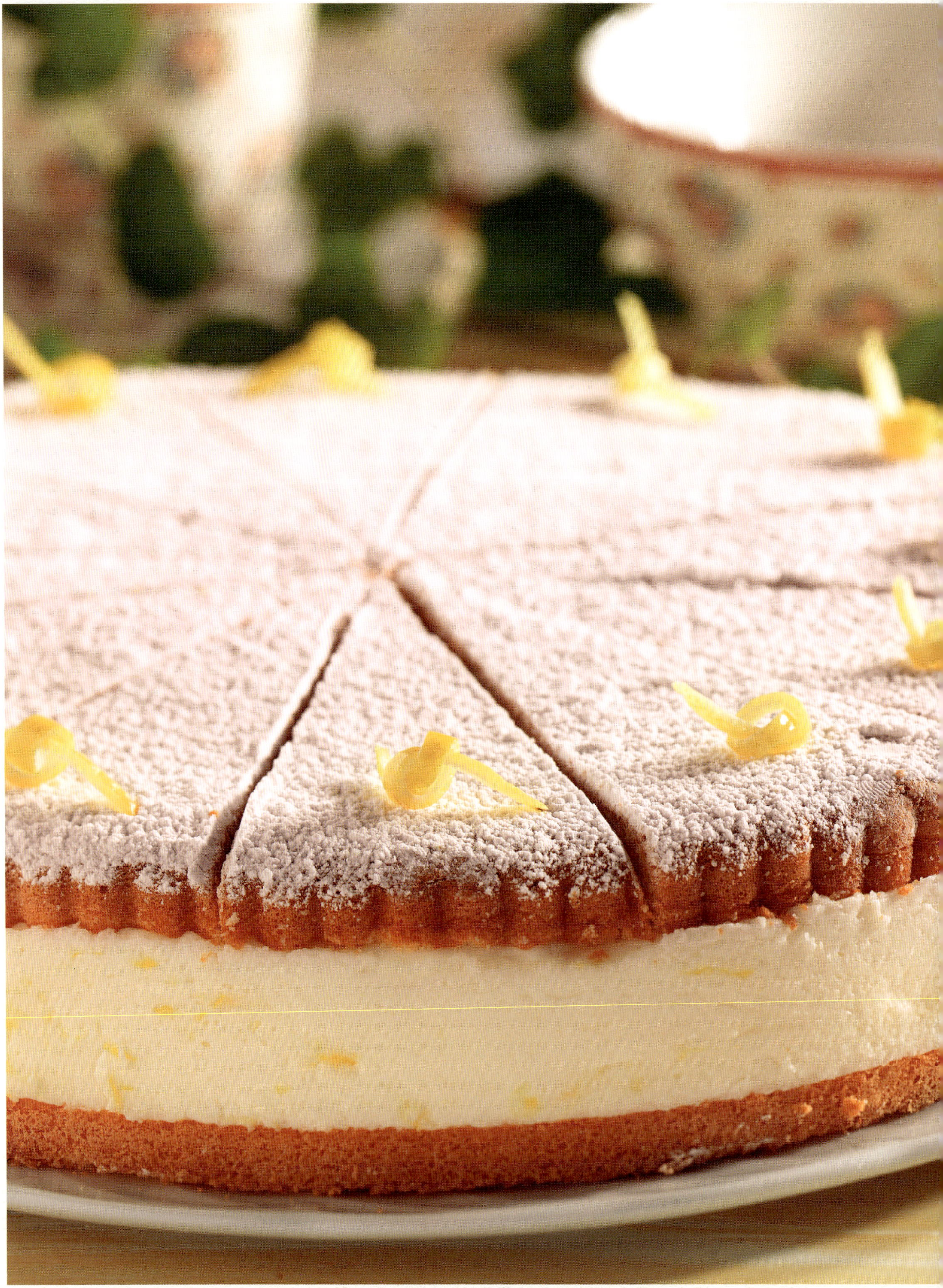

Käsesahnetorte

Für 1 Springform, ⌀ 24–26 cm / Zubereitungszeit 65 Minuten (+ Kühlzeit)

Für den Biskuitteig:
4 Eier
125 g Zucker
75 g Mehl
75 g Speisestärke
1 TL Backpulver

Für die Füllung:
1½ Päckchen gemahlene weiße Gelatine
125 ml Orangensaft
500 g Magerquark
150 g Puderzucker
abgeriebene Schale von 1 unbehandelten Zitrone
4 EL Zitronensaft
500 g Sahne
Außerdem:
Backpapier für die Form
Puderzucker zum Bestäuben

1 Den Boden der Form mit Backpapier belegen. Den Backofen auf 180 °C vorheizen. Für die Biskuitmasse Eier, Zucker und 2 EL lauwarmes Wasser mit den Quirlen des Handrührgeräts auf höchster Stufe etwa 8 Minuten cremig aufschlagen. Mehl, Speisestärke und Backpulver mischen, über die Eiercreme sieben und unterheben.

2 Die Biskuitmasse in die Form füllen und etwa 30 Minuten im heißen Ofen (Mitte) backen. Den Biskuit auf ein Kuchengitter stürzen und das Backpapier vorsichtig abziehen; abkühlen und mindestens 2 Stunden ruhen lassen.

3 Den Biskuit einmal waagerecht durchschneiden. Für die Füllung die Gelatine mit dem Orangensaft in einem Topf verrühren; 10 Minuten quellen lassen. Quark mit Puderzucker, Zitronenschale und -saft cremig rühren. Gelatinemischung bei schwacher Hitze erwärmen, bis die Gelatine aufgelöst ist. 2 EL von der Quarkcreme unter die Gelierflüssigkeit mischen, das Ganze dann unter die Quarkcreme rühren.

4 Sobald die Creme fest zu werden beginnt, die Sahne steif schlagen und unterheben. Eine Biskuithälfte auf eine Tortenplatte legen und mit einem Tortenring versehen. Die Quarkcreme auf den Biskuit streichen. Zweiten Boden in 12 Stücke teilen und auf die Quarkcreme legen. Die Käsesahnetorte mindestens 2 Stunden kühl stellen und vor dem Servieren mit Puderzucker bestäuben.

Wohlfühl- WEIHNACHTS-MENÜ

Wir beginnen unser festliches Menü mit einer delikaten Suppe mit zarten Biskuitherzen. Der Hauptgang begeistert mit gefülltem Kalbsschnitzel mit würzigem Basilikumpesto. Den süßen Abschluss des Festmahls bildet eine fruchtige Orangencreme mit Pistazien.

Gefüllte Kalbsschnitzel mit Pesto

FÜR 4 PERSONEN / ZUBEREITUNGSZEIT 30 MINUTEN

4 Kalbsschnitzel (je etwa 150 g; vom Metzger jeweils eine Tasche einschneiden lassen)	4 Scheiben Fontina oder Butterkäse (je etwa 10 g)	frisch gemahlener Pfeffer
	1 Knoblauchzehe	1 Basilikumzweig
	Salz	*Außerdem:*
2 TL Basilikumpesto	4 EL Olivenöl	Rouladennadeln oder Holzspießchen
4 Scheiben gekochter Schinken (je etwa 20 g)	abgeriebene Schale von ¼ unbehandelten Zitrone	

1 Die Kalbsschnitzel trocken tupfen. Die eingeschnittenen Taschen innen dünn mit Pesto bestreichen.

2 Jede Tasche mit 1 Scheibe Schinken und 1 Scheibe Käse füllen. Die Öffnungen mit Rouladennadeln oder Holzspießchen (vorher wässern) verschließen.

3 Die Schnitzel zugedeckt kühl stellen.

4 Inzwischen die Knoblauchzehe schälen, grob zerkleinern, salzen und fein zerdrücken. 2 EL Olivenöl mit dem Knoblauch und der Zitronenschale verrühren.

5 Die Schnitzel außen mit Salz und Pfeffer würzen und mit dem restlichen Olivenöl (2 EL) bestreichen. Etwa 12 Minuten grillen, bis sie durchgegart sind, dabei zwischendurch wenden.

6 Den Basilikumzweig waschen und die Blättchen in Streifen schneiden. Die Basilikumstreifen unter das Knoblauchöl rühren. Die Kalbsschnitzel mit dem Basilikumöl beträufeln und servieren. Dazu schmecken Nudeln.

Tipp: Alternativ können Sie große dünne Kalbsschnitzel (wie für Wiener Schnitzel) dünn mit Pesto bestreichen, mit Schinken und Käse belegen, zusammenklappen und verschließen.

Das Rezept zur Suppe mit Biskuitherzen finden Sie auf Seite 18, das Rezept für die Orangencreme mit Pistazien auf Seite 218.

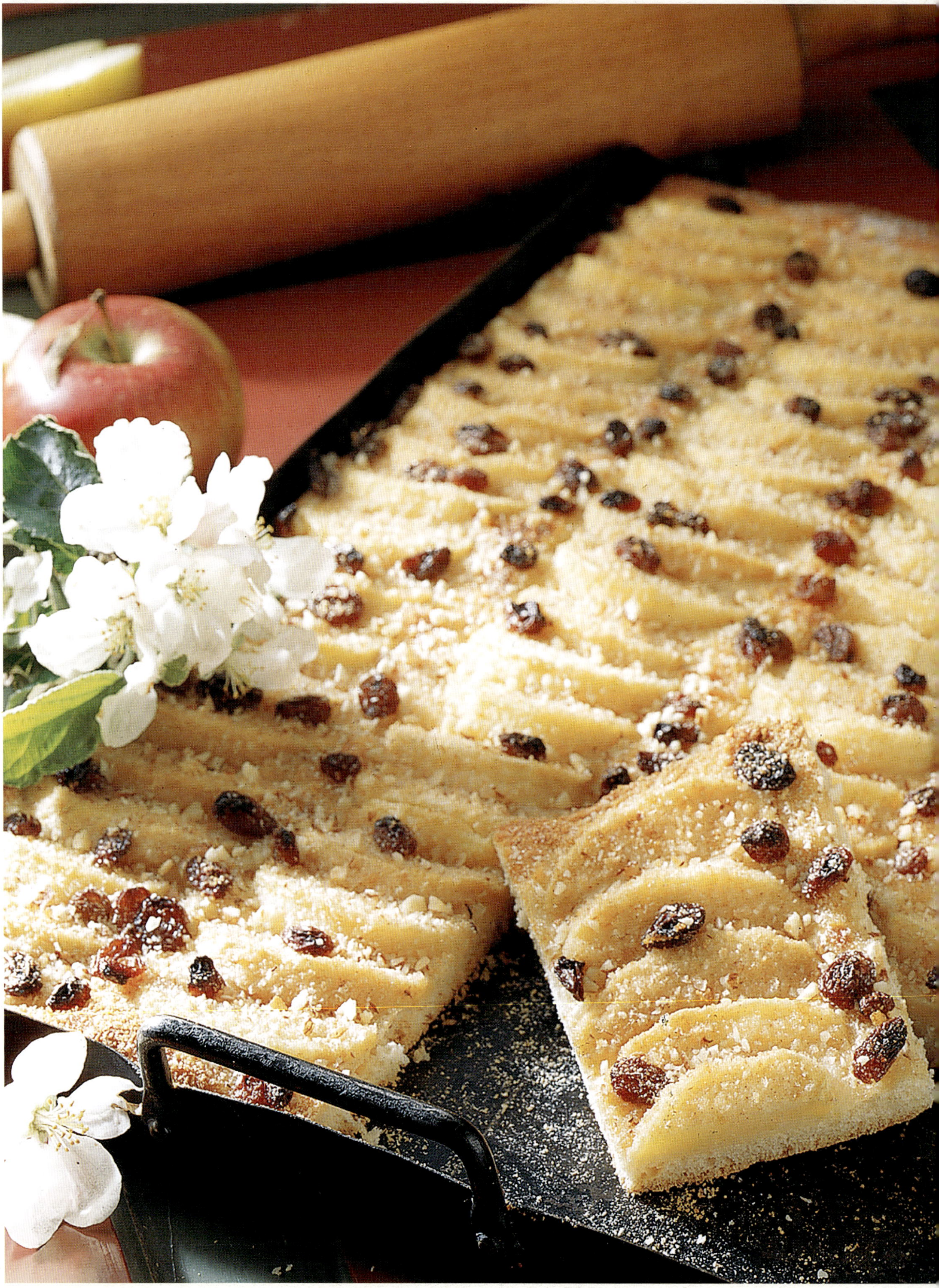

Apfelkuchen vom Blech

FÜR 1 BACKBLECH / ZUBEREITUNGSZEIT 30 MINUTEN (+ GEH- UND BACKZEIT)

Für den Teig:
120 g Zucker
250 ml Milch
20 g Hefe
500 g Mehl
1 Ei
60 g Butter
1 Prise Salz
abgeriebene Schale und Saft von 1 unbehandelten Zitrone

Für den Belag:
1,5 kg säuerliche Äpfel
3 Zwiebacke
100 g Sultaninen oder Trockenobst
1 TL Zimtpulver
50 g gehackte Haselnüsse
Fett für das Backblech

1 Für den Teig 1 TL Zucker und 3 EL lauwarme Milch verrühren. Die Hefe darin auflösen. Das Mehl in eine Schüssel geben und eine Vertiefung hineindrücken. Die Hefemischung hineingießen, mit etwas Mehl bestreuen. Bei Raumtemperatur etwa 20 Minuten gehen lassen, bis sich Risse bilden.

2 Die restliche Milch, das Ei, die Butter, 65 g Zucker und das Salz untermischen. Den Teig kneten, bis er Blasen wirft. Die Zitronenschale und die Hälfte des Safts zum Teig geben. Den Teig zugedeckt 40 Minuten gehen lassen.

3 Das Backblech fetten und den Teig darauf ausrollen. Den Backofen auf 190 °C vorheizen. Die Äpfel schälen, von den Kerngehäusen befreien und in Spalten schneiden. Auf den Teig legen. Mit der Hälfte des restlichen Zuckers bestreuen.

4 Den Zwieback zerkrümeln und anrösten. Mit den Sultaninen oder zerkleinertem Trockenobst auf dem Teig verteilen. Den Teig nochmals 20 Minuten gehen lassen. Zimt, restlichen Zucker und gehackte Nüsse mischen, darüberstreuen. Den Kuchen etwa 55 Minuten im vorgeheizten Ofen backen.

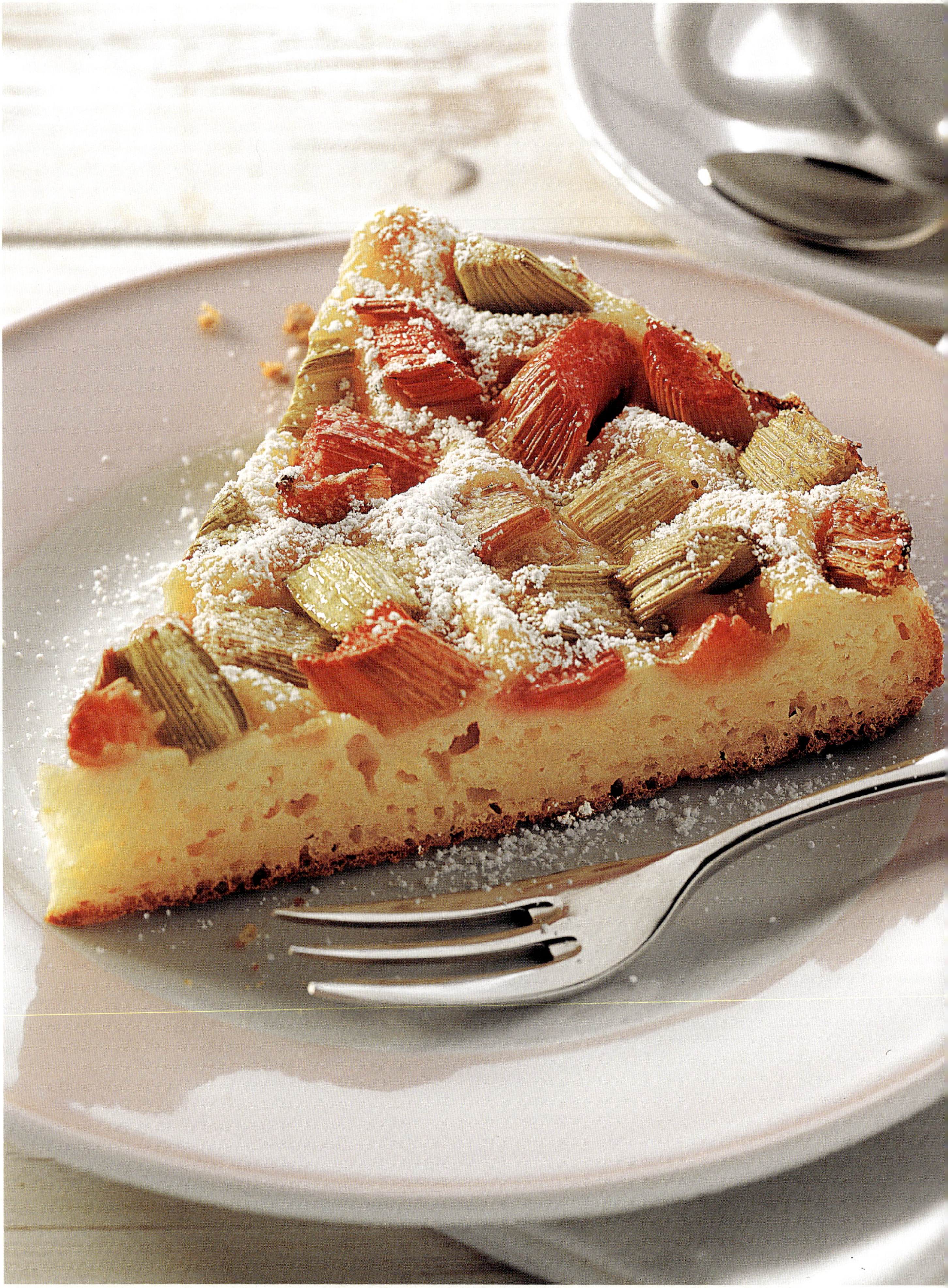

BACKWERK

Saftiger Rhabarberkuchen

FÜR 12 PERSONEN / ZUBEREITUNGSZEIT 30 MINUTEN (+ BACKZEIT)

200 g Rhabarber	1 Päckchen Vanillezucker	250 g Mehl (Type 550)
50 g zerlassene Butter, plus Butter für die Form	100 g Magerquark	1½ TL Backpulver
Grieß für die Form	100 g Apfelmus	Puderzucker zum Bestäuben
2 Eier	½ TL abgeriebene unbehandelte Zitronenschale	
50 g Zucker	½ TL gemahlener Ingwer	

1 Den Rhabarber waschen, putzen und in 2 cm große Stücke schneiden. Den Backofen auf 180 °C vorheizen. Eine Springform (26 cm ⌀) ausbuttern und mit Grieß ausstreuen.

2 Eier, Zucker und Vanillezucker schaumig schlagen. Zerlassene und etwas abgekühlte Butter, Quark, Apfelmus, Zitronenschale und Ingwer unter die Eiercreme rühren.

3 Mehl und Backpulver in einer Schüssel mischen, die Quark-Apfelmus-Mischung mit einem Holzlöffel nicht zu kräftig darunterrühren. Den Teig in die vorbereitete Form füllen und die Rhabarberstücke darauf verteilen. Im heißen Ofen etwa 50 Minuten backen. Aus dem Ofen nehmen und in der Form abkühlen lassen. Vor dem Servieren mit Puderzucker bestreuen.

TIPP: Ein klassischer Rührteig enthält sehr viel Fett. Im Rahmen einer fettbewussten Ernährung können Sie mit ein paar einfachen Tricks einen fettreichen Rührteig „abspecken". In diesem Rezept wurde ein Teil des Fetts z. B. durch Quark und Apfelmus ersetzt.

So muss ein Kuchen aussehen!

Auf den alten Bildern im Märchenbuch sehen wir Rotkäppchen, wie es zur Großmutter aufbricht. In seinem Korb liegen eine Flasche Wein und ein Kuchen – und das ist fast immer ein Gugelhupf! Denn dieser kompakte Kuchen ist erstens gut zu transportieren und wird zweitens auf jedem Bild sofort als Kuchen erkannt – er hat einfach die perfekte Form! Ähnliche Kuchenformen waren schon im alten Rom bekannt und kamen hierzulande im Mittelalter wieder auf. Der Name bezieht sich denn auch nicht – wie bei anderen Kuchen – auf die Zutaten (ein Gugelhupf kann alles mögliche sein – vom Marmor- bis zum Rosinenkuchen), sondern auf die Form: „Gugel" bezeichnete im Mittelalter eine Kopfbedeckung. Erst wenn man diese lupft, also hochhebt, enthüllt man, was darunter ist, und genauso ist es ja beim Gugelhupf. (Anderswo heißt er übrigens „Napfkuchen".)

In Frankreich gibt es zur Form des Kuchens die Geschichte, dass die Heiligen drei Könige auf ihrem Rückweg aus Bethlehem im Elsass vorbeigekommen seien und zum Dank für die dortige Gastfreundschaft einen Kuchen gebacken hätten – in Form eines Turbans. Dies feiert man dort alljährlich mit einer „Fête du Kougelhopf". Das französische Wort lässt ahnen, dass „Gugel" vielleicht auch von „Kugel" kommt, denn schließlich ist die Kuchenform ja ein wenig kugelförmig. Ansonsten gilt der Kuchen eher als Spezialität aus Wien, wo man ihn auch gern einmal zum Frühstück isst. Sogar Marie-Antoinette soll das Rezept von ihrer Mutter, Kaiserin Maria Theresia von Österreich, nach Paris geschickt bekommen haben.

BACKWERK

Klassischer Gugelhupf

FÜR 1 GUGELHUPFFORM, ⌀ 24 CM / ZUBEREITUNGSZEIT 30 MINUTEN (+ BACKZEIT)

40 g Mandeln	1 TL Rum	*Außerdem:*
3 Eier	40 g Sultaninen	Butter und Mehl für die Form
1 Eigelb	220 g Mehl	Puderzucker zum Bestäuben
1 unbehandelte Zitrone	45 g Stärkemehl	
120 g Butter	1 Päckchen Backpulver	
220 g Puderzucker	125 ml Milch	

1 Die Mandeln mit kochendem Wasser überbrühen, einige Minuten stehen lassen, dann abziehen und stifteln. Die Eier trennen. Die Zitrone waschen, trocken tupfen und die Schale abreiben.

2 Die Butter, den Puderzucker und die 4 Eigelbe schaumig rühren. Den Rum, die Zitronenschale, die gestifteten Mandeln und die gewaschenen Sultaninen zufügen.

3 Das Mehl, das Stärkemehl und das Backpulver gut vermischen und esslöffelweise mit der Milch unter ständigem Rühren zur Butter-Ei-Masse geben.

4 Die 3 Eiweiße zu Schnee schlagen und vorsichtig unterheben. Der Teig sollte dickflüssig sein.

5 Eine Gugelhupfform einfetten und mit Mehl bestäuben. Die Masse einfüllen und etwa 60 Minuten bei 175 °C backen.

6 Den Gugelhupf etwa 10 Minuten in der Form ruhen lassen, dann auf ein Kuchengitter stürzen und auskühlen lassen. Den Kuchen vor dem Servieren mit Puderzucker bestreuen.

TIPP: Den Gugelhupf können Sie ganz beliebig variieren, indem Sie ihn mit unterschiedlichen Glasuren überziehen. Probieren Sie den Kuchen doch einmal mit Rum-, Orangen- oder Zitronenglasur.

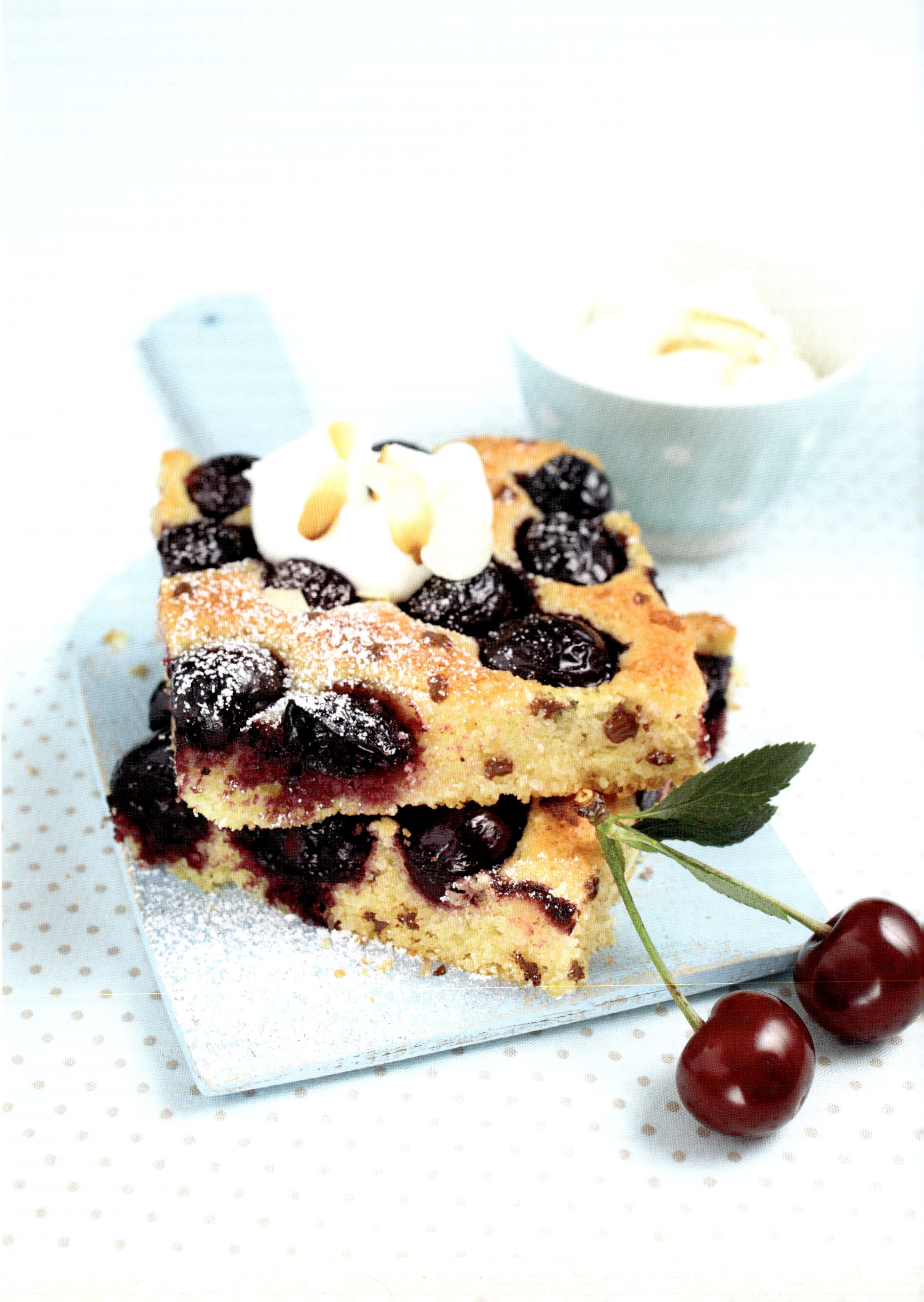

Kirschkuchen mit Schokolade

FÜR 1 BACKBLECH / ZUBEREITUNGSZEIT 25 MINUTEN (+BACKZEIT)

750 g Süßkirschen	3 EL Kirschwasser	*Außerdem:*
100 g gemahlene Mandeln	150 g weiche Butter	Butter und Semmelbrösel
75 g Mehl	125 g Zucker	für das Backblech
1 TL Backpulver	1 Prise Salz	Puderzucker zum Bestreuen
2 Msp. gemahlener Zimt	4 Eier	
100 g Semmelbrösel	100 g Raspelschokolade	

1 Den Backofen auf 200 °C vorheizen. Das Backblech mit Butter fetten und mit Semmelbröseln ausstreuen.

2 Die Kirschen waschen, entstielen, entsteinen und abtropfen lassen. Die Mandeln mit Mehl, Backpulver und Zimt mischen. Die Semmelbrösel in einer kleinen Schüssel mit Kirschwasser beträufeln.

3 Die Butter in einer Schüssel mit den Quirlen des Handrührgeräts schaumig schlagen, dabei Zucker und Salz hinzufügen. Die Eier einzeln unterrühren.

4 Die Mehlmischung, die eingeweichten Semmelbrösel und die Raspelschokolade unter die Butter-Eier-Masse rühren. Den Teig auf das Backblech streichen und die Kirschen gleichmäßig darauf verteilen.

5 Das Blech in den heißen Ofen (Mitte) schieben und den Kuchen 30 Minuten backen. Lauwarm servieren oder auf dem Blech abkühlen lassen. Vor dem Servieren mit Puderzucker bestreuen und in große Stücke schneiden.

TIPP: In Schritt 2 statt der Semmelbrösel zerbröselten Zwieback mit Kirschwasser beträufeln und unter die Butter-Eier-Masse rühren. Steif geschlagene Sahne, Vanillesoße oder Eiscreme (Vanille oder Schokolade) sind dazu ideale Begleiter.

TORTE IM OMACAFÉ

Der üppige Frankfurter Kranz – eine Bilderbuchtorte mit sehr viel Buttercreme und Kirschen obendrauf –, 1735 erstmals erwähnt, soll einer goldenen Krone mit Rubinen ähneln und so die Bedeutung Frankfurts als Krönungsstadt hervorheben. Er weckt Erinnerungen an die klassischen Cafés früherer Jahrzehnte, wie es sie vereinzelt immer noch gibt. Darin saßen auf Cocktailsesseln an zierlichen Tischen ältere Damen, die ihre Hüte aufbehielten, während sie genüsslich mit der Kuchengabel auf die Torte losgingen. Natürlich durfte im Gastraum geraucht werden – und schmeckte nicht auch das Mohngebäck aus der Auslage manchmal leicht nach herübergewehtem Zigarettenrauch …?

Frankfurter Kranz

Für 1 Kranzform, ⌀ 26 cm / Zubereitungszeit 60 Minuten (+ Ruhe- und Backzeit)

Für den Teig:
- 4 Eier
- 200 g Butter
- 150 g Zucker
- 1 TL abgeriebene, unbehandelte Zitronenschale
- 1 EL Zitronensaft
- 250 g Mehl
- 50 g Speisestärke
- 2 TL Backpulver
- 1 Prise Salz
- Fett und Semmelbrösel für die Form

Für die Füllung:
- ¼ l Milch
- 1 EL Zucker
- ½ Päckchen Vanillepuddingpulver
- 2 Eigelb
- 200 g weiche Butter
- 200 g Puderzucker
- 1 Päckchen Vanillezucker
- 3–4 EL Himbeergelee
- 100 g Marzipanrohmasse
- 3–4 EL Eierlikör

Für die Garnitur:
- 150 g Haselnusskrokant
- 16–20 rote Belegkirschen

1 Die Kranzform ausfetten und mit Semmelbröseln ausstreuen. Den Backofen auf 180 °C vorheizen.

2 Für den Teig die Eier trennen. Die Butter mit dem Zucker, den Eigelben, der Zitronenschale und dem Zitronensaft schaumig schlagen. Das Mehl mit Speisestärke und Backpulver darüber sieben und unterrühren. Die Eiweiße mit Salz steif schlagen und mit einem Schneebesen unter den Teig heben.

3 Den Teig in die Form füllen und 35–45 Minuten im vorgeheizten Ofen backen. Herausnehmen. 5 Minuten in der Form abkühlen lassen, dann auf ein Kuchengitter stürzen. Über Nacht ruhen lassen.

4 Am nächsten Tag den Kuchen dreimal quer durchschneiden, den untersten Boden auf eine Platte legen. Für die Buttercreme den Pudding mit Milch und Zucker nach Packungsanweisung anrühren, die Eigelbe rasch unter den heißen Pudding schlagen. Abkühlen lassen und durch ein feines Sieb passieren. Die Butter mit Puderzucker und Vanillezucker schaumig schlagen. Den Pudding löffelweise unterrühren. Den untersten Boden mit einem Drittel der Buttercreme bestreichen.

5 Den nächsten Kuchenboden darauflegen und mit dem Himbeergelee bestreichen. Den dritten Boden darauf setzen und leicht andrücken.

6 Das Marzipan mit dem Eierlikör verkneten und auf den Kuchen streichen. Den letzten Boden darauf legen und leicht andrücken.

7 Etwa 5 EL Buttercreme für die Garnitur in einen Spritzbeutel mit Sterntülle geben und kühl stellen. Den Kranz mit dem Rest der Creme bestreichen und mit dem Krokant bestreuen.

8 Mit dem Spritzbeutel 16–20 Buttercremerosetten auf den Kranz spritzen und je 1 rote Belegkirsche darauf setzen. Den Frankfuter Kranz mindestens 3–4 Stunden kühlen und durchziehen lassen, dann in Stücke schneiden und servieren.

BACKWERK

Biskuitrolle mit Sommerfrüchten

FÜR 1 ROLLE (CA. 30 CM LANG) / ZUBEREITUNGSZEIT 30 MINUTEN

Für den Teig:
3 große Eier
120 g Zucker
1 Prise Salz
120 g Mehl

Butter für das Blech
Für die Füllung:
125 g kleine Erdbeeren
1 reifer Pfirsich oder
1 reife Nektarine

150 g Schlagsahne
½ TL gemahlene Vanille
75 g Speisequark
2 EL Puderzucker

1 Den Backofen auf 200 °C vorheizen, ein Backblech fetten und mit Backpapier belegen.

2 Für den Teig die Eier, den Zucker und das Salz in einer Schüssel auf dem heißen Wasserbad hellschaumig schlagen. Die Hälfte des Mehls darüber sieben und vorsichtig mit einem Schneebesen unterheben. Das restliche Mehl ebenfalls darüber sieben und unterheben, zum Schluss 1 EL lauwarmes Wasser untermischen.

3 Den Teig in einer Größe von etwa 25 × 30 cm gleichmäßig auf das Backblech streichen. In 10 bis 12 Minuten im heißen Ofen goldgelb backen, bis der Teig gut aufgegangen und gar ist. Den fertigen Teig auf ein großes Stück Backpapier stürzen, das Backpapier vom Boden vorsichtig abziehen.

4 Die knusprigen Kanten der Teigplatte rundum abschneiden und den Biskuit 2,5 cm vom kürzeren Rand entfernt leicht einschneiden, so lässt er sich besser aufrollen.

5 Die Biskuitplatte vom kurzen Ende her mit dem Backpapier locker aufrollen. Mit der Nahtseite nach unten auf einem Kuchengitter abkühlen lassen. Die Erdbeeren waschen, putzen und in Viertel schneiden. Nektarine oder Pfirsich waschen, halbieren, entsteinen und in Stückchen schneiden.

6 Die Biskuitplatte auseinanderrollen, das Backpapier entfernen. Die Sahne mit der Vanille steif schlagen. Den Quark cremig rühren und die Sahne darunter ziehen. Die Creme auf dem Biskuit verteilen, dabei rundum 1 cm Rand frei lassen. Die Fruchtstücke darauf streuen, dabei einige zum Garnieren beiseitelegen, und den Biskuit von der langen Seite her aufrollen. Mit der Nahtseite nach unten auf eine Platte setzen. Mit Puderzucker bestreuen und mit Früchten garnieren.

TIPP: Alternativ 3 EL Mehl durch 3 EL Kakaopulver ersetzen und 170 g frische Himbeeren anstelle von Erdbeeren und Pfirsich nehmen. Die fertige Biskuitrolle zum Schluss dick mit Kakaopulver statt Puderzucker bestreuen.

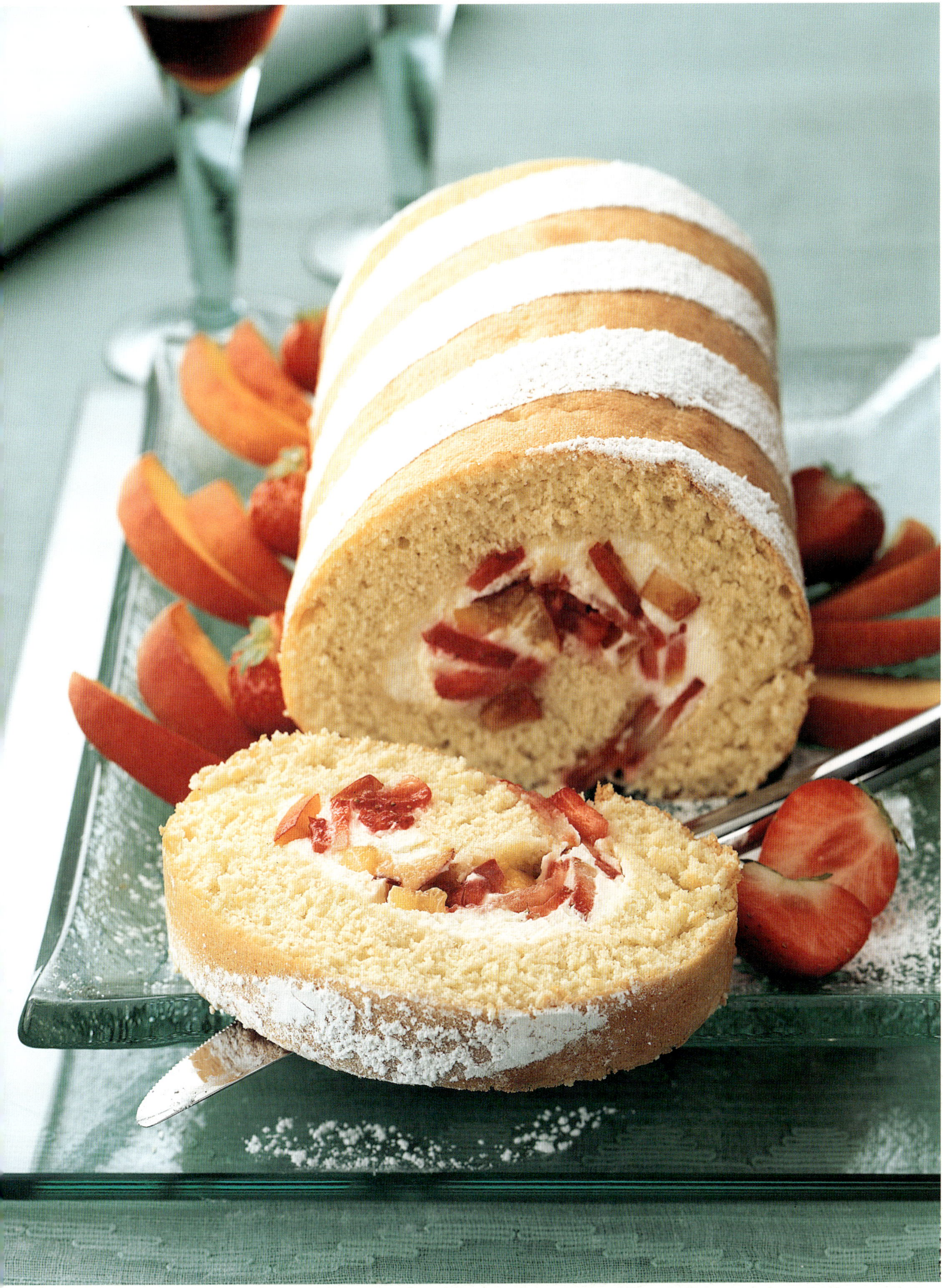

Die hohe Kunst des Strudelteigs

Ein echter Wiener Strudelteig wird behandelt wie etwas sehr Kostbares. Man braucht dafür ein spezielles Strudeltuch. Darauf wird der Teigklumpen zunächst ausgerollt und dann so lange geschlagen und über der Hand langgezogen, bis er fast durchscheinend ist. Er soll so dünn werden, dass man durch ihn hindurch die Zeitung lesen kann. Reißt der Teig, muss man leider wieder von vorn anfangen. Nachdem dann die Füllung – meistens aus Äpfeln und Rosinen – aufgebracht wurde, wird der Strudel mithilfe des Tuchs eingerollt. Dieser Prozedur kann man jeden Tag mehrmals im Wiener Café „Residenz" beiwohnen: Der Zuckerbäcker von Schloss Schönbrunn führt sie in seiner kommentierten „Strudel-Show" vor. Der sehr dünne, ausgezogene, blättrige Teig des Apfelstrudels erinnert an türkische Baklava oder orientalische Teigtaschen. Und da ist man schon auf einer richtigen Fährte: Der Strudel soll nämlich aus Arabien stammen und dann auf vielerlei Wegen nach Wien gelangt sein. Mit einem Umweg über Ungarn brachten ihn Ende des 17. Jahrhunderts die Türken bei ihren Belagerungen mit (wie übrigens auch den in Wien bis dahin unbekannten Kaffee). Außerdem lernten ihn die spanischen Habsburger bei den Mauren kennen, die auf der Iberischen Halbinsel residierten. Spätestens unter Maria Theresia, die zwischen 1740 und 1780 regierte, setzte sich der Apfelstrudel dann als typisch österreichische Mehlspeise durch. Es war Kaiser Franz Joseph, der sich (wieder einmal) dazu geäußert haben soll: „Ein Tag ohne Strudel ist wie ein Himmel ohne Sterne."

BACKWERK

Wiener Apfelstrudel

FÜR 1–2 STRUDEL / ZUBEREITUNGSZEIT 60 MINUTEN (+BACKZEIT)

Für den Teig:
250 g Mehl, plus Mehl zum Arbeiten
1 EL Öl
1 Ei
1 Prise Salz

1 EL Butter
Fett für das Blech
Für die Füllung:
125 g Butter
4 EL Semmelbrösel
75 g Rosinen

etwa 2 kg säuerliche Äpfel
75 g gehackte Mandeln
1 TL Zimtpulver
100 g Zucker

1 Für den Teig das Mehl auf die Abeitsfläche sieben. In die Mitte eine Vertiefung drücken. Öl, Ei, Salz und 125 ml lauwarmes Wasser in die Vertiefung geben. Mit einem Messer vom Rand aus mit dem Mehl vermischen. Ebenso kann man die Zutaten mit den Quirlen des Handrührers verrühren.

2 Mit den Händen gut 10 Minuten weiterkneten, bis ein glatter Teig entstanden ist. Den Teig zu einer Kugel formen, eine erwärmte Schüssel darüberstülpen und den Teig 45 Minuten ruhen lassen. Zwischendurch die Schüssel mit einem feuchten warmen Tuch immer wieder erwärmen.

3 Für die Füllung 100 g Butter in einer Pfanne zerlassen, die Semmelbrösel darin rösten. Die Rosinen mit lauwarmem Wasser bedecken und 15 Minuten einweichen, dann abtropfen lassen. Die Äpfel schälen, von den Kerngehäusen befreien, in dünne Spalten schneiden. Rosinen, Apfelspalten, Mandeln, Zimt und Zucker mit den Semmelbröseln mischen.

4 Ein sauberes Küchentuch ausbreiten und dick mit Mehl bestäuben. Die Teigkugel darauflegen und sehr dünn ausrollen.

5 1 EL Butter zerlassen und mit dem Backpinsel auf der Teigplatte verstreichen. Die Hände mit Mehl bestäuben und so unter den Teig schieben, dass man ihn von allen Seiten gut auseinanderziehen kann. Die Teigplatte muss so dünn sein, dass man das Muster des Küchentuchs darunter deutlich erkennen kann.

6 Die Füllung auf der Teigplatte glatt streichen, dabei die Seiten und den unteren Rand frei lassen. Das Tuch an der Schmalseite anheben und den Strudel mithilfe des Tuches vorsichtig aufrollen. Den unteren Rand gut fest- und die Seiten zusammendrücken.

7 Den Backofen auf 200 °C vorheizen. Das Backblech fetten und den Strudel vorsichtig darauflegen. Die restliche Butter zerlassen und den Strudel damit bepinseln. Den Strudel 30–40 Minuten backen. Noch warm mit Puderzucker bestreuen.

Haselnusstorte

FÜR 1 SPRINGFORM, ⌀ 26 CM / ZUBEREITUNGSZEIT 30 MINUTEN (+ RUHE- UND BACKZEIT)

Für den Teig:
140 g Haselnüsse
10 Eier
170 g Zucker

Für die Füllung und die Glasur:
1 Packung Haselnussglasur

250 g Schlagsahne
40 g gehackte Haselnüsse
20 g Zucker
1 Päckchen Vanillezucker

1 Den Backofen auf 180 °C vorheizen. Die Haselnüsse im Ofen rösten, bis sich die braunen Häutchen lösen. In der Mandelmühle fein mahlen. Die Eier trennen. Eigelbe, Zucker und gemahlene Haselnüsse in einer Schüssel verrühren. Die Eiweiße steif schlagen und unter den Rührteig ziehen.

2 Boden und Rand der Springform mit Backpapier auskleiden. Den Teig hineinfüllen und glatt streichen. Im vorgeheizten Backofen 50 Minuten backen. Aus dem Ofen nehmen und den Kuchen in der Form 1 Stunde ruhen lassen, dann erst vorsichtig aus der Form lösen.

3 Inzwischen die Glasur im warmen Wasserbad schmelzen. Für die Füllung die Sahne sehr steif schlagen, dabei die gehackten Nüsse, den Zucker und den Vanillezucker zufügen.

4 Den Kuchen quer halbieren, damit 2 Böden entstehen. Die Füllung auf der unteren Hälfte verteilen. Die obere Hälfte darauf legen, die Torte mit der Glasur überziehen. Nach Belieben mit Nüssen verzieren.

„SCHWARZBRAUN IST DIE HASELNUSS ..."

... so singt es der unermüdliche Volkslied-Barde Heino vielleicht auch heute noch. Als zweites Standbein betrieb der gelernte Konditor (bürgerlicher Name: Heinz Georg Kramm) zwischen 1996 und 2012 in Bad Münstereifel, wo er auch wohnte, ein gut gehendes Café, in dem er ab und zu auch selbst auftauchte. Der Renner dort: die Haselnusstorte! Dieses Kultgebäck konnte man für zuhause auch in der Fertigpackung oder als Backmischung kaufen, wie auch eine Haselnussschokolade, auf deren Verpackung der Text zu „Schwarzbraun ist die Haselnuss" aufgedruckt war. Diese Torte hier verwendet nicht das Heino-Rezept – ist aber dafür mit Liebe selbstgemacht!

BACKWERK

Rosinenbrötchen-Aufläufe

FÜR 4 PERSONEN / ZUBEREITUNGSZEIT 10 MINUTEN (+ BACKZEIT)

Butter für die Förmchen
250 ml Milch
1 Ei
1 EL Speisestärke
1 Prise Salz
1 Prise gemahlener Zimt
50 g Apfelmus
50 g Preiselbeeren (Glas)
2 Rosinenbrötchen (frisch oder vom Vortag)

1 Den Backofen auf 220 °C vorheizen. Vier Auflaufförmchen (je 125 ml Inhalt) großzügig mit Butter ausfetten.

2 Die Milch mit Ei, Speisestärke, Salz und Zimt verquirlen. Das Apfelmus mit den Preiselbeeren verrühren.

3 Die Brötchen quer in Scheiben schneiden. Je zwei Scheiben auf die Böden der Förmchen legen, mit Eiermilch tränken und mit je einem Viertel der Apfelmusmischung bestreichen.

4 Die restlichen Brötchenscheiben in Stücke zupfen, auf den Aufläufen verteilen und mit der restlichen Eiermilch begießen.

5 Die Aufläufe im heißen Ofen etwa 20 Minuten backen, bis sie aufgegangen und goldbraun sind. Herausnehmen und sofort servieren.

TIPP: Vanillesoße schmeckt gut zu den süßen Aufläufen. Dafür 500 ml Milch mit 1 EL Speisestärke, 2–3 EL Zucker und ¼ TL gemahlener Vanille aufkochen lassen. 2 Eigelbe mit 2–3 EL Sahne verquirlen. Den Topf mit der Milchmischung vom Herd nehmen und die Eiersahne mit einem Schneebesen unter die Mischung schlagen. Weiterschlagen, bis die Soße etwas abgekühlt ist (so gerinnen die Eigelbe nicht). Die Soße warm oder kalt servieren; vor dem Servieren noch einmal mit dem Schneebesen kräftig aufschlagen.

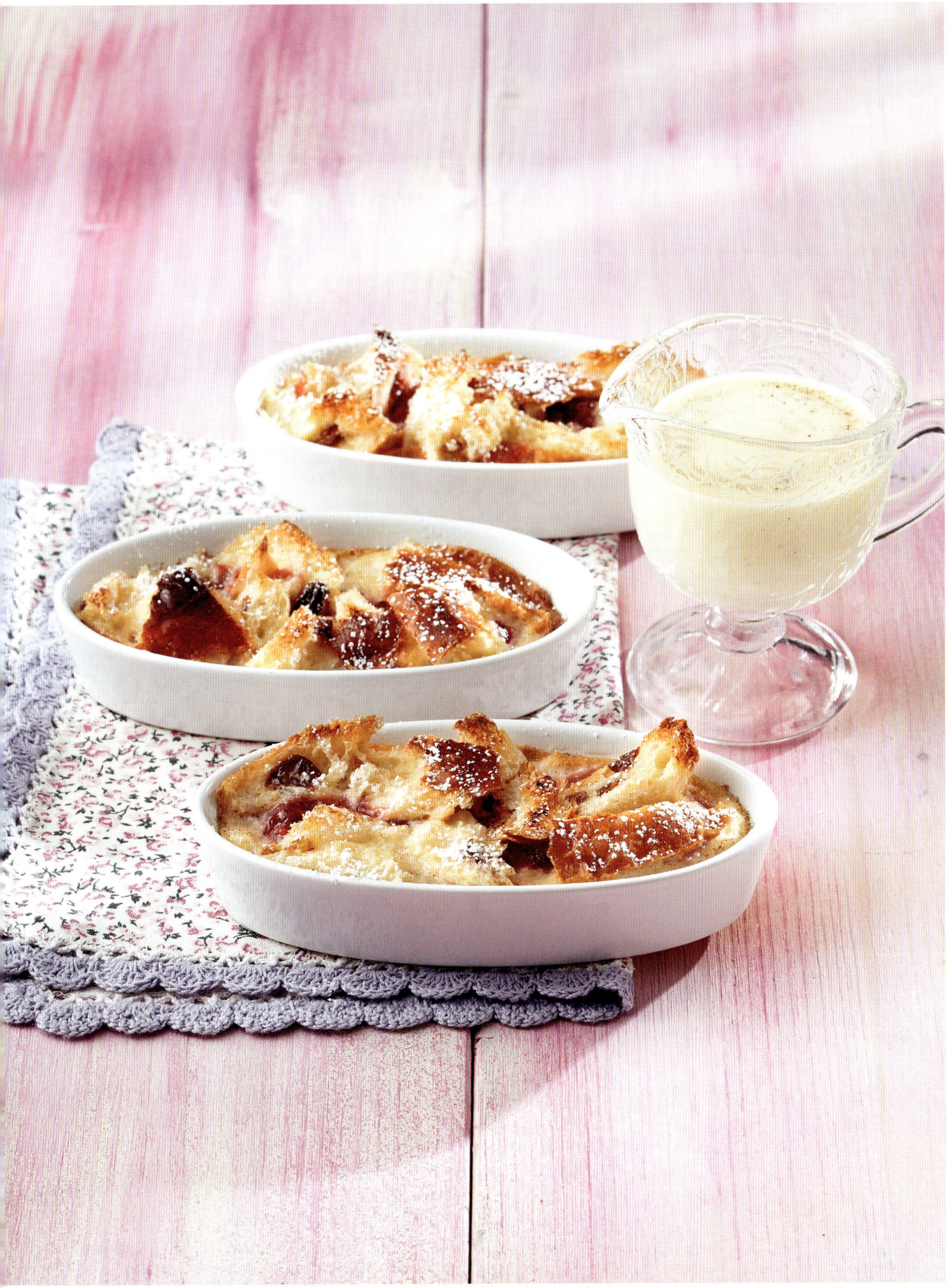

REGISTER

A

Abendbrot 120
Alexander, Peter 199
Allgäu 140
Altdeutsches Osterbrot 247
Andernach 258
Äpfel
    Apfelkuchen vom Blech 266
    Apfelringe mit Zimt 194
    Himmel und Erde 144
    Matjeshering mit Äpfeln 96
    Möhren-Meerrettich-Topf 88
    Ofenschlupfer 226
    Sauerkraut-Eintopf mit Kassler 60
    Wiener Apfelstrudel 278
Arme Ritter 200
August der Starke 252

B

Backpflaumen mit Speck 126
Backpflaumen *siehe* Pflaumen
Backwerk 234–283
Bad Münstereifel 281
Balkanrestaurants 160
Bananensplit 230
Bärlauchsuppe mit Mascarpone 22
Basilikumöl herstellen 21
Bayerische Creme mit Holunderblüten-
    sirup 214
Bayerischer Obazda 62
Beatles, The 106
Beeren
    Bayerische Creme 215
    Grießkuchen mit Johannisbeeren 241
    Heiße Klößchen in Beerensoße 190
    Pfannkuchen 206
    Rosinenbrötchen-Aufläufe 282
    Rote Grütze 204
Berben, Iris 69
Bienenstich 258
Bier
    Brauhäuser 145
    Schweinekrustenbraten mit Biersoße 178
    Schweinshaxen 154
Biskuitteig
    Biskuitrolle mit Sommerfrüchten 276
    Grundteig 221
    Käsesahnetorte 262
    Schwarzwälder Kirschtorte 238
    Suppe mit Biskuitherzen 18
Blätterteig
    Feine Fleischpastetchen 110
    Ochsenschwanzsuppe unter der Haube 32
    Pastetchen mit Kalbsragout 94
Bohnen
    Bohneneintopf 78
    Goldener Pastinaken-Eintopf 76
    Sauerkraut-Bohnen-Topf mit Speck 58
    Winter-Minestrone mit Rosenkohl 80
Bond, James 51
Brandteig 192
Brauhäuser 145, 158
Bremen 62
Brot mit Tomaten-Ricotta und Schnitt-
    lauch 120
Brot/Brötchen
    Altdeutsches Osterbrot 247
    Arme Ritter 200
    backen 246
    Brot mit Tomaten-Ricotta 120
    Brotsuppe mit Ei 36
    Französische Zwiebelsuppe 12
    Kümmelbrot 246
    Landbrot 247
    Ofenschlupfer 226
    Pikante Weinsuppe mit Zimt-Croûtons 42
    Resteverwertung 37
    Rosinenbrötchen-Aufläufe 282
    Weizenbrot 246
    Würziges Rührei auf Toast 106
Brotaufstriche 62
Brotsuppe mit Ei 36
Brühen: Aufbewahrung 17, Zubereitung 16
Busch, Wilhelm 60

C

Chigi, Fabio 75
Christstollen 252
Creme mit Holunderblütensirup 214

D

Desserts 188–233
Dips 62
Donauwelle 242
Dresden 126, 252
Dressing 124, 125
Dunkle Schokoladencreme mit Schoko-
    Sahnehaube 196

E

Eierspeisen
    Arme Ritter 200
    Brotsuppe mit Ei 36
    Eiercreme mit Schinken 63
    Kaiserschmarrn 224
    Ofenschlupfer 226
    Petersiliensuppe mit Ei 26
    Salzburger Nockerl 198
    Weißweincreme 216
    Würziges Rührei auf Toast 106
Eintöpfe 54–91
Eisbein 154, 155
Eischnee 198, 199
Eiscreme 190, 230
Eisdielen 231
Erbsen
    Erbsen-Fenchel-Suppe mit Minze 46
    Erbsensuppe mit Schinken 25
    Erbswurst 24
    Hühnerfrikassee 184
    Linseneintopf mit Zwiebeln 84
Erdbeeren
    Biskuitrolle mit Sommerfrüchten 276
    Heiße Klößchen in Beerensoße 190
    Milchreis mit Obst 202
    Rhabarber-Erdbeer-Dessert 228
Essig 124, 125, 158

F

Feine Fleischpastetchen 110
Feldsalat mit Pfifferlingen und Speck 134
Fenchel 46
Fisch
    Forelle mit Mandeln 142
    Gebratene Scholle 41
    Königsberger Klopse 170
    Lachs in Weißwein 148
    Matjeshering mit Äpfeln 96
    Pfannkuchenröllchen mit Meerrettich
        und Lachs 100
    Thunfischcreme mit Dill 63
    Zanderfilet mit Senfkruste 172
Flädlesuppe 30
Fleischpastetchen, feine 110
Fleischschnitte 150
Fleischwurst 130
Forelle mit Mandeln 142
Frankfurter Kranz 274
Franz Joseph I., Kaiser von Österreich 166,
    224, 278
Französische Zwiebelsuppe 12
Fruchtige Tomatencremesuppe 20
Frühlingseintopf mit Brätklößchen 56
Frühlings-Menü 40

G

Gebratene Scholle 41
Geburtstags-Menü 112
Gefüllte Kalbsbrust 168
Gefüllte Kalbsschnitzel mit Pesto 264
Gefüllte Paprika 160
Gemüsebrühe 10, 14, 18, 20, 24, 26, 38, 50, 64,
    72, 82, 84, Zubereitung 17
Goldener Pastinaken-Eintopf 76
Graupen mit geräuchertem Schweine-
    fleisch 82
Grieß
    Grießklößchensuppe 14
    Grießkuchen mit Johannisbeeren 240
    Käsekuchen mit Rosinen 260
Großmutters Hühnersuppe mit Nudeln 52
Grüne Spargelcremesuppe 40
Grünkohl mit Räucherwurst 74
Gugelhupf, klassischer 270
Gulasch, Szegediner 186

H

Hähnchenbrust im Knuspermantel 156
Hähnchen-Eintopf, herzhafter 70
Hamburg 148
Haselnüsse *siehe* Nüsse
Haselnusstorte 280
Hauptgerichte 136–187
Hefeteig
    Altdeutsches Osterbrot 247
    Apfelkuchen vom Blech 266
    Bienenstich 258
    Brot backen 246, 247
    Christstollen 252
    Grundteig süß 220
    Hefezopf 244
    Käsekuchen mit Rosinen 260
    Landbrot 247
    Rohrnudeln 212
    Weizenbrot 246
    Zwetschgenkuchen mit Streuseln 256
    Zwiebelkuchen mit Nüssen 132
Heino 281
Heinrich II., König 12
Heiße Klößchen in Beerensoße 190
Herbst-Menü 176
Herzhafter Hähnchen-Eintopf 70
Herzhafter Rindfleischtopf 64
Himmel und Erde 144
Holunderblüten 214
Hühnerbrühe 10, 14, 22, 24, 28, 34, 42, 56, 70, 184, Zubereitung 16
Hühnerfleisch
    Großmutters Hühnersuppe mit Nudeln 52
    Hähnchenbrust im Knuspermantel 156
    Herzhafter Hähnchen-Eintopf 70
    Hühnerbrühe 16
    Hühnerfrikassee 184
    Lauch-Kartoffel-Eintopf mit Huhn 66

I/J

Joghurt 190, 222
Johannisbeeren 204, 214, 240
Julius Cäsar 158

K

Kaiserschmarrn 224
Kalbfleisch
    Feine Fleischpastetchen 110
    Fleischschnitte 151
    Gefüllte Kalbsbrust 168
    Gefüllte Kalbsschnitzel mit Pesto 264
    Kalbskoteletts auf Wiener Art 166
    Kalbsleber mit Zucchinigemüse 174
    Königsberger Klopse 170, 171
    Pastetchen mit Kalbsragout 94
    Wiener Schnitzel 146
    Zürcher Geschnetzeltes 210
Kalte Mandarinen-Joghurt-Torte 222
Kant, Immanuel 171
Kapern 170, 171
Karlstadt, Liesl 44
Kartoffeln
    Grünkohl mit Räucherwurst 74
    Himmel und Erde 144
    Kartoffelgratin 164
    Kartoffelsuppe mit Schnittlauch-Schmand 50
    Kartoffelsuppe von Angela Merkel 51
    Lauch-Kartoffel-Eintopf mit Huhn 66
    Möhren-Meerrettich-Topf mit gebratenem Rindfleisch 88
    Ofenkartoffeln mit Kräutern 104
    Petersiliensuppe mit Ei 26
    Pichelsteiner Eintopf 90
    Reibekuchen 102
    Sauerkraut-Eintopf mit Kassler 60
    Schinkenauflauf mit Lauch 114
    Schupfnudeln 116
    Steckrübentopf mit Schweinelende 68
    Szegediner Gulasch 186
    Warmer Kartoffelsalat mit Würstchen 108
    Wirsingstrudel 162
Käse
    Bayerischer Obazda 62
    Bärlauchsuppe mit Mascarpone 22
    Brot mit Tomaten-Ricotta und Schnittlauch 120
    Brotsuppe mit Ei 36
    Französische Zwiebelsuppe 12
    Gefüllte Kalbsschnitzel mit Pesto 264
    Kartoffelgratin 164
    Käsekuchen mit Rosinen 260
    Käsesahnetorte 262
    Käsespätzle 140
    Mini-Pfannkuchen mit Frischkäsecreme 122
    Schinkenauflauf mit Lauch 114
    Schweizer Wurstsalat 130
    Wirsingstrudel 162
Kassler 60, 75
Kästner, Erich 91
Kirschen
    Arme Ritter 200
    Donauwelle 242
    Frankfurter Kranz 274
    Kirschkuchen mit Schokolade 272
    Rote Grütze 204
    Schwarzwälder Kirschtorte 238
    Schwarzwälder-Kirsch-Trifle 232
Klassischer Gugelhupf 270
Klöße
    Frühlingseintopf mit Brätklößchen 56
    Grießklößchensuppe 14
    Heiße Klößchen in Beerensoße 190
    Königsberger Klopse 170
    Leberknödelsuppe 44
    Zwetschgenknödel 208
Kneipp, Sebastian 33
Knorr 24
Kohl
    Gemüsebrühe 17
    Grünkohl mit Räucherwurst 74
    Herzhafter Rindfleischtopf 64
    Kohlrouladen 182
    Sauerkraut-Eintopf mit Kassler 60
    Winter-Minestrone mit Rosenkohl 80
    Wirsingstrudel 162
Kohlrabi 56, 86
Köln 145, 158
Kolumbus, Christoph 160
Kommern (Eifel) 231
Königsberger Klopse 170
Kräuterpfannkuchensuppe 10
Kräutersalz herstellen 27
Kuchenteige 220
Kümmelbrot 246
Kürbiscremesuppe 28

L

Lachs 100, 148
Lammfleisch
    Fleischschnitte 151
    Goldener Pastinaken-Eintopf 76
Landbrot 247
Lauch-Kartoffel-Eintopf mit Huhn 66
Leberknödelsuppe 44
Linguine mit Tomatensoße 180
Linsen
    Linseneintopf mit Zwiebeln 84
    Schwäbische Linsen mit Spätzle 72
    Würzige Tomaten-Linsen-Suppe 48
    Zanderfilet mit Senfkruste 172
Linz (Rhein) 258
Loriot (Vicco von Bülow) 102

M

Maggi 9
Malzbier 178
Mandarinen-Joghurt-Torte 222
Mandeln 142, 244, 270
Margarete, frz. Königin 12
Maria Theresia, Kaiserin von Österreich 270
Marie-Antoinette 270
Marmorkuchen 254
Maronen 80
Mascarpone 22
Matjeshering mit Äpfeln 96
McCartney, Paul 106
Medici, Katharina von 12
Meerrettich
    Möhren-Meerrettich-Topf mit gebratenem Rindfleisch 88
    Ochsenbrust mit Meerrettich 138
    Pfannkuchenröllchen mit Meerrettich und Lachs 100
    Riesenroulade in Meerrettichsoße 152
Menüs
    Wohlfühl-Frühlings-Menü 40
    Wohlfühl-Geburtstags-Menü 112
    Wohlfühl-Herbst-Menü 176
    Wohlfühl-Sommer-Menü 210

REGISTER

Menüs *(Fortsetzung)*
    Wohlfühl-Weihnachts-Menü 264
    Wohlfühl-Winter-Menü 86
Mettwurst 75
Milchbars 231
Milchreis mit Obst 202
Minestrone, Winter-, mit Rosenkohl 80
Mini-Pfannkuchen mit Frischkäsecreme 122
Minze 46
Möhren-Meerrettich-Topf mit gebratenem Rindfleisch 88
Münster 75
Mürbeteig 220

N

Napfkuchen 270
Nudeln
    Großmutters Hühnersuppe mit Nudeln 52
    Linguine mit Tomatensoße 180
Nürnberg 118, 126
Nüsse
    Apfelkuchen vom Blech 266
    Frankfurter Kranz 274
    Haselnusstorte 280
    Pikante Schinken-Hufeisen 128
    Vanillekipferl 251
    Wirsingstrudel 162
    Zwetschgenkuchen mit Streuseln 256
    Zwiebelkuchen mit Nüssen 132

O

Obazda, bayerischer 62
Ochsenbrust mit Meerrettich 138
Ochsenmaulsalat 118
Ochsenschwanzsuppe à la Kneipp 33
Ochsenschwanzsuppe unter der Haube 32
Ofenkartoffeln mit Kräutern 104
Ofenschlupfer 226
Öle 124, 125
Orangencreme mit Pistazien 218
Osterbrot, altdeutsches 247
Österreich 162, 166, 198, 208, 224, 278
Ostpreußen 171

P

Paprika
    Gefüllte Paprika 160
    Großmutters Hühnersuppe mit Nudeln 52
    Herzhafter Hähnchen-Eintopf 70
    Sauerkraut-Bohnen-Topf mit Speck 58
Papst Alexander VII. 75
Pastetchen mit Kalbsragout 94
Pastinaken-Eintopf, goldener 76
Pesto 265
Petersiliensuppe mit Ei 26
Pfannkuchen
    Flädlesuppe 30
    Kaiserschmarrn 224
    Kräuterpfannkuchensuppe 10

Mini-Pfannkuchen mit Frischkäsecreme 122
Pfannkuchen 206
Pfannkuchenröllchen mit Meerrettich und Lachs 100
Pfifferlinge 134
Pflaumen
    Backpflaumen mit Speck 126
    Rohrnudeln 212
    Saftiger Schokoladenkuchen 236
    Zwetschgenknödel 208
    Zwetschgenkuchen mit Streuseln 256
Pflaumentoffel 126
Pichelsteiner Eintopf 90
Pikante Schinken-Hufeisen 128
Pikante Weinsuppe mit Zimt-Croûtons 42
Pilze
    Feine Fleischpastetchen 110
    Feldsalat mit Pfifferlingen und Speck 134
    Gefüllte Kalbsbrust 168
    Gefüllte Paprika 160
    Herzhafter Hähnchen-Eintopf 70
    Hühnerfrikassee 184
    Linseneintopf mit Zwiebeln 84
    Pastetchen mit Kalbsragout 94
    Würzige Tomaten-Linsen-Suppe 48
Pinkel 75
Pistazien 218
Pizzateig 128
Plätzchen 250
Portwein
    Gefüllte Kalbsbrust 168
    Ochsenschwanzsuppe unter der Haube 32

R

Radieschen 40
Raymond, Fred 199
Rehrücken mit Pfefferkruste 176
Reibekuchen 102
Reis
    Frühlingseintopf mit Brätklößchen 56
    Gefüllte Paprika 160
    Milchreis mit Obst 202
    Samtige Reissuppe mit Rucola 34
    Winter-Minestrone mit Rosenkohl 80
Reitenau, Wolfgang Dietrich von 199
Resteverwertung 37
Rhabarber-Erdbeer-Dessert 228
Rhabarberkuchen, saftiger 268
Riesenroulade in Meerrettichsoße 152
Rinderbrühe, 12, 14, 30, 36, 64, 68, 74, 88, Zubereitung 16
Rindfleisch
    Fleischschnitte 150
    Gefüllte Paprika 160
    Herzhafter Rindfleischtopf 64
    Kohlrouladen 182
    Leberknödelsuppe 44
    Möhren-Meerrettich-Topf mit gebratenem Rindfleisch 88
    Ochsenbrust mit Meerrettich 138
    Ochsenmaulsalat 118

Ochsenschwanzsuppe unter der Haube 32
Pichelsteiner Eintopf 90
Riesenroulade in Meerrettichsoße 152
Rinderbrühe ansetzen 16
Rumpsteaks mit Tomaten-Kräuter-Kruste 112
Sauerbraten 158
Rohrnudeln 212
Rosenkohl 80
Rosinen
    Apfelkuchen vom Blech 266
    Kaiserschmarrn 224
    Käsekuchen mit Rosinen 260
    Ofenschlupfer 226
    Rosinenbrötchen-Aufläufe 282
    Wiener Apfelstrudel 178
    zu Sauerbraten 158
Rösti 102
Rote Grütze 204
Rotkäppchen 270
Rotwein: Rehrücken mit Pfefferkruste 177
Rucola 34
Ruhpolding 192
Rührei auf Toast, würziges 106
Rührteig 221
Rumpsteaks mit Tomaten-Kräuter-Kruste 112

S

Saftiger Rhabarberkuchen 268
Saftiger Schokoladenkuchen 236
Salate
    Feldsalat mit Pfifferlingen und Speck 134
    Ochsenmaulsalat 118
    Schweizer Wurstsalat 130
    Warmer Kartoffelsalat mit Würstchen 108
Salatsoßen 124
Salatstreifen 10, 46
Salzburger Nockerln 198
Samtige Reissuppe mit Rucola 34
Sauerbraten 158
Sauerkraut
    Sauerkraut-Bohnen-Topf mit Speck 58
    Sauerkraut-Eintopf mit Kassler 60
    Szegediner Gulasch 186
Sauerteig 246
Schaffermahlzeit 62
Schinken
    Eiercreme mit Schinken 63
    Erbsensuppe mit Schinken 24
    Gefüllte Kalbsschnitzel mit Pesto 265
    Herzhafter Hähnchen-Eintopf 70
    Pikante Schinken-Hufeisen 128
    Schinkenauflauf mit Lauch 114
    Schinkenrolle 98
Schnellkochtopf 16, 17
Schnitzel, Wiener 146
Schokolade
    Bananensplit 230
    Donauwelle 242
    Dunkle Schokoladencreme 196
    Kirschkuchen mit Schokolade 272

Marmorkuchen 254
Saftiger Schokoladenkuchen 236
Schokoladencreme mit Schoko-Sahnehaube 196
Schwarzwälder Kirschtorte 238
Schwarzwälder-Kirsch-Trifle 232
Scholle, gebratene 41
Schupfnudeln 116
Schwäbische Linsen mit Spätzle 72
Schwarzwälder Kirschtorte 238
Schwarzwälder-Kirsch-Trifle 232
Schweinefleisch
    Fleischschnitte 150
    Graupen mit Schweinefleisch 82
    Kohlrouladen 182
    Schweinekrustenbraten mit Biersoße 178
    Schweinemedaillons mit Kohlrabigemüse 86
    Schweinshaxen 154
    Steckrübentopf mit Schweineende 68
    Szegediner Gulasch 186
Schweiz 130, 140
Schweizer Wurstsalat 130
Senf 171
Sisi, Kaiserin von Österreich 224
Sommer-Menü 210
Soßen 124
Spargel 40, 184
Spargelcremesuppe, grüne 40
Spätzle
    Käsespätzle 140
    Schwäbische Linsen mit Spätzle 72
Speck
    Backpflaumen mit Speck 126
    Feldsalat mit Pfifferlingen und Speck 134
    Flädlesuppe 30
    Fleischschnitte 150
    Gebratene Scholle 41
    Graupen mit geräuchertem Schweinefleisch 82
    Himmel und Erde 144
    Kartoffelsuppe mit Schnittlauch-Schmand 50
    Kohlrouladen 182
    Reibekuchen Variante 202
    Riesenroulade in Meerrettichsoße 152
    Sauerbraten 158
    Sauerkraut-Bohnen-Topf mit Speck 58
    Schwäbische Linsen mit Spätzle 72
Spekulatius 250
Steckrüben
    Goldener Pastinaken-Eintopf 76
    Steckrübentopf mit Schweineende 68
Stollen 252
Streuselkuchen 248
Strudel
    Wiener Apfelstrudel 278
    Wirsingstrudel 162
Suppe mit Biskuitherzen 18
Suppen 8–53
Süßspeisen 188–233
Szegediner Gulasch 186

T

Teig 220, 246
Thunfischcreme mit Dill 63
Tomaten
    Brot mit Tomaten-Ricotta und Schnittlauch 120
    Fruchtige Tomatencremesuppe 20
    Gefüllte Paprika 160
    Herzhafter Rindfleischtopf 64
    Linguine mit Tomatensoße 180
    Linseneintopf mit Zwiebeln 84
    Rumpsteaks mit Tomaten-Kräuter-Kruste 112
    Schinkenauflauf mit Lauch 114
    Winter-Minestrone mit Rosenkohl 80
    Würzige Tomaten-Linsen-Suppe 48
    Würziges Rührei auf Toast 106
    Zanderfilet mit Senfkruste 172
Torten
    Begriff 242
    Frankfurter Kranz 274
    Haselnusstorte 280
    Kalte Mandarinen-Joghurt-Torte 222
    Käsesahnetorte 262
    Schwarzwälder Kirschtorte 238
    Tortenboden 221
Trüffel: Ochsenschwanzsuppe 32

U/V

Überbacken
    Französische Zwiebelsuppe 12
    Kartoffelgratin 164
    Käsespätzle 140
    Rumpsteaks mit Tomaten-Kräuter-Kruste 113
    Zanderfilet mit Senfkruste 172
Valentin, Karl 44
Vanillekipferl 250
Vegetarisch 10, 14, 18, 20, 22, 26, 28, 34, 36, 38, 46, 48, 62, 78, 80, 84, 102, 104, 106, 116, 120, 122, 124, 125, 132, 140, 162, 164, 180
Vinaigrette 124, 125, 130
Vorspeisen 92–135

W

Wagner, Richard 192
Warmer Kartoffelsalat mit Würstchen 108
Weihnachten
    Christstollen 252
    Weihnachtsessen Traditionen 77, 108
    Weihnachtsmarkt 126
    Weihnachtsplätzchen 250
    Wohlfühl-Weihnachts-Menü 264
Weinbrand 196
Weinsuppe, pikante, mit Zimt-Croûtons 42
Weißwein
    Bayerische Creme mit Holunderblütensirup 214
    Forelle mit Mandeln 142
    Französische Zwiebelsuppe 12
    Grüne Spargelcremesuppe 38
    Hühnerfrikassee 184
    Kalbsleber mit Zuchinigemüse 174
    Königsberger Klopse 170
    Lachs in Weißwein 148
    Pastetchen mit Kalbsragout 94
    Pikante Weinsuppe 42
    Riesenroulade in Meerrettichsoße 152
    Weißweincreme 216
    Zürcher Geschnetzeltes 210
Weizenbrot 246
Wien 162, 166, 278
Wiener Apfelstrudel 278
Wiener Schnitzel 146
Wild: Rehrücken mit Pfefferkruste 176
Windbeutel mit Sahne 192
Windhoek, Namibia 239
Winter-Minestrone mit Rosenkohl 80
Wirsingstrudel 162
Wohlfühl-Frühlings-Menü 40
Wohlfühl-Geburtstags-Menü 112
Wohlfühl-Herbst-Menü 176
Wohlfühl-Sommer-Menü 210
Wohlfühl-Weihnachts-Menü 264
Wohlfühl-Winter-Menü 86
Wurst und Würstchen
    Grünkohl mit Räucherwurst 74
    Himmel und Erde 144
    Schwäbische Linsen mit Spätzle 72
    Schweizer Wurstsalat 130
    Warmer Kartoffelsalat mit Würstchen 108
Würzige Tomaten-Linsen-Suppe 48
Würziges Rührei auf Toast 106

Y/Z

Zanderfilet mit Senfkruste 172
Zimt
    Apfelkuchen vom Blech 266
    Apfelringe mit Zimt 194
    Arme Ritter 200
    Pikante Weinsuppe mit Zimt-Croûtons 42
    Rohrnudeln 212
    Rosinenbrötchen-Aufläufe 282
    Schwarzwälder Kirschtorte 238
    Weihnachtsplätzchen 250
    Wiener Apfelstrudel 278
    Zwetschgenkuchen mit Streuseln 256
Zimtsterne 250
Zucchini
    Gefüllte Paprika 160
    Herzhafter Rindfleischtopf 64
    Kalbsleber mit Zuchinigemüse 174
    Kürbiscremesuppe 28
Zürcher Geschnetzeltes 102, 210
Zwetschgen *siehe* Pflaumen
Zwetschgenknödel 208
Zwetschgenkuchen mit Streuseln 256
Zwiebelkuchen mit Nüssen 132
Zwiebelsuppe, französische 12

IMPRESSUM UND BILDNACHWEIS

Begleittexte und Register
Writehouse, Karin Höller

Reader's Digest
Redaktion: Falko Spiller
Grafik und Prepress: Susanne Hauser
Bildredaktion: Sabine Schlumberger

Redaktionsdirektor: Michael Kallinger
Redaktionsleiterin Buch: Almuth Stiefvater
Art Director: Susanne Hauser

Produktion
Arvato Supply Chain Solutions SE, Thomas Kurz

Druck und Binden
Livonia Print, Riga

© 2024 Reader's Digest Deutschland, Österreich, Schweiz – Verlag Das Beste GmbH, Stuttgart, Wien, Appenzell

Das Werk einschließlich aller seiner Teile ist urheberrechtlich geschützt. Jede Verwendung außerhalb der engen Grenzen des Urheberrechtsgesetzes ist ohne Zustimmung des Verlags unzulässig und strafbar. Das gilt insbesondere für Vervielfältigungen, Übersetzungen, Mikroverfilmungen und die Verarbeitung in elektronischen Systemen.

Printed in Latvia

ISBN 978-3-95619-576-1

Besuchen Sie uns im Internet
www.readersdigest.de | www.readersdigest.at

Bildnachweis

Umschlagvorderseite: o.l/o.r./M.: iStock; u.l./u.r.: Shutterstock.com

Alle Abbildungen *Reader's Digest*; außer

iStock:
Seite 2, 4, 6 oben und unten, 7, 14, 17, 24 (Hintergrund), 30, 44, 63, 69 (Hintergrund), 75 (Hintergrund), 82 (Hintergrund), 102 (Hintergrund), 119 (Hintergrund), 125, 140, 145 (Hintergrund), 147, 151, 158 (Hintergrund und Rezeptbild), 171 (Hintergrund), 182 (Hintergrund), 194, 199 (Hintergrund), 207, 208, 221, 224 (Hintergrund), 231 (Hintergrund), 239 (Hintergrund), 247, 252 (Hintergrund), 270 (Hintergrund), 274, 278 (Hintergrund)

Shutterstock.com:
Seite 224 Rezeptbild

StockFood:
Seite 227 Zabert Sandmann Verlag/ Kramp + Gölling